eBizguides

BURKINA FASO

eBizguides BURKINA FASO

CRÉDITS

Il est toujours intéressant de savoir qui sont les consultants qui ont travaillé dur pour réaliser notre eBizguide. De nombreuses personnes ont contribué à ce dernier, en amont comme en aval et, bien entendu, l'équipe de consultants qui est resté 5 mois dans le pays pour produire l'eBizguide Burkina Faso.

PRODUCTION

Production : Pascal Belda
Directeur Exécutif : Sébastien Alvarez
Direction Locale : Brice Guillet
Production associée : Shifen Wang
Agence de publicité : AG Partners, Directeur Général : Natalie Cahi

ÉDITION

Direction éditoriale : eBizguides

Rédaction :´
Economie et analyse par secteur : Cafec-Ka, eBizguide (Brice Guillet)
Ecriture du Profil des entreprises : eBizGuides (Shifen Wang, Brice Guillet)
Information Générale : Jolivet Emmaüs Sidibé
Tourisme et Loisir : ONTB, eBizguide (Brice Guillet)
Direction artistique à Madrid : Iria Salgado Mesa
Photos: eBizguide (Shifen Wang, Brice Guillet), ONTB

REMERCIEMENTS

Nous souhaitons remercier pour les informations fournies: François Goldblatt (Ambassadeur de France au Burkina Faso), Miougoupri Joseph Baro (Président du Club des Hommes d'Affaires Franco-Burkinabé et DG d'AGF Burkina Vie), Noel Kabore (Ministre des TIC), Mr Traoré/Sylvestre Guiebre /Lanciana KI (Ministère du Commerce), Antoine-Marie Sie Tioye (Ministère de l'Economie), Mamadou Dembele (Ministère de l'Habitat), Souleymane Ouedraogo (Ministère de l'Agriculture)

Nous souhaitons remercier pour leur soutien, sans lequel eBizguides Burkina Faso n'aurait pu voir le jour: Mr Hazem Zohdi DG d'Oil Libya Burkina Faso, Mr Alexis Kaboré DG de Betra, Mr Alphonse Kadjo DG de la BIB-UBA, Mr Adinarayana Valluri DG de Diamond Cement, Mr Gérard Schraven DG du LAICO Ouaga 2000, Mme Nathalie Cahi DG d'AG Partners, Mr Eddie Komboïgo DG de Cafec-Ka, Mr Moussa Sanfo DG de Telecel, Mr Aly-Sabry Congo DG de l'Hôtel Yibi, Mme Alice Ouedraogo DG de la Résidence Alice, Mr Laurent R. Basque DG de la BOA.

Enfin, nous souhaitions remercier nos amis : Mirsad, Selena, Gerald, Omar, Benjamin, Laetitia, et Salif Savadogo notre formidable chauffeur.

NOTICE LÉGALE

eBizguides s'engage à assurer l'exactitude et la fiabilité du contenu de ce guide; toutefois, celui-ci ayant été compilé par eBizguides à partir de sources diverses, il vous est fourni avec une analyse, en fonction des éléments disponibles. eBizguides ne peut être tenu responsable envers un tiers des erreurs ou des omissions de toute nature que ce soit. eBizguides ne peut en aucune circonstance être tenu responsable des dommages de toute nature, indirects, spéciaux ou fortuits compris, résultant directement ou indirectement de l'utilisation du présent guide ou encore du contenu disponible ou évoqué. Néanmoins, eBizguides s'engage à rectifier ou supprimer tout contenu proposé à la publication ou déjà publié dès qu'il pourra être en mesure d'en vérifier la véracité. Cette publication n'est pas un substitut à un conseil ou des services professionnels et ne devrait pas être la source de décisions qui peuvent avoir des conséquences pour vos affaires.

World Investment News Inc
Service Clientèle : Tel : +34 91 787 3870, Fax : +34 91 787 3889
Email : guides.info@ebizguides.com, Website : www.ebizguides.com

Imprimé par : Imprenta Roal
ISBN : 978 84 937 345-6-5
Dépot Légal: M-20429-2010

Le concept d'eBizguides

L'objectif de eBizguides est non seulement d'offrir d'amples informations sur l'économie et le cadre d'investissement d'un pays avec une attention particulière pour les 100 plus grandes entreprises mais également de donner un aperçu de l'offre touristique et culturelle de ce même pays.

Nous sommes convaincus que ce n'est qu'au vu de ces deux objectifs qu'il est possible d'investir et de s'investir à long terme. Ce guide comprend trois sections principales: informations générales, économie du pays et loisirs.

Information Générales
Un aperçu de l'histoire, de la culture et des informations pratiques sur le pays, avec une sélection des meilleurs partenaires locaux pour vos affaires.

L'Economie du Burkina Faso
Cette section du guide commence par une analyse du cadre légal et d'investissement du pays ainsi que de sa macroéconomie.

À travers une série de rencontres avec les hommes politiques et d'affaires du pays, et une analyse des meilleures sources d'informations, nous offrons à nos lecteurs une information privilégiée d'analyses sectorielles et de profil d'entreprises les plus importantes dans chaque secteur. Ces dernières analysent l'activité des leaders du pays, leurs projets de développement et opportunités d'affaires.

Nous considérons cette information comme un must pour tout globe-trotter d'affaires.

Loisirs
Pour que vous tombiez amoureux du pays, une sélection des meilleurs endroits à visiter et des activités qui y sont proposés, les principaux restaurants et hôtels sélectionnés pour vous, et bien plus encore. D'inoubliables attractions touristiques et culturelles.

Icônes

Recommandé par eBiz
Les endroits favoris de nos consultants durant leur séjour dans le pays, ce logo concerne essentiellement des restaurants, hôtels, etc.

Partenaires d'Affaires recommandés par eBiz
Nos équipes ayant rencontré les personnalités les plus importantes du pays, elles attribuent à certaines d'entre elles cette marque de qualité pour l'accueil reçu et le sérieux des services ou informations fournies.

Notice
De petites remarques utiles à prendre en considération avant ou pendant votre séjour.

B.eBiz & L.eBiz
Ce sont les deux mascottes de eBizguides. B.eBiz pense toujours aux meilleures opportunités d'affaires tandis que L.eBiz est beaucoup plus relax et veut profiter de la vie. Ils accompagnent respectivement nos sections d'information sur le "climat d'investissement", "l'environnement des affaires" et les "loisirs".

Légendes

Proverbes
De petites phrases qui vous aideront à comprendre la culture populaire du pays. Vous pourrez même trouver utile de les utiliser.

Top 100 Compagnies
Un liste des leaders nationaux que les consultants d'eBizguides ont rencontré durant leur séjour dans le pays.

Encarts Bleu
De l'information pratique pour mieux vous orienter et apprécier votre séjour : prix, conseils pratiques, etc.

Monument des Martyrs à Ouaga 2000

eBizguides BURKINA FASO

Index

- Le Saviez-Vous ? 7
- Profil de Burkina Faso 9
- Information Générale 11
- Business Ressources 29

- **Économie** .... 43 to 200
  - Investissement & Cadre Légal 43
  - Économie 57
  - Agro-Industrie 65
  - Bâtiment, Travaux publics & Habitat 81
  - Commerce & Industrie 95
  - Energie 111
  - Finance 133
  - Technologies de l'Information et de la Communication 151
  - Tourisme 163
  - Transports 177

- **Loisirs** .... 189 à 219
  - Agences de Voyage 219

- Sites Internet Utiles 219
- Top 100 des Compagnies 220
- Index des Compagnies 221

5

eBizguides BURKINA FASO

Rond point des Nations Unies à Ouagadougou

Le Saviez-Vous ?

• Le nom actuel du pays (Burkina Faso) date du 4 août 1984, sous la présidence du révolutionnaire Thomas Sankara. Il signifie la patrie des hommes intègres en langues locales mooré (burkina signifiant « intègre ») et bamanankan (faso se traduisant par « patrie »). C'est une combinaison dans deux langues principales du pays (le mooré parlé par les Mossi, ethnie majoritaire du Burkina et le bamanankan ou « langue des Bambara » ou des Dioula parlée dans la sous-région ouest-africaine).

• Les habitants du Burkina Faso sont les « Burkinabè » qui désigne l'habitant (homme ou femme) en foulfouldé, langue parlée par les Peuls, peuple d'éleveurs nomades également présents dans de nombreux pays d'Afrique de l'Ouest.

• Plus de soixante ethnies cohabitent en paix au Burkina Faso

• Le siège de la commission de l'UEMOA (Union Economique et Monétaire Ouest Africaine) se trouve à Ouagadougou.

• Grâce à sa position géographique stratégique au centre de l'Afrique de l'Ouest, Ouagadougou est le nouveau centre de conférence de la région.

• Le plus grand festival du film panafricain, le Fespaco (Festival Panafricain du Cinéma de la télévision de Ouagadougou) a lieu tous les 2 ans au Burkina Faso. Il a fêté ses 40 ans en 2009.

• Le premier salon de l'Artisanat, le SIAO (Salon International de l'Artisanat de Ouagadougou), a lieu tous les 2 ans dans la capitale du Burkina.

• Les habitants de Ouagadougou circulent beaucoup en deux roues. Le parc national de motos est estimé à 600 000 motos.

• Les motos et vélos bénéficient sur certaines grandes artères d'une voie spéciale protégé par un trottoir, nettement séparée de la voie de circulation des automobiles et des camions.

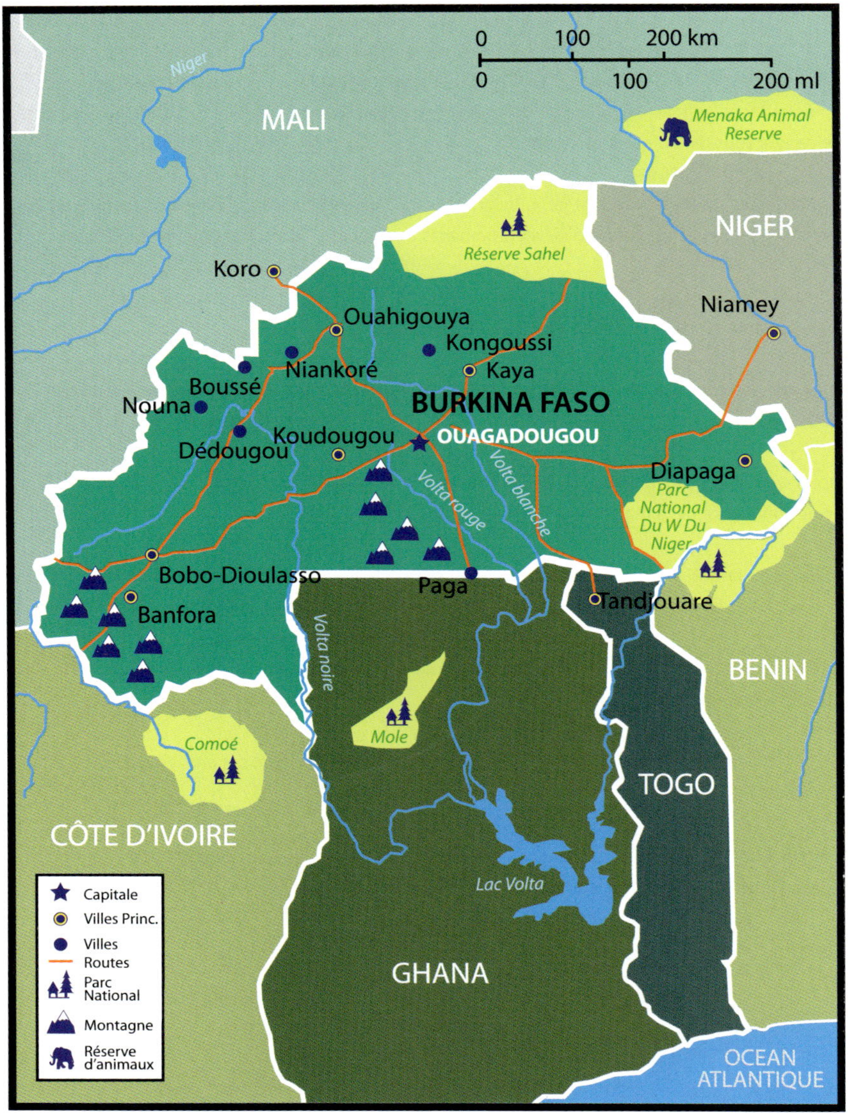
0 100 200 km
0 100 200 ml
Niger
MALI
Menaka Animal Reserve
NIGER
Réserve Sahel
Koro
Ouahigouya
Kongoussi
Kaya
Niamey
Niankoré
Boussé
Nouna
BURKINA FASO
OUAGADOUGOU
Koudougou
Dédougou
Diapaga
Volta rouge
Volta blanche
Parc National Du W Du Niger
Bobo-Dioulasso
Paga
Tandjouare
Banfora
Volta noire
BENIN
Mole
Comoé
TOGO
CÔTE D'IVOIRE
Lac Volta
Capitale
Villes Princ.
Villes
Routes
Parc National
Montagne
Réserve d'animaux
GHANA
OCEAN ATLANTIQUE

Profil de Burkina Faso

Nom officiel :	Burkina Faso
Capitale :	Ouagadougou
Langue officielle :	Français
Indépendance de la France :	5 août 1960
Population :	15.264.735 (Estimation juillet 2008)
Population dans les principales villes :	Ouagadougou (capitale) 1,152,402; Bobo-Dioulasso 372,737; Koudougou 91,468
Superficie :	274,200 km²
Pays limitrophes :	Benin 306 km, Cote d'Ivoire 584 km, Ghana 549 km, Mali 1,000 km, Niger 628 km, Togo 126 km
Climat :	Tropical de types soudano-sahélien (deux saisons très contrastées : la saison des pluies et la saison sèche)
PIB- Taux de croissance réel :	5,1% (estimations 2008), 6,3% (2007), 6,4% (2006), 5,7% (2002-2006)
PIB Composition par secteur (estimations 2008) :	Agriculture: 29.1% Industrie: 19.9% Services: 51%
Monnaie :	Franc CFA (XOF)
Fuseau horaire :	UTC +0
Hymne national :	Ditanyè (l'Hymne de la Victoire)
Domaine internet :	.bf
Indicatif téléphonique :	+226

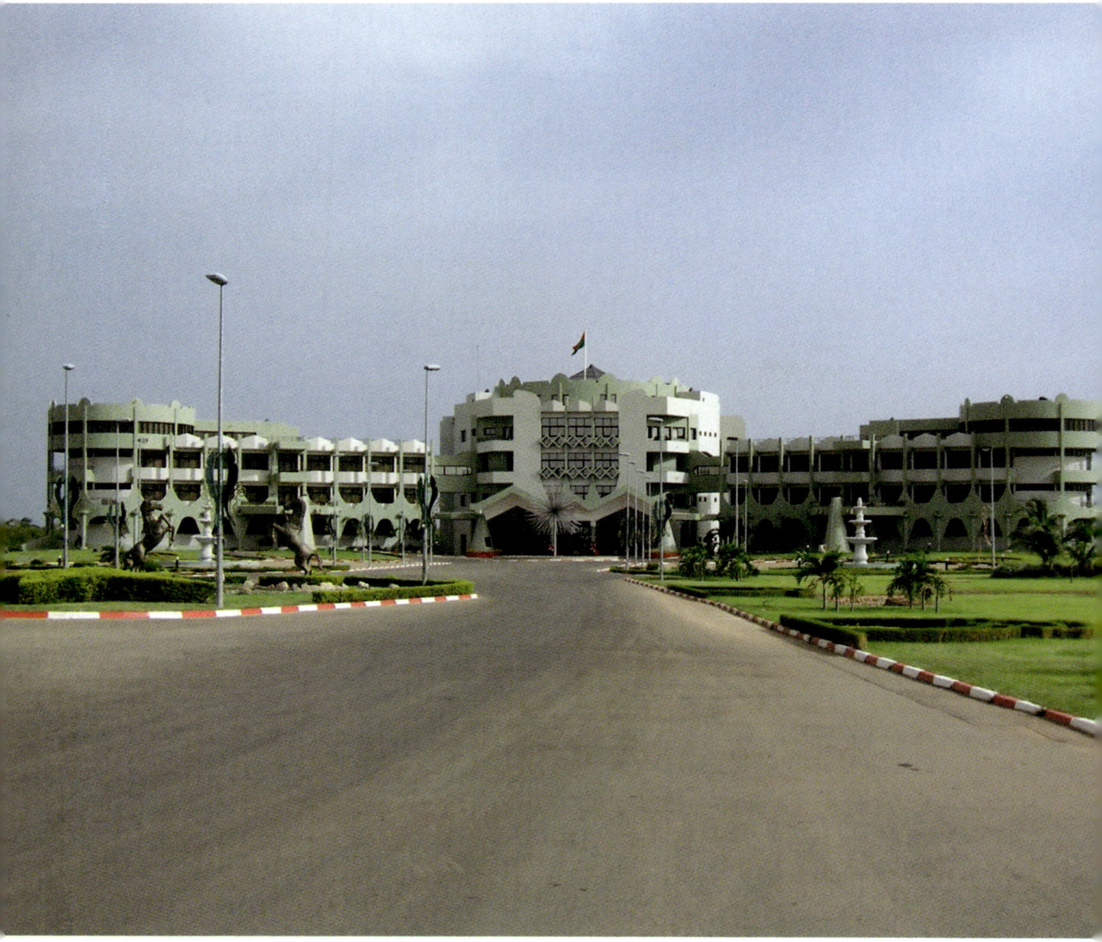

INFORMATION GÉNÉRALE

Si l'âne rue contre un rocher, il casse ses sabots
Proverbe du Burkina Faso

HISTOIRE DU BURKINA FASO

LA PÉRIODE PRÉHISTORIQUE

L'actuel Burkina Faso, pays des Hommes intègres, à l'instar des autres pays de l'Afrique de l'Ouest a un peuplement très ancien (12 000 à 5 000 BC) qu'attestent des traces de culture matérielle (outils constitués de grattoirs, burins et pointes) mises à jour en 1973. Les peintures rupestres du Nord-Ouest du pays corroborent cette présence. Autour de 3600 à 2600 avant l'ère chrétienne, apparaît la sédentarisation et la domestication des espèces sauvages. Des vestiges de cette période du néolithique laissent apprécier l'emploi du fer, de la céramique et de la pierre polie qui se développe surtout entre 1500 et 1000 avant l'ère chrétienne, ainsi que l'apparition de témoignage de religiosité qu'attestent des restes d'inhumation. En outre, des restes de culture Dogon sont visibles au Centre-Nord et au Nord-Ouest témoins de leur présence des Dogons en ces lieux avant leur migration dans les falaises de Bandiagara (Mali actuel). Et que dire de ces enceintes fortifiées que constituent les ruines de Loropéni au Sud-Ouest du pays (ainsi que dans le Nord de la Côte d'Ivoire) ? Les fouilles archéologiques sur le site principal permettront sous peu d'attribuer une paternité à ces ruines et faciliteront leur inscription sur la liste du patrimoine mondial de l'humanité.

LA PÉRIODE PRÉCOLONIALE

Les peuples de l'actuel Burkina Faso dans la Boucle du Niger ont été longtemps plus ou moins protégés des influences extérieures. Excepté quelques auteurs arabes, peu de témoignages sont donc disponibles sur cette période précoloniale. Toutefois, les Européens dans leur "course aux clochers" vont tour à tour visiter le "Mossi", ces territoires constitutifs de l'ex colonie de la Haute-Volta et l'explorateur Louis-Gustave Binger (1856-1936) dans son récit. (Du Niger au Golfe de Guinée) relate son séjour chez un prince, Boukary Kutu, en juin 1888, lequel succédera à son frère le Mogho Naaba Kom de Ouagadougou sous le nom de règne de Naaba Wobgo. Celui-ci résistera à l'invasion française avant de se réfugier au Ghana. Le moogo, la partie du pays habitée par les Mossi communément appelé le plateau central, est décrit par Binger comme un royaume bien structuré et gouverné par une monarchie centrale.

LA PÉRIODE COLONIALE

Le royaume moose de Ouagadougou tombe dès 1896 sous protectorat français et en 1888, la presque totalité des territoires formant l'actuel Burkina Faso est conquise. La colonie du Haut-Sénégal-Niger est alors créée en 1904 pour regrouper les conquêtes françaises de l'Afrique de l'Ouest qui participent dès la première guerre mondiale (1914-1918) à l'effort de guerre en fournissant des troupes : ces fameux "tirailleurs sénégalais". La nouvelle colonie de la Haute-Volta est créée le 1er mars 1919 avec Edouad Hesling comme 1er gouverneur. Le 5 septembre 1932, elle est démantelée et son territoire démembré entre le Niger, le Mali et la Côte d'Ivoire. Le 4 septembre 1947, sous la pression des chefs traditionnels et des hommes politiques, la Haute-Volta est reconstituée dans ses frontières de 1932. La république est proclamée par Daniel Ouézzin Coulibaly le 11 décembre 1958 dans la communauté franco-africaine et l'indépendance intervient le 5 août 1960 avec Maurice Yaméogo comme premier président.

L'INDÉPENDANCE

De 1958 à 1966

Daniel Ouézzin Coulibaly, militant et membre fondateur de la première heure du RDA (Rassemblement démocratique africain) proclame la république, le 11 décembre 1958, mais la disparition brutale (le 7 septembre 1958) de celui que tout le monde donnait pour être le père de l'indépendance voltaïque laisse la place à Maurice Yaméogo qui conduira le pays à l'indépendance le 5 août 1960. Le jeune président se révèle être un nationaliste convaincu et refuse le maintien d'une base militaire française dans son pays. Seulement, le déficit de dialogue avec les mouvements syndicaux, l'instauration d'un régime de parti unique provoquent son départ du pouvoir le 3 janvier 1966 par un soulèvement populaire. Il est remplacé par Sangoulé Lamizana.

De 1966 à 1980

Arrivé par un coup d'Etat au pouvoir, le général Sangoulé Lamizana promulgue en 1970 une constitution instaurant l'élection présidentielle au suffrage universel pour 4 ans et garantissant le multipartisme. En 1974 les militaires reprennent le pouvoir pour en être de nouveau écartés en 1977. Une nouvelle constitution restaure un multipartisme limité à 3 partis. En 1978, le général Sangoulé Lamizana reprend ses fonctions comme président de la République, mais une nouvelle vague de mécontentement provoque un coup d'Etat qui porte au pouvoir le colonel Saye Zerbo.

De 1980 à 1991

Le 25 novembre 1980, le colonel Saye Zerbo s'empare du pouvoir par un coup d'Etat et instaure un nouveau régime militaire, le CMRPN (Comité militaire de redressement pour le progrès national). Le 7 novembre 1982, de jeunes officiers renversent Saye Zerbo et instaurent le Conseil du salut du peuple (CSP). L'arrestation de Thomas Sankara alors Premier ministre provoque le renversement du président Jean-Baptiste Ouédraogo le 4 août 1983. Cette date marque l'accession de Thomas Sankara au pouvoir. A la tête du CNR (Conseil national de la révolution), il instaure la Révolution. Et le 4 août 1984, la Haute-Volta est officiellement débaptisée pour devenir Burkina Faso, "pays des Hommes intègres". Le 15 octobre 1987, Thomas Sankara est assassiné à la suite d'un coup d'Etat. Blaise Compaoré accède au pouvoir sous un régime dit de la "rectification". Une nouvelle constitution adoptée par référendum le 2 juin 1991 rétablit le multipartisme.

De 1991 à nos jours

Le Burkina Faso vit actuellement sa plus longue stabilité politique et son plus long processus démocratique. De 1991 à nos jours, le pays a connu trois élections présidentielles (1991, 1998, 2005), quatre élections législatives (1992, 1997, 2002, 2007), trois élections municipales ou locales (1995, 2000, 2006). Elles ont été toutes remportées à chaque échéance par le parti au pouvoir (CDP) à des majorités écrasantes, plus de 80% pour les présidentielles et plus de 2/3 des sièges pour les législatives et les municipales. L'Assemblée nationale compte cent onze députés. Depuis 2006, le Burkina Faso s'est engagé dans un processus de communalisation intégrale avec la mise en place effective de 351 communes : 49 urbaines et 302 rurales.

LES SYMBOLES NATIONAUX

LE DRAPEAU

Le drapeau, emblème de la nation, est constitué de deux bandes horizontale (vert et rouge), frappé au centre d'une étoile jaune/or à cinq branches. La branche centrale et les deux branches latérales supérieures de l'étoile sont dans la bande rouge du drapeau, et les deux branches latérales inférieures dans la bande verte.

• la bande rouge symbolise le sang versé par les martyrs d'hier, d'aujourd'hui et de demain pour assurer la victoire de la révolution. Par extension, le rouge symbolise tous les sacrifices consentis par le peuple.
• La bande verte est plutôt le symbole des nombreuses richesses agricoles de notre peuple. Le vert est le signe de l'abondance, du bonheur du peuple
• l'étoile jaune/or est le guide idéologique de la RDP (Révolution démocratique et populaire) dans sa marche radieuse.

L'HYMNE NATIONAL

Le Ditanyé ou "hymne de la victoire" date de 1984 lors du changement du nom du pays et des autres symboles de la nation. Il est sur un ton volontairement guerrier et se termine par le slogan "la patrie ou la mort, nous vaincrons".

LES PAROLES L'HYMNE NATIONAL BURKINABÈ : LE DITANYE

I. Contre la férule humiliante il y a déjà mille ans
La rapacité venue de loin les asservir il y a cent ans
Contre la cynique malice métamorphosée
En néocolonialisme et ses petits servants locaux
Beaucoup flanchèrent et certains résistèrent
Mais les échecs, les succès, la sueur, le sang
Ont fortifié notre peuple courageux
Et fertilisé sa lutte héroïque.

Refrain
Et une seule nuit a rassemblé en elle l'histoire de tout un peuple
Et une seule nuit a déclenché sa marche triomphale
Vers l'horizon du bonheur une seule nuit a réconcilié
Notre peuple, avec tous les peuples du monde
A la conquête de la liberté et du progrès.
La Patrie ou la mort nous vaincrons.

II. Nourris à la source vive de la révolution,
Les engagés volontaires de la liberté et de la paix
Dans l'énergie nocturne et salutaire du 4 août
N'avaient pas que les armes à la main mais aussi et surtout
La flamme au cœur pour légitimement libérer
Le Faso à jamais des fers de tous ceux qui,
Cà et là en polluaient l'âme sucrée
De l'indépendance de la souveraineté

III. Et séant désormais en sa dignité recouvrée
L'amour et l'honneur en partage avec l'humanité
Le peuple de Burkina chante un hymne à la victoire
A la gloire du travail libérateur, émancipateur
A bas l'exploitation de l'homme par l'homme,
Hé ! En avant pour le bonheur de tout homme
Par tous les hommes aujourd'hui et demain
Par tous les hommes ici et pour toujours.

IV. Révolution populaire nôtre, sève nourricière
Maternité immortelle de progrès à visage d'homme
Foyer éternel de démocratie consensuelle
Où enfin l'identité nationale a droit de cité
Où pour toujours l'injustice perd ses quartiers
Et où des mains des bâtisseurs d'un monde radieux
Mûrissent partout les moissons des v?ux patriotiques
Brillent les soleils infinis de joie.

LES ARMOIRIES DE BURKINA FASO

Les armoiries du Burkina Faso reproduit le drapeau national. Dans la partie supérieure du blason on peut voir une ceinture d'argent dans laquelle est inscrite la dénomination officielle du pays « Burkina Faso ». Dans la partie inférieure, sur une autre ceinture, on peut lire la devise officielle du pays : « Unité, Progrès, Justice ». Le blason est soutenu par deux chevaux qui représentent le courage, deux lances et un livre qui représente l'éducation.

LE GOUVERNEMENT

L'actuelle équipe gouvernementale conduite depuis juin 2007 par l'économiste-gestionnaire Tertius Zongo a placé son action sous le signe de la préservation des acquis et le renforcement de la lutte contre la pauvreté. Remaniée par deux fois sans grand changement dans sa composition, elle met en œuvre le programme quinquennal (2005-2010) du président du Faso: Le progrès continu pour une société d'espérance. Le gouvernement compte trente-quatre (34) membres soit vingt-sept (27) ministres pleins et sept (7) délégués. Il est quasiment composé de cadres du parti majoritaire, Congrès pour la Démocratie et le Progrès (CDP) même si l'on y dénombre deux (2) ministres de l'Alliance pour la Démocratie et la Fédération-Rassemblement démocratique africain (ADF-RDA), parti ayant soutenu le programme du président Blaise Compaoré et d'un de la mouvance présidentielle.

LA CONSTITUTION

Adoptée par référendum le 2 juin 1991, la constitution actuelle est la 4ème du genre, après la 1ère sous Maurice Yaméogo, celles de la 2e et 3e république sous Sangoulé Lamizana. Cette constitution a subit des réaménagements suite aux révisions successives par les lois 002/97/ADP du 27 janvier 1997, lois 003/2000/AN du 11 avril 2000, lois 001/2002/AN du 22 janvier 2002. La laïcité de la république y est affirmée et le président de la république est le détenteur exclusif du pouvoir exécutif garant de la constitution élu pour 5 ans rééligible 1 fois cf loi 003/200/AN du 11 avril 2000. Le Premier ministre, chef du gouvernement est nommé et révoqué par le président de la République. Il anime et coordonne l'action gouvernementale.

Président : Blaise Compaoré
Premier ministre : Tertius Zongo
Président de l'Assemblée : Roch Marc Christian Kaboré

LE SYSTÈME JUDICIAIRE

Le Burkina Faso a un système de justice calqué sur celui français. Le pouvoir judiciaire est confié aux juges. Ce pouvoir est exercé sur toute l'étendue du territoire national par les juridictions de l'ordre judiciaire et de l'ordre administratif. La justice est indépendante et le Président du Burkina Faso est garant de l'indépendance du pouvoir judiciaire, aidé par le conseil supérieur de la magistrature. Les juridictions de l'ordre judiciaire et de l'ordre administratif au Burkina Faso sont : la cour de cassation (juridiction supérieure de l'ordre judiciaire), le conseil d'Etat (juridic-

L'Assemblée nationale compte 111 députés

tion supérieure de l'ordre administratif), la cour des comptes (juridiction supérieure de contrôle des finances publiques), les cours et tribunaux institué par la loi.

Le conseil supérieur de la magistrature fait des propositions sur la nomination et les affectations des magistrats et donne son avis sur les propositions du ministre en charge de la justice

La Haute cour de justice est composée de députés élus ainsi que de magistrats désignés par le président de la Cour de cassation. Elle est compétente pour connaître des faits et délits commis par le Président du Burkina Faso dont la mise en accusation est votée par 4/5ème des voix des députés siégeant à l'Assemblée. Elle est également compétente pour juger les membres du gouvernement mis en accusation par 2/3 des députés à l'Assemblée nationale.

ORGANISATION ADMINISTRATIVE

Sur le plan administratif le Burkina Faso est subdivisé en 13 régions dirigées chacune par un gouverneur de région. Chaque région est constituée par un ensemble de provinces dirigées par des Hauts-commissaires. Les provinces au nombre de 45 sont subdivisées en Départements ayant chacun à leur « tête » des préfets. Le département est formé par un ensemble de villages dirigés par les chefs de villages assistés aujourd'hui par des Responsables administratifs villageois (RAV) qui sont les répondants de l'Administration dans les villages Les communes rurales et urbaines sont administrées par des maires. Ouagadougou et Bobo-Dioulasso ont chacune un maire central secondé par des maires d'arrondissements.

LE POUVOIR LEGISLATIF

Retenu par l'Assemblée nationale, (chambre unique du parlement) le pouvoir législatif est indépendant de celui judiciaire et de l'exécutif. Elus au suffrage direct pour une législature de 5 ans, les 111 députés votent la loi, consentent l'impôt et contrôlent l'action gouvernementale. Le président de l'AN est élu par l'ensemble des députés.-

Groupe parlementaire : Alternance pour la démocratie et la justice (ADJ), l'Alliance pour la démocratie et la fédération/Rassemblement démocratique africain (ADF/RDA), le Congrès pour la démocratie et le progrès (CDP) et la Convention des forces républicaines (CFR)

Partis politiques : il y a une centaine de partis politiques, dont les plus importants sont : ADF/RDA, CDP, CFD-B, PAI, PAREN, UPS, UDPS, UNIR/PS, UPR, PDP/PS, RDB, RPC

LES RELATIONS EXTÉRIEURES

Le Burkina Faso, dans la loi fondamentale stipule que l'Etat peut céder tout ou partie de sa souveraineté au profit d'un ensemble plus vaste. Le pays est membre de plusieurs organisations sous-régionales telles la CEDEAO, l'UEMOA, le Conseil de l'entente, mais aussi d'organisations africaines (CEN-SAD, Union africaine, NEPAD, BAD…) mondiales (ONU, OMS, OMC, BIT, Francophonie…). Le pays des Hommes intègres ont des relations diplomatiques et du monde par échange réciproque d'ambassade et de consulats.

MINISTÈRES

NOTICE! Les ministères n'ont pas une adresse précise permettant de les localiser dans la ville. Ils sont dispersés dans le pourtour du centre-ville. Il suffit de les appeler pour en savoir plus.

Premier Ministre
03 BP 7027, Ouagadougou 03
Standard : +226-50-324889/90/91
Secrétariat particulier : +226-50-335985
Fax : +226-50-330551
Website : www.primature.gov.bf

Affaires étrangères et Coopération régionale
03 BP 7038, Ouagadougou 03
Standard : +226-50-324732 à 36 / 50324715 / 50324346
Secrétariat particulier : +226-50-332013

Le nouveau Premier Ministère

Fax : +226-50-314746
Email : webmaster@mae.gov.bf
Website : www.mae.gov.bf

Economie et Finances
03 BP 7008, Ouagadougou 03
Secrétariat particulier : +226-50-324211 / 50314480
Fax : +226-50-312715
Email : finances@cenatrin.bf

Agriculture, Hydraulique et Ressources Halieutiques
03 BP 7005, Ouagadougou 03
Standard : +226-50-499900 à 09
Secrétariat Particulier : +226-50-499914

Justice, Garde des Sceaux
01 BP 526, Ouagadougou 01
Standard : +226-50-324833 à 48
Secrétaire général : +226-50-330112
Fax : +226-50-317137
Website : www.justice.gov.bf

Défense
01 BP 496 Ouagadougou 01
Standard : +226-50-307214 / 50314849/64
Secrétariat particulier : +226-50-300396

Fax : +226-50-313610
Website : www.defense.gov.bf

Santé
03 BP 7035, Ouagadougou 03
Secrétariat particulier : +226-50-326340
Fax : +226-50-317024
Website : www.sante.gov.bf

Transports
03 BP 7011, Ouagadougou 03
Standard : +226-50-307333
Secrétariat particulier : +226-50-324905
Secrétariat particulier du Ministre Délégué Chargé des transports : +226-50-324929
Fax : +226-50-318408
Email : mith@cenatrin.bf
Website : www.mith.gov.bf

Fonction Publique et Réforme de l'Etat
01 BP 7006, Ouagadougou 01
Standard : +226-50-301952 / 50311953 / 50321961
Secrétariat particulier : +226-50-312391
Fax : +226-50-301954
Website : www.fonction-publique.gov.bf

INFORMATION GÉNÉRALE

Administration Territoriale et Décentralisation
01 BP 7034, Ouagadougou 01
Secrétariat particulier : +226-50-324778
Conseiller technique : +226-50-326086
Website : www.matd.gov.bf

Sécurité
01 BP 5175 Ouagadougou 01
Standard : +226-50-315885
Secrétariat particulier : +226-50-332677
Fax : +226-50-315887

Mines, Carrières et Energie
01 BP 644, Ouagadougou 01
Standard : +226-50-324786 à 99
Secrétariat particulier : +226-50-318429
Fax : +226-50-318430
Website : www.mines.gov.bf

Commerce, Promotion Entreprise et Artisanat
01 BP 365, Ouagadougou 01
Standard : +226-50-324786 à 99
Secrétariat particulier : +226-50-314493
Fax : +226-50-318497
Website : www.commerce.gov.bf

Culture, Tourisme et Communication, Porte-parole du gouvernement
Conseillers Techniques : +226-50-326253/54/55
Secrétariat particulier : +226-50-330963
Email : mcat@cenatrin.bf
Website : www.culture.gov.bf

Infrastructures et Désenclavement
Secrétariat particulier : +226-50-324905
Conseiller technique : +226-50-324336

Travail et Sécurité sociale
03 BP 7016, Ouagadougou 03
Standard : +226-50-310960/61
Secrétariat particulier : +226-50-313415
Website : www.emploi.gov.bf

Chargé de mission auprès du Président du Faso, Chargé de l'Analyse et de la Prospective
Standard de la Présidence : +226-50-306630/32

Postes et Technologies de l'Information et de la Communication
Standard : +226-50-313876 / 50337385
Secrétariat particulier du secrétaire général:
+226-50-331078
Email : mpt.secretariat@onatél.bf
Website : www.mpt.bf

Habitat et Urbanisme
Secrétariat particulier : +226-50-326204

Agriculture
03 BP 7005, Ouagadougou 03
Standard : +226-50-499900 à 09
Secrétariat Particulier : +226-50-4999143
Ministre Délégué de l'Agriculture : +226-50-499912 (LD)

GÉOGRAPHIE

SITUATION GÉOGRAPHIQUE

Le Burkina Faso est situé en Afrique de l'ouest à l'intérieur de la boucle du Niger à plus de 500 km au Nord du Golfe de Guinée l'Océan atlantique). C'est un pays sahélien.

Pays Continental de 274 000 km^2 soit la moitié de la France, le Burkina Faso est limité au Nord et au Nord-Est par les républiques du Mali et du Niger, au Sud-Est par celles de la Côte d'Ivoire, du Ghana, du Togo et du Bénin. Une situation géographique très centrale qui fait du pays une excellente « porte d'entrée » dans la sous-région.

CLIMAT

Le Burkina Faso possède un climat tropical de type soudano-sahélien (caractérisé par des variations pluviométriques considérables allant d'une moyenne de 350 mm au Nord à plus de 1 000 mm au Sud-Ouest) avec deux saisons très contrastées : la saison des pluies avec des précipitations comprises entre 300 mm et 1200 mm et la saison sèche durant laquelle souffle l'harmattan, un vent chaud et sec, originaire du Sahara. La saison des pluies dure environ 4 mois, entre mai-juin et septembre. On peut donc distinguer trois grandes zones :

La zone sahélienne au nord du pays : moins de 600 mm de pluviométrie par an et amplitudes thermiques élevées (15 à 45°c)

La zone soudano-sahélienne entre 11°3' et 13°5' de latitude Nord. C'est une zone intermédiaire pour les températures et les précipitations.

La zone soudano-guinéenne au sud du pays : plus de 900 mm de pluie par an et des températures moyennes relativement élevées.

On distingue deux saisons : Une saison d'hivernage très courte de 3 à 4 mois (juin à septembre) et une saison sèche de 8 à 9 mois (octobre à mai)

La rareté et la mauvaise répartition des pluies provoquent des migrations de plus en plus fortes des populations principalement du Nord et du Centre vers les villes, le Sud-ouest du Burkina Faso et les pays du Sud (Côte d'Ivoire, Ghana). La température varie de 16 à 45 degrés Celsius ; l'évaporation moyenne annuelle est estimée à 3 000 mm.

Le Burkina Faso est le premier producteur de coton en Afrique

RESSOURCES NATURELLES

Longtemps, l'on a cru que le Burkina Faso était dépourvu de toutes richesses naturelles. Les différentes explorations menées ces dernières années par le Bureau des mines et de la géologie (BUMIGEB) et des compagnies étrangères, occidentales notamment, ont mis à jour d'importants gisements miniers. Si la mine d'or de Poura longtemps présentée comme la plus grande du pays a fermé en 1999, d'autres ont ouvert sur toute l'étendue du territoire. L'exploitation minière longtemps focalisée sur l'or a également connu une diversification. Outre les mines d'or de Essakane (en construction), de Mana Fobiri, de Kalsaka, de Bélahoro, de Youga, celles de Perkoa et Kiéré sont respectivement consacrées au zinc et au manganèse. Le gouvernement s'est engagé à multiplier l'exploration d'autres ressources minières: diamant, pétrole, fer... Mais la plus grande ambition minière du pays demeure l'exploitation effective de la mine de manganèse de Tambao dont la teneur est parmi les plus denses du monde et pour laquelle l'Etat recherche activement un partenaire.

Afin de mieux valoriser les ressources naturelles, le gouvernement burkinabé a lancé le concept d'écotourisme pour l'exploitation efficace et efficiente de la faune et de la flore. Le pays abrite l'une des plus grandes et plus riches populations giboyeuses de l'Afrique de l'ouest. En plus du ranch du Nazinga, les réserves de l'Est regorgent d'espèces animales et végétales abondantes et variées dont la valorisation pour lutter efficacement contre la pauvreté au sein des population reste une préoccupation majeure des pouvoirs publics.

L'agriculture représente 32% du produit intérieur brut et occupe 80% de la population active. Il s'agit principalement d'élevage mais également, surtout dans le sud et le sud-ouest, de culture de sorgho, de mil, de maïs, d'arachides. Dominée par le coton, dont le pays est le premier producteur en Afrique avec 700 000 tonnes en 2006 principalement tournées vers l'exportation, l'économie résiste tant bien que mal à la chute des cours des matières premières.

LANGUES

La langue officielle et administrative : Comme la plupart des pays d'Afrique de l'Ouest, le Burkina Faso a pour langue officielle le français.

Les langues nationales : Il existe plus de 60 langues et dialectes dont les principales sont : le mooré langue parlée par l'ethnie Mossi, le san parlé par les Samos, le fulfuldé parlé par les Peuls, le gulmacéma parlé par les Gourmantché dans l'Est du Burkina Faso, le dagara parlé par les Dagaris, le Dioula qui est une langue commune à plusieurs pays d'Afrique de l'ouest (la Côte d'Ivoire, le Mali, la Guinée etc.), le lobiri parlé les lobis, le marka, le bobo, le bwamu parlé par les bwabas, le senoufo parlé par les sénoufo, le kassena, le nouni et le lyélé parlées par le peuple dit Gourounsi (sud-est et centre-ouest) et le bissa qui est la langue parlée par l'ethnie des Boussancé appelé couramment Bissas.

RELIGIONS

Le recensement général de la population en 1996 donnait a peu près les chiffres suivants : (animistes : 47%, islam : 31%, christianisme : 21%, autres : 1%). Le recensement de 2006 ne s'est pas intéressé à la question (la jugeant trop sensible, de même que la composition des groupes ethniques)

CULTURE

Le Festival panafricain du cinéma et de la télévision de Ouagadougou (FESPACO), le plus grand festival de cinéma africain sur le continent, a lieu tous les deux ans à Ouagadougou. Le SIAO, Salon international de l'Artisanat de Ouagadougou, a lieu lui aussi tous les deux ans, principalement les années paires (fin octobre-début novembre). C'est le plus grand salon de promotion de l'artisanat africain. A lieu également tous les deux ans à Bobo-Dioulasso durant une semaine, la Semaine nationale de la culture (SNC) tremplin de la culture nationale, sous régionale et de la diaspora. Le Festival Ciné droits libres pour les droits de l'hommes et la liberté de la presse, le festival international de cultures urbaines Waga hip hop qui se déroule chaque année depuis 2000 ; le

La célèbre mosquée de Bobo Dioulasso est caractérisée par son architecture en Banco, de type Soudanaise

Festival international de théâtre et de marionnettes du professeur Jean Pierre Guingané (FITMO) ; le Festival jazz à Ouaga ; les Nuits atypiques de Koudougou (NAK) ; le festival international de théâtre pour le développement (FITD), les récréatrales avec Etienne Minoungou.

JOURS FÉRIÉS

- **Fêtes légales :**
  1er janvier : jour de l'an
  8 mars : journée de la femme
  1er mai : fête du travail
  5 août : fête nationale

- **Fêtes religieuses fériées :**
  Noël , Toussaint, Pâques, Ascension, Assomption, Ramadan, Tabaski, Mouloud

HEURES DE BUREAU

Les jours de travail vont de lundi à vendredi, mais certains établissements, services ou administrations privées (banques, bureaux de change, entreprise, librairies et yaars) ouvrent le samedi matin de 9h à 12h ou 15h. En général, le week-end comprend le samedi et le dimanche.

Les heures de travail ou d'ouverture sont généralement les suivantes:
- Magasins et yaars (petits marché à ciel ouvert en langue nationale mooré) : 7h 00-18h 00
- Bureau : 7h 30-12h30 et 15h-17h30
- Banques : 8h 00-11h 30 ; 15h 30-16h 30
- Administration publique : 7h30-17h 30

INFORMATIONS PRATIQUES

BUSINESS TIPS

On parle de "soir" de 15h jusqu'à 19h. Au lieu de dire « Bonne après midi », on dit donc « Bonsoir »

Le retard est très mal prit. Faites donc en sorte d'être toujours à l'heure à vos meetings.

Il ne faut jamais donner quelque chose (carte de visite, argent,…) de la main gauche, cela porterait malheur.

En général, la politesse vous permettra de vous sortir de beaucoup de situation.

Les Burkinabé aiment prendre leur temps pour prendre des décisions, ne pas hésiter à donner des échéances.

MONNAIE

L'unité de monnaie de la communauté financière africaine en usage dans les pays de la zone franc est le FCFA. Le taux de change est fixe: 1 Euro = 655,957 FCFA.

Le FCFA se présente sous forme de pièces de 5, 10, 25, 50, 100, 200, 25, 500 F et de billets de 1000, 2000, 5000, 10 000 F.

BANQUES ET ASSURANCES

De nombreuses banques et maisons d'assurances nationales et internationales cohabitent avec des microsfinances. Parmi elles :

ETABLISSEMENTS FINANCIERS

National : Coris banque
Régional : Banque atlantique, United Bank for Africa (anciennement BIB), La BSIC, la Bank Of Africa, Ecobank,
International : BICIA-B (du groupe BNP), SGBB (du groupe Société Générale)

Il y a des nombreux bureaux Western Union dans toutes les grandes villes du Burkina

ASSURANCES

National : SONAR, UAB (Union des Assurances du Burkina Faso), Générale des Assurances, Raynal
Régional : Colina
International : Allianz (anciennement AGF)

BUREAUX DE CHANGE

De nombreux bureaux de change permettent d'acheter et de vendre facilement des devises (monnaie étrangère) au Burkina Faso. On les trouve généralement à l'aéroport, sur l'avenue Kwamé-N'Krumah, dans les hôtels et supermarchés. On peut aussi changer son argent au sein même des banques mais on y ajoutera des commissions et le TVA. Le taux de change avec l'euro est fixe : 1 euro : 655, 957 FCFA. Par contre, celui du dollar est variable et est généralement affiché dans les lieux d'échange

CARTE DE CRÉDIT

NOTICE! Les cartes Mastercard et American Express ne sont pas acceptées. Seul la carte Visa vous sera utile dans le pays.

L'utilisation des cartes de crédits n'est pas encore très ancrée dans les habitudes de paiement au Burkina Faso. Les chèques continuent d'être le moyen le plus utilisé. Cependant à Ouagadougou ou à Bobo-Dioulasso, il est facile de retirer de l'argent aux distributeurs automatiques souvent situés à l'intérieur des grandes banques grâce à une carte Visa. Cette même carte vous permettra de payer vos notes dans les grands hôtels et restaurants. Les différentes banques ont émis des cartes de crédits avec chacune une appellation propre mais celles-ci servent d'avantage de moyens de retrait que de paiement. Seule la carte mise en place par la United Bank for Africa - Banque internationale du Burkina (BIB), la Petrocards, joue véritablement un rôle de carte de credit dans les supermarchés, les hôtels…

COMMUNICATION

TÉLÉPHONE PORTABLE

Comme la plupart des pays de la sous région ouest africaine, le secteur des télécommunications burkinabé jadis monopole de l'Office national des télécommunications (ONATÉL) a connu une libéralisation avec l'avènement de la téléphonie mobile disputée par trois opérateurs: Télmob (filliale de ONATÉL), Zain et Télecel. Chaque opérateur dispose de ses propres cartes de recharges dont la valeur varie entre 200 FCA à 50 000 FCFA.

PRIX INDICATIFS

Taxi : une course en taxi vaut 200 F CFA pour un taxi ordinaire. Quand il s'agit d'un taxi compteur, cela peut aller jusqu'à 1 500 F CFA.

Transport en commun : le ticket de bus coûte 100 F CFA et celui d'un car reliant Ouagadougou à Bobo-Dioulasso, la deuxième ville, varie entre 6 000 F CFA et 7 500 FCFA.

Location de voiture climatisée avec chauffeur : 20 000 FCFA en ville et 40 000 en dehors.

Grands hôtels : entre 65 000 et 100 000 FCFA la nuit
Hotel « Consultants » : entre 30 000 et 65 000 FCFA la nuit

Location de maison : entre 200 000 et 750 000 FCFA en fonction du standing et du lieux.

Une baguette de pain : 150 FCFA

GSM : la communication interurbaine est facturée entre 150 et 200 FCFA la minute. Compter environ 350 FCFA la minute pour un appel à l'étranger.

TÉLÉPHONE FIXE

L'ONATÉL privatisée en 2007 et rachetée par Maroc Télecom est le seul opérateur à régner sur la téléphonie fixe. En plus du réseau filaire, l'ONATÉL a introduit le fixe sans fil permettant une communication à partir des cartes de recharges comme pour les téléphones portables.

INTERNET

Le développement du secteur des télécommunications s'est accompagné d'une démocratisation de l'internet. Les deux principaux fournisseurs sont l'Onatel et IPSys. On trouve partout des cyber cafés dans les grandes villes et des connexions dans les administrations publiques et privées, les hôtels, les universités, les lycées et collèges… Le coût de l'heure de navigation varie entre 500 et 1500 FCFA.

CARTES DE TÉLÉPHONE INTERNATIONALES

L'ONATÉL a mis sur place une gamme de carte pour mieux communiquer avec l'étranger. Aussi la carte Liberté est utilisable sur n'importe quel appareil portable et celle dite Dunia permet une communication à coût réduit uniquement avec l'extérieur.

COURRIER

Le secteur du courrier a connu une libéralisation voilà bientôt quinze ans. En plus de la traditionnelle société nationale des postes (SONAPOST), des entreprises internationales comme Chronopost, DHL et locales (principalement des compagnies de transport terrestre) s'activent à distribuer le courrier au plan national et international.

AVANT ET APRÈS VOTRE ARRIVÉE

SANTÉ

L'entrée en territoire burkinabé est soumise à la réglementation en vigueur sur le plan international. Le principal vaccin exigé est celui de la fièvre jaune. Cependant,

INFORMATION GÉNÉRALE

Les bureaux de DHL à Bobo Dioulasso

le pays connaissant des épidémies récurrentes de méningite, de rougeole, il est conseillé de se vacciner contre ces maladies. Le paludisme sévit également et il ne faut pas hésiter à consulter un médecin.

SÉCURITÉ

> **NOTICE!** Contrairement aux autres pays de la sous région, la police/gendarmerie ne vous demandera jamais d'argent (bakchich) sans raison.

Le Burkina Faso a été longtemps présenté comme l'un des pays les plus sécurisés de la sous région ouest africaine. Les forces de l'ordre (police et gendarmerie) veillent toujours au grain pour assurer la protection des personnes et des biens. Cependant, la montée des coupures de route et la recrudescence des attaques dans l'Est du pays sont venues quelque peu troubler la quiétude des populations. Le renforcement de l'état de veille avec le lancement de la police de proximité à travers les comités locaux de sécurité et la multiplication des patrouilles ont permis de réduire les sites criminogènes.

VISA ET PERMIS DE RÉSIDENCE

Un visa de séjour est exigé aux étrangers non ressortissant de l'UEMOA et de la CEDEAO et âgés de plus de 15 ans. Les visas sont délivrés par les ambassades du Burkina Faso à l'extérieur. Il est aussi possible de réaliser son visa directement à votre arrivée à l'aéroport de Ouagadougou.

DOUANES

Des postes douaniers sont établis à chaque frontière du pays. Les aéroports en disposent également. Outre les formalités classiques de dédouanement des marchandises, la douane s'assure de la nature des produits transportés à l'entrée du territoire. Compter environs 15 000 FCFA pour un dédouanement de marchandise.

COMMENT VENIR ET SE DÉPLACER DANS LE PAYS

COMMENT VENIR

Par avion
En plus de la compagnie nationale Air Burkina, une dizaine d'autres dont Air France et Ethiopian Airlines desservent le Burkina Faso. Les horaires de départ et d'arrivée sont consultables sur les sites Internet des compagnies et quotidiennement publiés dans la presse.

Par train
Le réseau ferroviaire reliant Ouagadougou à Abidjan en Côte d'Ivoire est exploité par la Société internationale de transport en Afrique par rail (SITARAIL). La fréquence de départ et d'arrivée est de trois par semaine.

Par autobus
Le réseau routier sous régionale est en bon état. Le Burkina Faso est perçu comme un carrefour reliant le pays à la plupart des capitales des Etats membres de l'UEMOA et même de la CEDEAO. Des compagnies de transport transnationales telles que STMB ou SKV assurent la liaison avec les pays voisins.

QUELQUES NUMÉROS UTILES

- Pompiers : 18
- Police Secours : 1010
- Gendarmerie : 50306813
- ONEA : 50306073
- ONATEL : 50308876
- SONABEL : 50306100

VOYAGER DANS LE PAYS

Par autobus

Plus d'une centaine de compagnie de transport assurent par autobus le transport interurbain et même avec les pays frontaliers à des fréquences régulières. Toutes les grandes villes du pays en disposent. Le transport urbain est assuré par des taxis. Il y a aussi des sociétés de location de véhicules.

Par avion

Trois fois par semaines (dimanche, mardi et vendredi) Air Burkina, la compagnie nationale, relie les deux plus grandes villes du pays: Ouagadougou et Bobo-Dioulasso.

AMBASSADES ÉTRANGÈRES DANS LE PAYS

Ambassade d'Arabie Saoudite
01 BP 566, Ouagadougou
Tél : +226-50-374210

Ambassade d'Autriche
01 BP 106, Ouagadougou
Tél : +226-50-312844

Ambassade d'Algérie
BP 3893, Ouagadougou
Tél : +226-50-368181

Ambassade d'Iran
Ouagadougou
Tél : +226-50-403290

Ambassade de Belgique
01 BP 1624, Ouagagou 01
Tél : +226-50-304058

Ambassade de Côte d'Ivoire
01 BP 20, Ouagadougou
Tél : +226-50-313620

Ambassade de la République de Cuba
Ouagadougou
Tél : +226-50-306491

Ambassade de France
01 BP 504, Ouagadougou
Tél : +226-50-496666

Consulat de l'Inde
01 BP 6134, Ouagadougou
Tél : +226-50-304911

Ambassade de la Jamahyria Libyenne
01 BP 1601, Ouagadougou
Tél : +226-50-307126

Ambassade de la République de Chine
Ouagadougou
Tél : +226-50-316854

Ambassade de la République d'Egypte
03 BP 7042, Ouagadougou
Tél : +226-50-375844

Ambassade de la République fédérale d'Allemagne
01 BP 600, Ouagadougou
Tél : +226-50-306731

Ambassade de la République fédérale du Nigeria
01 BP 132, Ouagadougou
Tél : +226-50-306667

Ambassade de Suède
BP 755, Ouagadougou
Tél : +226-50-301809

INFORMATION GÉNÉRALE

Ambassade des Etats Unis d'Amérique (USA)
01 BP 35
Tél : +226-50-306724

Ambassade d'Italie
01 BP 3432, Ouagadougou
Tél : +226-50-308694

Ambassade du Canada
01 BP 548, Ouagadougou
Tél : +226-50-311894

Ambassade du Ghana
01 BP 212, Ouagadougou
Tél : +226-50-307635

Ambassade du Mali
01 BP 1911, Ouagadougou
Tél : +226-50-381922

Ambassade du Royaume des Pays-Bas
01 BP 1302, Ouagadougou
Tél : +226-50-306134

Ambassade du Royaume du Maroc
01 BP 3438, Ouagadougou
Tél : +226-50-374016

Ambassade du Sénégal
01 BP 3226, Ouagadougou
Tél : +226-50-311401

Ambassade du Danemark
01 BP 1760, Ouagadougou
Tél : +226-50-328541

Bureau de la coopération suisse
01 BP 578, Ouagadougou
Tél : +226-50-306729

Communauté française de Belgique
01 BP 6625, Ouagadougou
Tél : +226-50-316500

Délégation de la commission européenne
01 BP 352, Ouagadougou
Tél : +226-50-307385

AMBASSADES DU PAYS À L'ÉTRANGER

Ambassade du Burkina en Algérie
23, Lotissement El Fetrif Poirson El –B Alger
BP 212 Didouche Mourad, Alger
Tél : +213-21-923339 / 923841
Fax : 213-21-927390
Email : abfalger@yahoo.fr

Ambassade du Burkina en Allemagne
Karolinger Platz, 10 / 11
14 052, Berlin
Tél : +49-30-30105990
Fax : +49-30-301059920
Email : embassy_burkina_faso@t-online.de
Website : www.embassy.bf.org

Ambassade du Burkina en Arabie Saoudite
Quartier Soulemania, Sud
De Panda El Oroubou (Orouba) Rue El Jouf
10ème intersection Allée Abu-Saleh
BP 94 330, Riyadh 11693
Tél : +966-1-4652244
Fax : +966-1-4653397
Email : burkinafaso.ksa@arab.net.sa

Ambassade du Burkina en Autriche
Juridictions couvertes : Autriche, Hongrie, Tchèque, Slovaquie, Slovénie, ONUDI, ONUV, AIEA, OTICE
Prinz Eugen Strasse, 18, 3A A
1040, Vienne
Tél : +43-1-5038264
Fax : +43-1-503826420
Email : s.p@abfvienne.at

Ambassade du Burkina en Belgique
16, Place Guy d'Arezzo
1180, Bruxelles
Tél : +322-3459912
Fax : +322-3450612

Email : ambassade.burkina@skynet.be
Website : www.ambassadeduburkina.be

Ambassade du Burkina au Canada
48, Range Road Kin 8J4
Ottawa, Canada
Tél : +1613-2384796
Fax : +1613-2383812
Email : burkina.faso@sympatico.ca
Website: www.ambaburkina-canada.org

Ambassade du Burkina en Chine (Taïpei)
6F, N° 9-1, Lane 62, Tien Mou West Road Taipei
111, Taiwan R.O.C
Tél : Sud: +886-2-28733096
Ligne directe: +886-2-28733048
Fax: +886-2-28733071
Email: abftap94@ms17.hinet.net

Ambassade du Burkina auprès de La Confederation Helvetique
Juridictions couvertes : ONUG, OHCDH, HCR, CNUCED ONUSIDA, BIT, OIM, OMM, OMPI, OMS, UIT, UPU, CICR, OMC.
Mission Permanente du Burkina Faso
Chemin Louis-Durant 7-9
BP 119, 1211 Genève, 20
Tél : +41-22-7346330
Fax : +41-22-7346331
Email : mission.burkina@ties.itu.int

Ambassade du Burkina en Côte d'Ivoire
Imm. SIDAM, 34, Av. Houdaille, Plateau
01 BP 908, Abidjan 01
Tél : +225-20-211493 / 211501
Email : ambawdc@verizon.net
Website : www.burkinaembassy-usa.org

Représentation permanente du Burkina auprès des Nations Unies á New York
865, United Nations Plaza
1er Av., Suite 326, New York, N.Y 10017
Tél : +212-308-4720/21
Fax: +212-308-4690
Email: bfpm@un.int

Ambassade du Burkina en Ethiopie
Kifle Ketema- Bole,
Kebele-ereda 17, Kebele 19 House, n° 281
BP 19685, Addis Abbeba
Tél : +251-1-615863/64
Fax : +251-1-625857
Email: ambfet@télecom.net.et

Ambassade du Burkina en France
159, Boulevard Haussmann
75008, Paris
Tél : +33-1-43592185 / 43590063
Fax : +33-1-42565007
Email : amba.burkina.faso@wanado.fr
Website : www.ambaburkinafrance.org

Ambassade du Burkina au Ghana
House n° 772/3, Farrar, Av. Asylum Down,
BP 651, Accra
Tél : +233-21221988
Fax : +233-21221936
Email: Burkina@4u.com.gh

Ambassade du Burkina en Inde
P 3/1 Vassant Vihar
New Delhi, 110 057
Tél : +91-11-26140641/42
Fax : +91-11-26140630
Email : emburmd@bol.net.in /
cmd@embassyburkindia.com
Website : www.embassyburkindia.com

Ambassade du Burkina en Italie
Via Venti Senttembre
86-00187, Rome
Tél : +39-06-42013355 / 42010611
Fax : +39-06-42391063

Ambassade du Burkina au Japon
3-1-17, Hiroo Glisten Hills,
3F Shibuya-ku, Tokyo 150-0012
Tél : +81-3-3400-7919
Fax : +81-3-3400-6945
Email: faso-amb@khaki.plala.org.jp
Website: www.embassy-avenue.jp/burkina

INFORMATION GÉNÉRALE

Ambassade du Burkina en Libye
Route de Gargeresh, Lot n°7
BP 81 902, Tripoli
Tél : +21-82-4771221
Fax : +21-821-4778037

Ambassade du Burkina au Mali
ACI 2000, Commune III, District de Bamako
Tél : +223-2293171
Fax : +223-2299266
Email : ambfaso@datatech.toolnet.org

Ambassade du Burkina au Maroc
7, Rue Al Boussiri Agdal
BP 6484, 10101 Rabat Instituts
Tél : +212-03-7675512 / 7675518
Fax : +212-03-7675517
Email : ambfrba@smirt.net.ma

Ambassade du Burkina au Nigeria
4, Freetown Street Wuse II
Tél : +234-9-4130491
Email : ebfn@nova.net.ng

Ambassade du Burkina au Senegal
Juridiction couverte : Sénégal, Gambie, Cap Vert, Guinée Bissau, Mauritanie
SICAP, Sacr2 Cœur III, Extension VON n°10628
BP 11601, Dakar
Tél : +221-8645824 / 8646825
Fax : +221-8645823
Email : ambabf@sentoo.an

BUSINESS RESOURCES

Si un scorpion pique une pierre, il gaspille son venin
Proverbe du Burkina Faso

AGENCES IMMOBILIÈRES

Agence Immobilière du Burkina
Secteur 29, Rue Wemtenga
01 BP 4670, Ouagadougou 01
Tél : +226-50-362534
Cell : +226-76-638599
Email : info@aib-faso.com ou bpdiari@yahoo.fr
Website : www.aib-faso.com

AICI *RECOMMENDED*
11 BP 1351, Cms Ouaga 11
Tél : +226-50-306265
Fax : +226 -50-306267
Email : aici.burkina@fasonet.bf
Website : www.aici.fr

AZIMMO
01 BP 2069, Ouagadougou 01
Tél : +226-50-382737
Fax : +226-50-308957 / 302736

SOCOGIB - Société de Construction et de Gestion Immobilière du Burkina
01 BP 1646, Ouagadougou
Tél : +226-50-301697 / 314307
Fax : +226-50-311920
Email : socogib@liptinfor.bf

NOTICE! Il est fortement conseillé de passer par une agence immobilière afin d'éviter les rabatteurs qui ne sont pas forcement hônnetes

AGENCES DE PUBLICITÉ

AG Partners Burkina Faso *RECOMMENDED PARTNER*
654-658 avenue Mogho Naba Koom 1
01 BP 4094, Ouagadougou
Tél : +226-50-308570
Fax : +226-50-308590
Email : ouagadougou@ag-partners.com
Website : www.ag-partners.com

Azur Conseil
Ouagadougou
Tél : +226-50-316968
Fax : +226-50-316973
Website : www.azurconseil.net

Agence Efficience
11 BP 205 CMS, Ouagadougou 11
Tél : +226-50-351035
Fax : +226-50-39 42 34
Email : agenceefficience@efficience.bf
Website : www.efficience.bf

Totem Communication
11 BP 1512, Ouagadougou 11
Tél : +226-50-309000
Website : www.totem.bf

Kreapub
01 BP 3194, Ouagadougou 01
Tél : +226-50-4506 31
Cell : +226-78-018752
Email : kreapub@mail-bf.com

ASSURANCES

AGF - Allianz *RECOMMENDED*
99, Avenue de l'UEMOA
01 BP 398, Ouagadougou 01
Tél : +226-50-306204/05/06
Fax : +226-50-310153
Email : agf.burkina@agf-bf.com
Website : www.agf-afrique.com/

Sonar
284 Avenue de Loudun
01 BP 406, Ouagadougou 01
Tél : +226-50-496930
Fax : +226-50-308975
Email : iard@sonar.bf
Website : www.sonar.bf

AG Partners
agence de communication

100% différents
pour vous démarquer

AG Partners Burkina Faso

654-658 avenue Mogho Naba Koom 1
01 BP 4094, Ouagadougou
Tél : +226-50-308570
Fax : +226-50-308590
ouagadougou@ag-partners.com

www.ag-partners.com

BUSINESS RESOURCES

Face à la forte expension de la capitale, de plus en plus d'agences immobilières font leur apparition

Union des Assurances du Burkina (UAB)
Avenue Kwamé N'Krumah
08 BP 11041, Ouagadougou 08
Tél : +226-50-312615 / 312616
Fax : +226-50-312620

Générale des Assurances
Avenue de la résistance du 17 mai
01 BP 6275, Ouagadougou 01
Tél : +226-50-317775 / 308716
Fax : +226-50-308717
Website : www.ga.bf

Colina
Avenue Kwamé Nkrumah
01 BP 6469, Ouagadougou 01
Tél : +226-50-330661 / 330662
Website : www.colina-sa.com/

BANQUES

NOTICE! La plupart des banques n'observent pas la pause déjeuner pour offrir leurs services en continu

Banque Atlantique
01 BP 3407, Ouagadougou 01
Tél : +226-50-492446 à 50
Fax : +226-50-492451
Website : www.banqueatlantique.net

RECOMMENDED PARTNER

Banque Commerciale du Burkina (BCB)
01 BP 1336, Ouagadougou 01
Tél : +226-50-301266 à 69
Fax : +226-50-310628
Website : www.bcb.bf

Banque Internationale du Burkina (BIB - UBA)
1340, Avenue Dimbolobsom
01 BP 362, Ouagadougou 01
Tél : +226-50-300000
Fax : +226-50-304545
Website : www.bib.bf

Banque Internationale pour le Commerce, l'Industrie et l'Agriculture du Burkina (BICIAB)
01 BP 8 BICIA-B, Ouagadougou 01
Tél : +226-50-325600
Fax : +226-50-311955
Website : www.bnpparibas.com

RECOMMENDED PARTNER

Bank of Africa (BOA)
770 Avenue du Président Sangoulé Lamizana
01 BP 1319, Ouagadougou 01
Tél : +226-50-308870 à 73
Fax : +226-50-308874
Website : www.boaburkinafaso.com

Banque Sahélo Sahélienne d'Investissement et du Commerce (BSIC)
Avenue Kwame N'Krumah
10 BP 13701, Ouagadougou 10
Tél : +226-50-328401 à 05
Fax : +226-50-302122

Coris Bank
1242 Avenue Kwame N'Krumah
01 BP 6585, Ouagadougou 01
Tél : +226-50-306814
Fax : +226-50-335237
Website : www.corisbank.bf

Ecobank
Avenue Kwame N'Krumah
01 BP 145, Ouagadougou 01
Tél : +226-50-335322 à 24
Fax : +226-50-335327
Website : www.ecobank.com

La BOA compte actuellement 13 points de vente et compte ouvrir 7 agences en moyenne par an

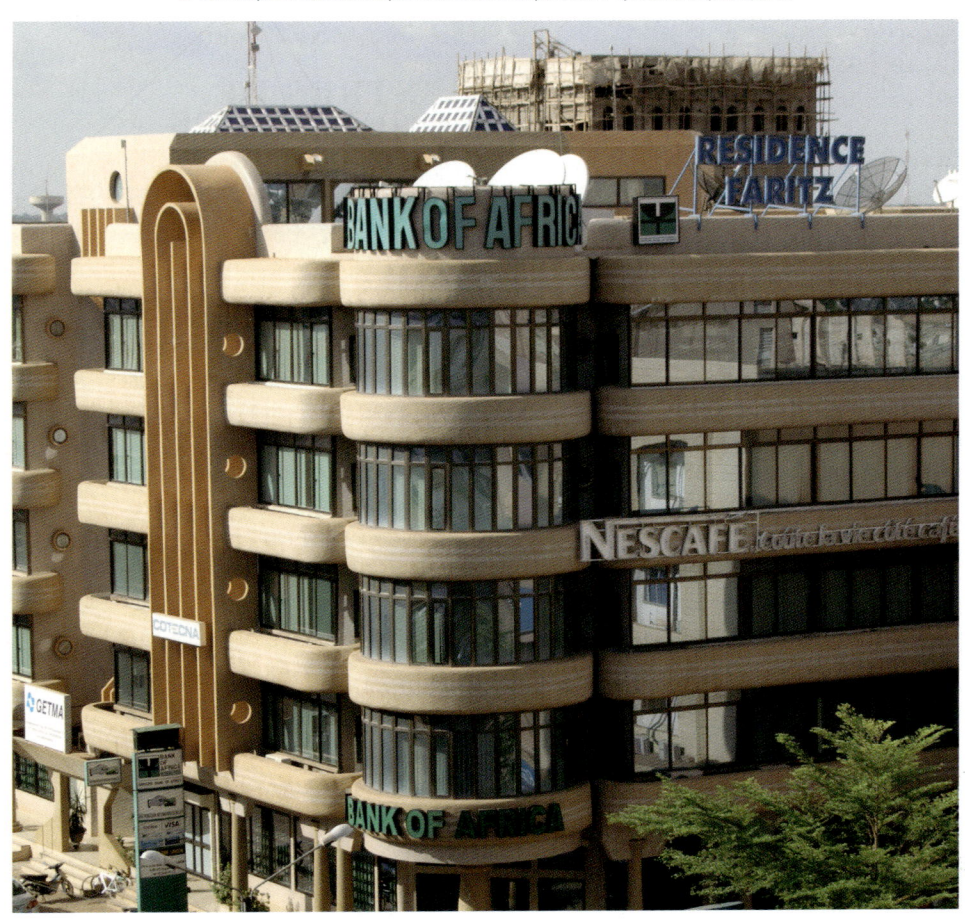

Société Générale de Banque au Burkina (SGBB)
248 rue de l'Hôtel de Ville
01 BP 585, Ouagadougou 01
Tél : +226-50-323232
Fax : +226-50-310561
Website : www.socgen.com

CABINETS D'AVOCATS

Ordre des avocats du Burkina Faso
Palais de Justice,
BP 1152, Ouagadougou 01
Tél : +226 50-307615 / 306946
Fax +226 50-311998 / 310852

Cabinet Dabiré et Toe
Bernardin Dabiré
Tél : +226-50-384693

Cabinet Zongo
Sosthène ZONGO
Tél : +226-50-376607
Fax : +226-50-376609
Email : cabamsouaga2000@yahoo.fr

Moumouny KOPIHO
01 BP 5649, Ouagadougou 01
Tél : +226-50-318660
Fax : +226-50-399524
Email : kopiho@fasonet.bf ou kopiho@yahoo.fr

CABINET DE CONSULTANTS / EXPERT COMPTABLE

Aceca International
01 BP 4318, Ouagadougou 01
Tél : +226-50-31344 / 332883
Fax : +226-50-312598
Email : info@aceca-international.com

Cabinet Pierre Abadie (Expert Comptable)
522 Avenueenue de la Nation
01 BP 3913, Ouagadougou 01
Tél : +226-50-301521
Fax : +226 50-301522
Email : pierre@abadie.bf

Cafec-ka (Partenaire de KPMG)
RECOMMENDED PARTNER
10 BP 13.675, Ouagadougou 10
Tél : +226-50-317497 / 330851
Fax : +226-50-318674
Email : cafeck@fasonet.bf

World Audit
Zone Commerciale, Avenue Loudun,
Imm. OBOUF II, 4ème étage,
09 BP 1123, Ouagadougou 09
Tél : +226-50-307517 / 317190
Fax : +226 50-337222
Email : mondialaudit@worldaudit.bf

CENTRES DE CONFÉRENCES

Centre International de Conférences Ouaga 2000
01 BP 7030, Ouagadougou
Tél : +226-50-374107

Hôtel Laico Ouaga 2000
RECOMMENDED
Tél : +226-50-374902 à 05
Fax : +226-50-374901 à 08
Email : resa@laico-ouaga2000.com
Website : www.laicohotels.com
Website hôtel : www.laico-ouaga2000.com

Hôtel Indépendance Azalaï
Avenue de la résistance du 17 mai Secteur n° 4
01 BP 127, Ouagadougou 01
Tél : +226-50-306060
Fax : +226-50-306767
Website : www.azalaihotels.com

Hôtel Silmande
01 BP 4733, 01 Ouagadougou
Tél : +226-50-356005
Fax : +226-50-356054
Email : H1325@accor.com
Website : www.accorhotels.com

CAFEC-KA
Cabinet d'Audit Financier & l'Expertise Comptable

KOMBOIGO
&
Associés

- Une assistance comptable
- Une assistance en gestion
- Audits et contrôle comptable et financier
- Des conseils en organisation des entreprises
- La rédaction de vos rapports périodiques
- La gestion informatisée de vos états
- Des conseils juridiques
- Des conseils fiscaux
- Une formation adaptée à vos besoins
- Etudes de projets

Partenaire **KPMG**

CAFEC-K.A 10 B.P :13.675 Ouagadougou 10
Tel: (226) 50 31 74 97/ 50 33 08 51 - Fax: (226) 50 31 86 74
cafeck@fasonet.fr - Burkina Faso
www.cafeca@fasonet.fr

Le centre de conférence de l'hôtel Laico Ouaga 2000

CENTRES MÉDICAUX

Clinique du Cœur
Ouaga 2000
Tél : +226-50-397474

Centre Médical Les Flamboyants
Ouaga 2000
Tél : +226-50-307600

Clinique des Genêts
Ouaga 2000
Tél : 226-80-001188

Polyclinique du Centre
Tél : +226-50-484716

CENTRES DE SPORT

Laico Ouaga 2000
Fitness Centre
Tél : +226-50-374904
Fax : +226-50-3 4901
RECOMMENDED

Super Gym Club
Tél : +226-50-399667

Harévy
Tél : +226-50-312914

Power Max
Tél : +226-50-358217

COMPAGNIES AÉRIENNES

Aéroport de Ouagadougou
BP 1331, Ouagadougou 01
Tél : +226-50-306515/16 / 332072
Tél Information : +226-50-307848
Fax : +226-50-307840

Air Burkina
29, Avenue de la Nation
Imm. Air Burkina
01 BP 1459, Ouagadougou 01
Tél. : +226-50-492323/65/70
Fax : +226-50-314517/ 313165
Email : resa@airburkina.bf
Website : www.air-burkina.com
RECOMMENDED PARTNER

Royal Air Maroc
Avenue Kwamé N'Krumah
01 BP 5370, Ouagadougou 01
Tél : +226-50-305081
Website : www.royalairmaroc.com

Afriqiyah Airways
Satguru Travels & Tours Service
01 Avenue N'Kwame Krumah
BP 4883, Ouagadougou
Tél : +226-50-301652
Fax : +226-50-301886
Email : shivam@intnet.ne

Air Algérie
Tél : +226-50-312301
Website : www.airalgerie.dz

Air Ivoire
Tél : +226-50-300450 ou 51
Website : www.airivoire.com

Air Senegal International
Tél : +226-50-313905
Website : www.air-senegal-international.com

Antrak Air
Tél : +226-50-316323
Website : www.antrakair.com

Air France
Tél : +226-50-306365
Website : www.airfrance.bf

Ethiopian Airlines
Tél : +226-50-301024 ou 25
Website : www.ethiopienairlines.com

COURRIERS EXPRESS

DHL *RECOMMENDED*
Avenue du President Aboubacar Sangoulé Lamizana
01 BP 3095, Ouagadougou 01
Tél : +226-50-335171
Website : www.dhl.com

EMS Chronopost International
1561 Avenue de l'Aéroport
01 BP 2423, Ouagadougou 01
Tél : +226-50-306422
Fax : +226-50-313549
Email : emsbepi@fasonet.bf

Maersk Logistics
Imm. Fadima, 633Rue Maurice Bishop, Ouagadougou 01
Tél : +226-50-316203
Fax : +226-50-3 6205
Website : www.maerskline.com

FOURNISSEURS INTERNET

IP System *RECOMMENDED*
Avenue Kwame N'Krumah, Imm. Obouf
Tél / fax : +226-50-305500
Website : www.ipsys-bf.com

Onatel
01 BP 10000, Ouagadougou 01
Tél : +226-50-304001
Fax : +226-50-310331
Website : www.onatel.bf

Connecteo
Azalai Hôtel Indépendance
Avenue du Général Aboubacar Sangoulé Lamizana
Ouagadougou 01
Tél : +226-50-311205
Fax : +226-50-310519
Website : www.connecteo.com

GALERIES D'ART

Village artisanal de Ouagadougou
Situé à coté du SIAO

Hôtel Laico Ouaga 2000 *RECOMMENDED*
Tél : +226-50-374902 à 05
Fax : +226-50-374901 à 08
Website : www.laicohotels.com
Website hôtel : www.laico-ouaga2000.com

Mathias Lafon
01 BP 500, Ouagadougou 01
Tél et Fax : +226-50-334340
Email : mathiaslafon@cenatrin.bf
Website : www.africartisanat.com

Villa Sikandra
Contact : Jean-Jacques
Cell : +226-76-509168

GRANDS HÔTELS

Hôtel Laico Ouaga 2000 *RECOMMENDED PARTNER*
Tél : +226-50-374902 à 05
Fax : +226-50-374901 à 08
Email : resa@laico-ouaga2000.com
Website : www.laicohotels.com
Website hôtel : www.laico-ouaga2000.com

BUSINESS RESOURCES

Hôtel Indépendance Azalaï
Avenue de la résistance du 17 mai, Secteur n° 4
01 BP 127, Ouagadougou 01
Tél : +226-50-306060
Fax : +226-50-306767
Website : www.azalaihotels.com

Hôtel Silmande
01 BP 4733, Ouagadougou 01
Tél : +226-50-356005
Fax : +226-50-356054
Email : H1325@accor.com
Website : www.accorhotels.com

NOTICE : Se reporter à la partie "Loisir" pour avoir la liste complète des hôtels

LOCATION DE VOITURES

NOTICE : Il est recommandé de louer une voiture avec chauffeur, le trafic à Ouagadougou étant assez dangereux

RECOMMENDED

Auto Location Wend Panga
Hôtel Mercure Silmandé
Tél : +226-50-356005
Fax : +226-50-356054

Avis
Aéroport International de Ouagadougou
215 rue Patrice Lumumba
01 BP 23, Ouagadougou
Tél : +226-50-498230
Website : www.avis.com

Diacfa Automobiles
1084 Avenue de la Résistance
10 BP 244, Ouagadougou 10
Tél : +226-50-316580
Tél aéroport : +226-50-317396
Fax : +226-50-317396

Europcar
Aéroport International de Ouagadougou
1070, Avenue de l'Aeroport, Ouagadougou
Tél : +226-50-300909
Fax : +226-50-305146

Satguru Travel et Tours Service
Avenue du Dr Kwamé N'Krumah – Ouagadougou 01
Tél : +226-50-301652

Sahel Auto Location
Avenue du Président Aboubacar Sangoulé Lamizana
Azalaï Hôtel Indépendance
01 BP 2716, Ouagadougou 01
Tél : +226-50-459313
Cell : +226-78-815988
Website : www.sahelautolocation.com

MEDIA

Radio Télévision du Burkina (RTB)
955 Boulevard de la Révolution
01 BP 2530, Ouagadougou 01
Tél : +226-50-318353/63/73
Fax : +226-50-3248 09
Website : www.tnb.bf

Fasonet
Avenue Babanguida, 1200-logements,
01 BP 3784, Ouagadougou 01
Tél : +226-70-740751
Email : lefasonet@yahoo.fr ou contact@lefaso.net
Website : www.lefaso.net

L'Evènement
01 BP 1860, Ouagadougou 01
Tél/Fax : +226-50-316934
Website : www.evenement-bf.net

L'Indépendant
01 BP 5663, Ouagadougou 01
Tél : +226-50-3337 75
Website : www.independant.bf

L'Hôtel Laico Ouaga 2000 est le seul hôtel 5 étoiles du pays

L'Observateur
Website : www.lobservateur.bf

Le Pays
01 BP 4577, Ouagadougou 01
Tél : +226-50-362046 / 50-361730
Fax : +226-50-360378
Email : ed.lepays@lepays.bf
Website : www.lepays.bf

Sidwaya
01 BP 507, Ouagadougou 01
Tél : +226-50-312289
Fax : +226-50-310362
Website : www.sidwaya.bf

Centre de Presse Norbert Zongo
04 BP 8524, Ouagadougou 04 Burkina Faso
Tél : +226-50-343745/ 344189
Fax : +226-50-343745
Email : cnpress@cnpress-zongo.org
Website : www.cnpress-zongo.org

Site Médias Burkina
Website : www.mediaburkina.org

SALONS DE BEAUTÉ

Hôtel Laico Ouaga 2000
Galerie Marchande
Tél : +226-50-374902 à 05
Fax : +226-50-374901 à 08

BUSINESS RESOURCES

Website : www.laicohotels.com
Website hôtel : www.laico-ouaga2000.com

Top Relax Institut
Avenue Kwame N'Krumah
Cell : +226-70-435692 / 76 -708169 / 78- 872142

Bellissima
Tél : +226-50-306743

Ananda Beauty
Tél : +226-50-334092

Club de la Beauté
Koulouba, Avenue Guillaume Ouedraogo
Tél : +226-50-301773

Esthétique Détente
Tél : +226-50-300208

SUPERMARCHÉS

Marina Market
Disséminé partout dans les grandes villes

Il y a des Marina Market dans toutes les grandes villes

Salle de cinema Neerwaya lors du Fespaco

THÉÂTRES ET CINÉMAS

Centre Culturel Français Georges Méliès (CCF)
01 BP 561, Ouagadougou 01
Tél : +226-50-306097/98/99
Fax : +226-50-317698
Website : www.ccfouaga.com
Email : ccfgm@ccfouaga.com

Centre Culturel Américain
674 Avenue John F. Kennedy, Koulouba, Ouagadougou
Tél : +226-50-306723 à 25
Website : http://ouagadougou.usembassy.gov

Cinéma Burkina
Tél : +226-50-307032

Cinéma Neerwaya
Tél : +226-50-317272

Cinéma Oubri
Tél : +226-50-311479

Goethe Institut
Tél : +226-50-311672/73

TRADUCTEURS ET INTERPRÈTES

Se reporter à la liste des ambassades.

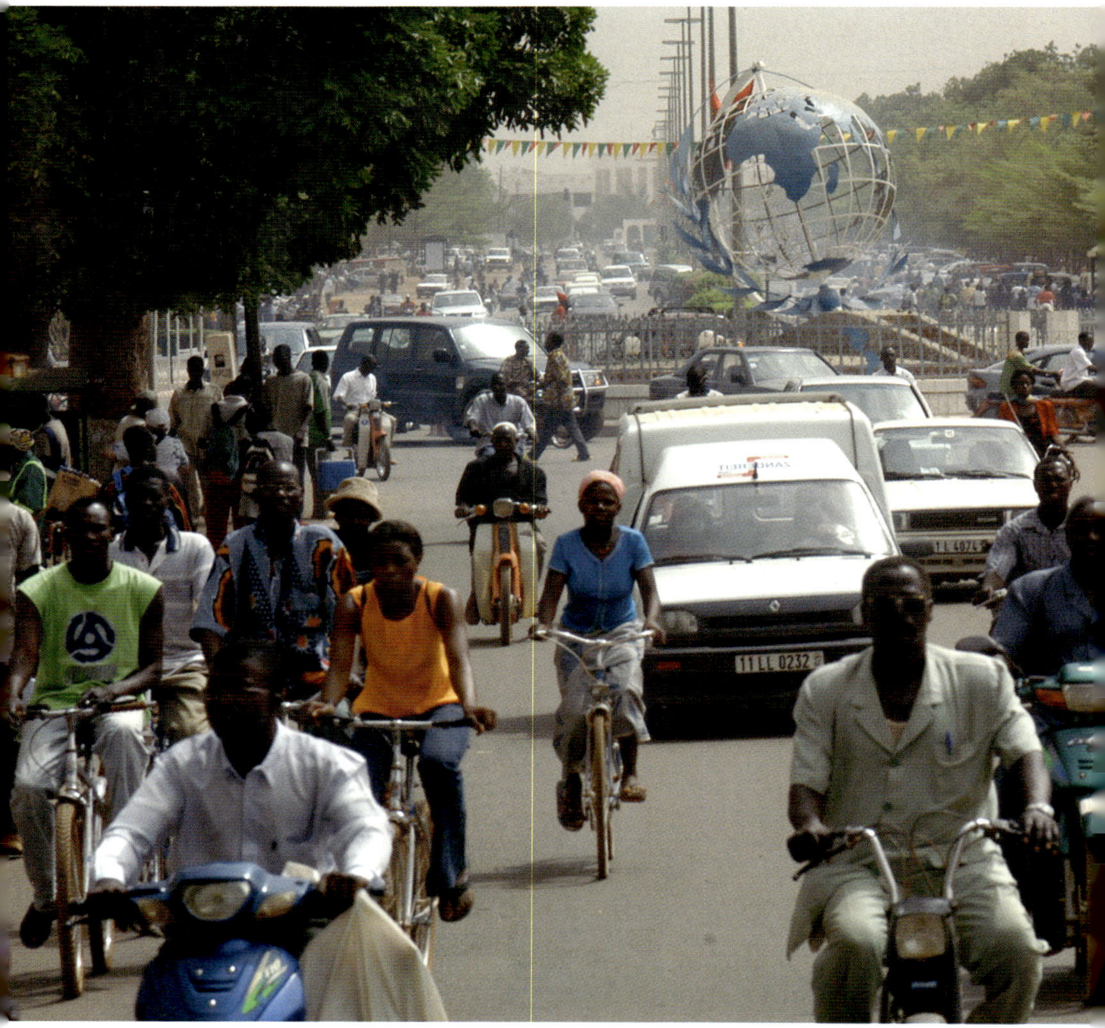
11LL 0232
1L 4074

INVESTISSEMENT &
CADRE LÉGAL

L'homme a deux pieds, mais il ne peut pas suivre deux chemins à la fois
Proverbe du Burkina Faso

VUE D'ENSEMBLE

Le Burkina Faso fait partie des pays les plus pauvres au monde. Il fait face à des contraintes majeures dans le développement des capacités de production et n'a pas été en mesure jusqu'à présent de retirer les bénéfices de la mondialisation et des flux d'Investissement Etrangers Directs (IED). Son enclavement, les problèmes d'infrastructures (coût, disponibilité et qualité) et la faiblesse du capital humain sont des contraintes importantes au développement du secteur privé et à l'attraction des IED. Le pays est encore essentiellement rural et agricole, et les industries de transformation et les services (hors administration publique) sont peu développés.

Le pays s'est cependant engagé dans un processus de réformes structurelles visant à promouvoir le développement du secteur privé et des capacités de production, en vue de réduire la pauvreté, d'augmenter le niveau de vie et d'atteindre les objectifs de développement du millénaire. Le potentiel existe pour attirer un niveau plus élevé d'IED dans le futur et faire en sorte que ceux-ci contribuent au développement durable du pays. Le Gouvernement a lancé des réformes structurelles et institutionnelles dans cette perspective.

Le Burkina Faso ne s'est ouvert aux IED qu'à partir des années 1990 suite à la libéralisation de l'économie et au lancement du processus de réformes structurelles. Les flux d'IED sont restés faibles au cours des deux dernières décennies, même si une accélération importante est en cours suite à des investissements dans les télécommunications et les mines. Ces deux secteurs représentent la majorité des IED, et le potentiel minier est important. L'impact des IED est relativement faible, même si les entreprises étrangères sont parmi les sources principales d'emploi formel dans le secteur privé. Les contraintes structurelles du Burkina Faso (infrastructures, enclavement, capital humain) compliquent le développement du secteur privé et l'attraction des IED. Le pays dispose cependant d'un potentiel inexploité qui peut être mis en valeur avec des politiques appropriées.

Concernant le cadre de l'investissement. La politique d'ouverture de fait du Burkina Faso vis-à-vis des IED est soulignée, de même que les efforts entrepris récemment pour améliorer le climat des affaires. Un certain nombre de faiblesses dans le cadre de l'investissement et de freins aux IED sont identifiés, dont les lourdeurs administratives, une fiscalité d'entreprise inadaptée, la gouvernance, les infrastructures et les douanes. Des recommandations concrètes sont offertes pour améliorer les conditions d'entrée, d'établissement et de protection des IED, restructurer la fiscalité d'entreprise, améliorer les procédures administratives, renforcer la gouvernance et mettre en place un cadre adéquat de la concurrence.

Un cadre institutionnel de promotion des investissements, à la demande du Gouvernement à été proposé. Une typologie des IED est élaborée afin de cadrer les efforts de promotion et de permettre au Burkina Faso de se concentrer sur son potentiel. Des mesures concrètes sont proposées en vue de la création d'une agence de promotion des investissements et de la mise en place du conseil présidentiel pour l'investissement. La structure, les statuts, les fonctions et les outils à la disposition de l'agence sont abordés dans le détail. De même, des recommandations sont offertes sur le rôle, la structure et le mode de fonctionnement du conseil présidentiel pour l'investissement. L'importance d'un cadre institutionnel coordonné, intégré et cohérent est soulignée. Un rôle fédérateur des efforts de promotion des investissements est suggéré pour la future agence.

POURQUOI INVESTIR AU BURKINA FASO

LA PROMOTION DES INVESTISSEMENTS AU BURKINA FASO

Il existe au Burkina Faso deux codes portant sur la promotion des investissements :

• Un code pour les investissements productifs englobant les activités de production, de construction, de transformation de matières premières ou de produits semi-finis en produits finis et de prestations de services ;

• Un code minier qui vise à favoriser et à encourager la

recherche et l'exploitation des ressources minérales nécessaires au développement économique et social du Burkina Faso.

Le code des investissements productifs au Burkina Faso a pour support juridique la Loi n° 62/95/ADP du 14 décembre 1995 et son décret d'application n° 2000-099/PRES/PM/MICA/MEF du 23 mars 2000. C'est un Centre de Guichets Uniques (CGU) créé au sein du Ministère du Commerce, de l'Artisanat et de la Promotion de l'Entreprise qui est chargé de l'accomplissement des formalités d'agrément au code des investissements productifs.

La promotion des investissements miniers est organisée par la loi n° 031-2003/AN. Les modalités d'application de cette loi relèvent du Ministère Chargé des Mines.

En ce qui concerne, l'éligibilité pour chacun des codes, il faut savoir que :
• Pour les investissements productifs, les personnes physiques ou morales quelle que soit leur nationalité, régulièrement établies au Burkina Faso, sont assurées des garanties générales constituant le régime de droit commun. En outre, elles peuvent bénéficier de garanties particulières et de régimes privilégiés dès lors qu'elles sont conformes aux conditions d'octroi desdits avantages.
• Pour les investissements miniers, les personnes physiques ou morales, quelle que soit leur nationalité, peuvent entreprendre ou conduire une activité régie par le code minier sur les terres du domaine public ou privé si elles ont, au préalable, obtenues soit un titre minier, soit une autorisation délivrée dans les conditions prévues par le code minier qui, par ailleurs, offre des avantages fiscaux en phase de recherche, pendant la période des travaux préparatoires et en phase d'exploitation.

ACCORDS ET CONVENTIONS A L'INTERNATIONAL

Le Burkina Faso est membre de plusieurs organisations interafricaines et internationales et a signé de nombreuses conventions en matière économique, commerciale, fiscale et de circulation des personnes et des biens.

En outre, il est membre des organisations suivantes :

CEDAO

Quinze Etats sont membres de la Communauté Economique des Etats de l'Afrique de l'Ouest : le Bénin, le Burkina-Faso, le Cap Vert, la Côte d'Ivoire, la Gambie, le Ghana, la Guinée Bissau, la Guinée, le Liberia, le Mali, le Niger, le Nigeria, la Sierra Léone, le Sénégal, et le Togo.

Les objectifs du traité sont :
• la création d'une union douanière;
• la suppression des obstacles à la libre circulation des personnes, des services et des capitaux;
• l'harmonisation des politiques économiques, industrielles, agricoles, monétaires, et des politiques concernant les infrastructures.

UEMOA

Le traité instituant l'Union Economique Monétaire Ouest Africaine (UEMOA) a été signé à Dakar le 10 janvier 1994 par les 7 pays membres de l'Union que sont la Côte d'Ivoire, le Bénin, le Burkina-faso, le Mali, le Niger, le Sénégal, et le Togo.

Le traité est entré en vigueur le 1er août 1994.

L'UEMOA qui se substitue à l'Union Monétaire Ouest Africaine (UMOA), s'est doté de nouvelles compétences, à savoir :
• La création d'un marché commun à tous les Etats membres ;
• Le renforcement de la compétitivité des activités économiques et financières des Etats membres ;
• L'harmonisation de la législation des Etats membres.

OHADA (Organisation pour l'Harmonisation en Afrique du Droit des Affaires)

Les pays membres de l'Union se sont dotés d'un nouveau référentiel comptable, le Système Comptable de l'Ouest Africain appelé "SYSCOA". Ils ont également signé le traité relatif à la création de l'Organisation pour l'Harmonisation en Afrique du droit des affaires "OHADA".

Ce traité tend à l'harmonisation du droit des affaires dans ces états, par l'élaboration et l'adoption de règles communes adaptées à la situation de leurs économies, par la mise en œuvre de procédures judiciaires appropriées, et par l'encouragement au recours à l'arbitrage pour le règlement des différends contractuels.

L'application du traité est fondée sur les règlements pris en conseil des Ministres de la Justice et des Finances, dits les "actes uniformes".

Les domaines couverts par les actes uniformes sont les suivants : le droit des sociétés commerciales, le statut juridique des commerçants, le recouvrement des créances, les sûretés et voies d'exécution, le redressement et la liquidation judiciaire des entreprises, le droit comptable.

Conventions fiscales

Outre la conventions fiscale signée avec la France et entrée en vigueur le 1er octobre 1974 et la convention fiscale CEAO de 29 octobre 1984 remplacée par la convention fiscale UEMOA du 26 septembre 2008, une convention fiscale a été signée avec la Tunisie le 15 avril 2003 mais n'est pas encore entrée en vigueur.

Conventions de sécurité sociale

Le Burkina Faso a adhéré a plusieurs conventions internationales de sécurité sociale. A ce propos, on peut citer entre autre :
- la convention OIT n° 17 concernant la réparation des accidents du travail,
- la convention OIT n° 17 concernant l'égalité de traitement des travailleurs étrangers et nationaux en matière de réparation des accidents du travail,
- la convention OIT n° 97 concernant les travailleurs migrants,
- la convention sur la sécurité sociale des travailleurs migrants signée à N'Djamena,
- la convention de sécurité sociale entre le Burkina Faso et la République du Mali,

Le Burkina Faso a également adhéré au traité instituant une conférence interafricaine de prévoyance sociale (CIPRES).

Le régime de sécurité sociale en vigueur au Burkina Faso s'applique :
- aux prestations familiales,
- aux prestations d'accidents du travail et de maladies professionnelles,
- aux pensions d'invalidité,
- aux pensions de vieillesse et de survivant.

CIMA (Conférence Interafricaine des marchés d'assurances)

Un traité instituant une organisation intégrée de l'industrie des assurances dans les Etats Africains, a été signé le 10 Juillet 1992 à Yaoundé par les gouvernements des 14 Etats membres que sont : Bénin, Burkina-Faso, Cameroun, République centrafricaine, Comores, Congo, Côte d'Ivoire, Gabon Guinée équatoriale, Mali, Niger, Sénégal, Tchad et Togo. Ce traité comporte un code des assurances applicable dans les états membres de la CIMA. Ce traité, accroit la compétitivité des entreprises des Etats membres car une compagnie d'assurance ayant son siège dans l'un des Etats membres peut acquérir et gérer des branches dans les 13 autres Etats membres sur la base d'un code harmonisé.

Zone Franc

La Côte d'Ivoire fait partie de la Zone Franc, qui est constituée de la France et de l'ensemble des Etats dont la monnaie était liée par un taux fixe au franc français puis maintenant à L'Euro.

Elle comprend les quinze Etats africains et trois banques centrales : la BCEAO qui unis les Etats de l'UEMOA ; la BEAC qui regroupe les Etats de la CEMAC Cameroun, République Centrafricaine, Congo, Gabon, Guinée équatoriale, Tchad ; et la Banque Centrale des Comores.

La Banque Centrale des Etats de l'Afrique de l'Ouest (BCEAO) gère le franc CFA pour les Etats membres de

l'UEMOA. Elle est un établissement public international et a son siège est à Dakar. Outre, l'émission des signes monétaires dans les Etats membres de l'Union dont elle a le privilège exclusif, la BCEAO a en charge :
• La centralisation des réserves de devises de l'union,
• La gestion de la politique monétaire des Etats membres de l'union,
• La tenue des comptes des trésors des Etats de l'Union,
• La définition de la loi bancaire applicable aux banques et aux établissements financiers.

LA RÉGLEMENTATION INTÉRIEURE

Les personnes physiques ou morales désirant investir au Burkina Faso et y assurer des activités commerciales, industrielles ont le choix entre créer une succursale ou créer ou acquérir une société de droit burkinabè. Elles sont tenues de s'inscrire au registre du commerce et du crédit mobilier (RCCM) auprès du greffe du tribunal dont relève le siège social.

Siège de la BCEAO à Ouagadougou

Les formes de sociétés généralement retenues par les investisseurs sont la société à responsabilité limitée (SARL), la société anonyme (SA) et la succursale.

LA SOCIÉTÉ À RESPONSABILITÉ LIMITÉE

Le capital social minimum de la SARL est fixé à 1 000 000 FCFA. Il se divise en parts sociales d'une valeur nominale au moins égale à 5000 FCFA, devant être entièrement libérées au moment de la constitution.

La SARL peut être constituée entre deux ou plusieurs personnes physiques ou morales, voire par une seule personne (physique ou morale).

Les sociétés à responsabilité limitée ne sont pas tenues de désigner un commissaire aux comptes sauf dans certains cas.

LA SOCIÉTÉ ANONYME

Le capital minimum exigé pour la constitution d'une Société anonyme est de dix millions (10 000 000) FCFA, divisé en actions d'une valeur nominale minimale de dix mille (10 000) FCFA chacune.

La SA peut comprendre un seul ou plusieurs actionnaires.

Lorsque le nombre d'actionnaires est inférieur à 3, la SA est dirigée par un administrateur général.

Les sociétés anonymes sont tenues de désigner au moins un commissaire aux comptes titulaire et un commissaire aux comptes.

LA SUCCURSALE

C'est un établissement commercial ou industriel ou de prestations de service, appartenant à une société ou à une personne physique et doté d'une certaine autonomie de gestion.

La succursale n'a pas de personnalité juridique autonome, distincte de celle de son propriétaire. Elle est immatriculée au registre de commerce et du crédit mobilier. Lorsqu'elle appartient à une personne physique ou morale étrangère, la succursale doit être apportée à une société de droit, deux ans au plus tard après sa création sauf dispense des autorités nationales.

FORMALITÉS DE CRÉATION D'UNE SOCIÉTÉ

Les formalités à accomplir pour les sociétés personnes morales consistent en :
- l'inscription au registre du commerce et du crédit mobilier (RCCM),
- la déclaration d'existence fiscale et du numéro de l'identifiant financier unique (IFU),
- la notification employeur (CNSS).

Les formalités de création d'une entreprise personne physique consistent en :
- l'inscription au registre du commerce et du crédit mobilier (RCCM),
- la déclaration d'existence fiscale et du numéro de l'identifiant financier unique (IFU),
- l'établissement de la carte professionnelle de commerçant (CPC),
- la notification employeur (CNSS).

Pour les étrangers, que ce soit pour la création d'une société ou d'une entreprise individuelle, il convient d'adresser une demande d'autorisation d'exercer le commerce. La demande est adressée au Ministre en Charge du Commerce.

Il faut noter l'existence, au sein de la maison de l'entreprise, d'un centre de formalités des entreprises (CEFORE) qui dans un temps raisonnable accomplit pour votre compte toutes les formalités de création de reprise ou d'extension d'une société ou d'une entreprise individuelle. Les frais d'accomplissement des formalités sont de :
- 60 000 FCFA pour les personnes morales,
- 50 000 FCFA pour les personnes physiques.

RÉGLEMENTATION SOCIALE

Les relations de travail sont régies par le code du travail (loi n° 028-2008/AN du 13 mai 2008), ses décrets d'application et la convention collective interprofessionnelle du 09 juillet 1974 rendue obligatoire par l'arrêté n° 715/FPT/DGTLS du 6 septembre 1974.

CONDITIONS GÉNÉRALES DE TRAVAIL

La durée légale de travail est de quarante heures par semaine. Le repos hebdomadaire est obligatoire. Il est de 24 heures minimum par semaine et à lieu en principe le dimanche.

Le travailleur a droit au congé payé à la charge de l'employeur à raison de 2,5 jours calendaire par mois de service effectif.

Le licenciement d'un employé est précédé de sanctions disciplinaires. Quant au licenciement collectif pour motif économique, il doit se faire conformément à une procédure particulière strictement réglementée par la loi.

L'EMBAUCHE

L'embauche des travailleurs par les employeurs est libre, mais l'employeur peut par l'intermédiaire de bureaux de placement ou de cabinets spécialisés effectuer des recrutements sous réserve du respect de la réglementation en vigueur et particulièrement des dispositions légales régissant l'embauche des étrangers.

Il existe deux formes du contrat de travail :
• Le contrat de travail à durée déterminée dont le terme est précisé à l'avance par la volonté des deux parties ;
• Le contrat de travail à durée indéterminée qui lui est conclu sans précision de terme.

RÉGLEMENTATIONS DES INVESTISSEMENTS ÉTRANGERS

La législation burkinabè en matière d'entrée et d'établissement des investisseurs étrangers se manifeste sous deux formes :
• d'une part, un code des investissements libéral aussi bien dans son texte que dans son esprit,
• d'autre part, une réglementation permettant l'accès aux activités de nature commerciale pour les investisseurs étrangers.

Cependant, on note l'existence de certaines lourdeurs, notamment au niveau des procédures administratives. Les ayant perçues, les autorités nationales ont cherché à simplifier et à centraliser certaines démarches. C'est dans cette optique, qu'un centre de formalités des entreprises (CEFORE) a été créé et est devenu aujourd'hui un passage obligé pour toute création, reprise ou extension d'entreprises personnes morales ou personnes physiques. De même, une révision du code des investissements est envisagée et à l'heure actuelle, ce projet de révision est essentiellement focalisé sur les incitations fiscales à l'investissement.

RÉGLEMENTATION DES IMPORTATIONS ET EXPORTATIONS

Les importations et les exportations sont réglementées au Burkina Faso par :

l'Ordonnance n° 91-0069/PRES portant Régime Général des importations et des exportations au Burkina Faso et sont décret d'application n° 91-0434/MICM,
le Décret 97-466/PRES/PM/MEF/MCIA portant programme de vérification des importations.

Au terme de cette législation, l'entrée sur le territoire national, à des fins commerciales sous un régime douanier quelconque des marchandises non prohibées, de toute origine et de toute provenance est libre.

Siège de la Chambre de Commerce et d'Industrie du Burkina Faso

Toutefois, l'importation de certains produits peut être soumise à l'obtention délivrée par les services compétents du Ministère Chargé du Commerce.

Il en est de même pour l'exportation et la réexportation des marchandises hors du territoire national.

INCITATIONS FISCALES

DES RÉGIMES PRIVILÉGIÉS ACCORDÉS PAR LE CODE DES INVESTISSEMENTS

Le code des investissements prévoit six régions privilégiées dont cinq d'agrément répartis en deux catégories.

La catégorie des entreprises de production, de conservation et de transformation

Trois régimes A, B et C s'appliquent à cette catégorie :
• Le régime A s'applique aux investissements d'un montant inférieur à vingt millions de FCFA entraînent la création d'au moins trois emplois permanents ;
• Le régime B s'appliquent aux investissements d'un montant de 20 milliards FCFA au minimum entraînant la création d'au moins sept emplois permanents ;
• Le régime C s'applique aux investissements d'un montant d'au moins cinq cent millions de FCFA entraînant la création d'au moins cinquante emplois permanents.

La catégorie des entreprises de prestation de services

A cette catégorie s'appliquent les régimes D et E :
• Le régime D s'applique aux entreprises de prestation de service réalisant des investissements d'un montant d'au moins dix millions de FCFA, créant au minimum sept emplois permanents.
• Le régime E s'applique aux entreprises de prestation de service réalisant des investissements d'un montant d'au moins cinq cent millions de FCFA créant au moins trente emplois permanents.

Le sixième régime privilégié s'applique aux entreprises nouvelles tournées exclusivement vers l'exportation.

AVANTAGES LIÉS À CHACUN DES SIX RÉGIMES PRIVILÉGIÉS

Pour chacun des six régimes privilégiés, les avantages accordés sont liés à l'investissement et à l'exportation.

Régime A
Avantages liés à l'investissement :
• Acquittement pendant le délai de réalisation du droit de douane de la catégorie I du tarif des douanes au tau de 5% sur les équipements y compris le premier lot de pièces de rechange les accompagnant ;
• Exonération totale pendant le délai de réalisation de la fiscalité intérieure sur les équipements fabriqués localement.

Avantages liés à l'exploitation :
• Exonération totale de l'impôt sur les bénéfices industriels et commerciaux (BIC) et de l'impôt minimum forfaitaire sur les professions industrielles et commerciales (IMFPIC) pendant cinq (5) ans ;
• Exonération totale de la patente pendant deux (2) ans ; Réduction de 50% de la patente pendant trois (3) ans après la période d'exonération totale.

Régime B
Avantages liés à l'investissement :
• Acquittement pendant le délai de réalisation du droit de douane de la catégorie I du tarif des douanes au taux de 5% sur les équipements y compris le premier lot de pièces de rechange les accompagnant ;
• Exonération totale de la fiscalité intérieure sur les équipements fabriqués localement pendant le délai de réalisation.

Avantages liés à l'exploitation :
• Exonération totale pendant cinq (5) ans de l'impôt sur les bénéfices industriels et commerciaux (BIC), de la patente, de la taxe patronale et d'apprentissage (TPA), de la taxe des biens de mainmorte (TBM) et de l'impôt minimum forfaitaire sur les professions industrielles et commerciaux (IMFPIC) ;
• Réduction de 50% de la fiscalité ci-dessus visée pendant les trois (3) ans après la période d'exonération totale.

Régime C
Avantages liés à l'investissement :
• Acquittement pendant le délai de réalisation du droit de douane de la catégorie I du tarif des douanes au taux de 5% sur les équipements, y compris le premier lot de pièces de rechange les accompagnants ;
• Exonération totale de la fiscalité intérieure sur les équipements fabriqués localement pendant le délai de réalisation.

Avantages liés à l'exploitation :
• Exonération totale de l'impôt sur les bénéfices industriels et commerciaux (BIC) de la patente, de l'impôt sur le revenu des valeurs mobilières (IRVM), de la taxe patronale et d'apprentissage (TPA), de la taxes des biens de mainmorte (TBM) et de l'impôt minimum forfaitaire sur les professions industrielles et commerciales (IMFPIC) pendant six (6) ans.

Régime D
Avantages liés à l'investissement :
• Acquittement pendant le délai de réalisation du droit de douane de la catégorie I du tarif des douanes au taux de 5% sur les équipements, y compris le premier lot de pièces de rechange les accompagnants ;
• Exonération totale de la fiscalité intérieure sur les équipements fabriqués localement pendant le délai de réalisation.

Avantages liés à l'exploitation :
• Exonération totale pendant six (6) ans de l'impôt sur les bénéfices industriels et commerciaux (BIC) de la patente, de l'impôt sur le revenu des valeurs mobilières (IRVM), de la taxe patronale et d'apprentissage (TPA), de la taxes des biens de mainmorte (TBM) et de l'impôt minimum forfaitaire sur les professions industrielles et commerciales (IMFPIC).

Régime E
Avantages liés à l'investissement :
• Acquittement pendant le délai de réalisation du droit

de douane de la catégorie I du tarif des douanes au taux de 5% sur les équipements, y compris le premier lot de pièces de rechange les accompagnants ;
- Exonération totale de la fiscalité intérieure sur les équipements fabriqués localement pendant le délai de réalisation.

Avantages liés à l'exploitation :
- Exonération totale pendant cinq (5) ans de l'impôt sur les bénéfices industriels et commerciaux (BIC) de la patente, de l'impôt sur le revenu des valeurs mobilières (IRVM), de la taxe patronale et d'apprentissage (TPA).

Régime des entreprises d'exportation

Les entreprises nouvelles tournées exclusivement vers l'exportation bénéficient des avantages suivants :

Avantages liés à l'investissement :
- Acquittement du droit de douane de la catégorie I du tarif des douanes au taux de 5% sur les équipements, les matériels et pièces de recharge ;
- Exonération totale de la fiscalité intérieure sur les équipements fabriqués localement.

Avantages liés à l'exploitation :
- Exonération totale pendant les sept (7) premiers exercices d'exploitation de tous droits, impôts et taxes liés à l'accomplissement de leur objet et dont la charge réelle leur incombe,
- Réduction permanente de 50% de tous droits, impôts et taxes résultant de leurs activités et dont la charge réelle leur incombe, après l'expiration de la période d'exonération totale.

AVANTAGES FISCAUX ACCORDÉS PAR LE CODE MINIER

En phase de recherche :
- Exonération de la TVA pour les importations et l'acquisition en régime intérieur des biens nécessaires à la réalisation des activités géologiques et /ou minières à l'exclusion des biens exclus du droit à déduction conformément aux dispositions du code des impôts bénéficient également de l'exonération de la TVA. Les services fournis par les entreprises de géo-services et assimilées ;
- Exonération de l'impôt sur les bénéfices industriels et commerciaux (BIC), de la patente, de l'impôt minimum forfaitaire sur les professions industrielles et commerciales (IMFPIC), de la taxe patronale et d'apprentissage (TPA), des droits d'enregistrement sur les actes portant sur une augmentation du capital.

Pendant la période des travaux préparatoires :
- Exonération de la TVA pendant deux (2) ans pour les mines souterraines et ciel ouvert pour :
    - les équipements importés et ceux fabriqués localement à l'exclusion des biens exclus du droit à déduction conformément aux dispositions du code des impôts,
    - les services fournis par les entreprises de géo-services et assimilées.
- Exonération de tous droits de douane lors de l'importation de matériels, matières premières, matériaux, carburant et lubrifiants, pièces détachées à l'exception de la redevance statistique, du prélèvement communautaire de solidarité, du prélèvement communautaire.

En phase d'exploitation :
- Réduction de dix (10) points du taux de droit commun de l'impôt sur les bénéfices industriels et commerciaux (BIC)
- Réduction de moitié du taux de droit commun de l'impôt sur les revenus des valeurs mobilières (IRVM) ;
- Exonération pendant sept (7) ans de l'impôt minimum forfaitaire sur les professions industrielles et commerciales (IMFPIC), la contribution des patentes, la taxe patronale et d'apprentissage (TPA), la taxe des biens de mainmorte (TBM).

TAUX DE L'IMPÔT SUR LES BÉNÉFICES

L'impôt sur les bénéfices industriels et commerciaux (BIC).

Il est établi au Burkina Faso, un impôt annuel sur les bénéfices des professions commerciales, industrielles, artisanales des exploitations forestières et des entreprises minières. Son taux est fixé à 30% du bénéfice net.

L'impôt minimum forfaitaire sur les professions industrielles et commerciales (IMF).

L'IMF frappe les personnes physiques ou morales passibles de l'impôt cédulaire sur les bénéfices industriels et commerciaux. Son taux est de 0,50% du chiffre d'affaires arrondi à 100.000 FCFA inférieur.

L'impôt sur les bénéfices des professions non commerciales (BNC)

Il s'applique sur les bénéfices des professions libérales, des charges et offices dont les titulaires n'ont pas la qualité de commerçant et de toutes occupations, exploitations lucratives et sources de profits non soumises à un impôt spécial sur le revenu. Son taux est progressif par tranche de bénéfice :
- 0 à 250.000 = 10%
- 251.000 à 600.000 = 20%
- Plus de 600.000 = 30%

ACCÈS À LA PROPRIÉTÉ ET À LA TERRE

La propriété foncière est régie par la loi portant sur la réorganisation agraire et foncière de 1997. La loi définit deux catégories de terres : (1) le domaine foncier national, qui est de plein droit propriété de l'Etat, et (2) les terres détenues en propriété privée par des personnes physiques ou morales. L'Etat peut céder la jouissance de terres du domaine foncier national soit au terme d'un titre provisoire, soit au travers d'une cession définitive en pleine propriété, qui fait alors sortir les terres visées du domaine foncier national. Aucune discrimination n'est prévue entre nationaux et étrangers en ce qui concerne la propriété foncière.

Quatre titres de jouissance provisoire de terres de domaine foncier national sont disponibles pour les investisseurs : (1) le permis d'occuper, qui est un titre précaire réservé à des terres qui ne peuvent être concédées en jouissance privative de longue durée pour une raison ou l'autre ; (2) le permis urbain d'habiter, qui est destiné aux parcelles urbaines destinées à l'habitation et qui donne la possibilité d'aliénation définitive ; (3) le permis d'exploiter, qui donne également la possibilité d'aliénation définitive ; et (4) le bail, qui peut aller jusqu'à une durée de 99 ans.

RÉPERTOIRE DE L'INVESTISSEUR

En plus des codes qui réglementent la promotion des investissements, il faut noter l'existence de plusieurs organismes de promotion et d'assistance aux entreprises et aux investisseurs. Sont de ceux-là :

La Chambre de Commerce et d'Industrie du Burkina Faso (CCI-BF)
Avenue de Lyon,
01 BP 502, Ouagadougou 01
Tél : +226-50-306114/15
Fax : +226-50-332086

Elle consiste à donner aux pouvoirs publics les avis et renseignements qu'ils peuvent solliciter sur les questions commerciales, industrielles et artisanales, et à présenter les points de vue des milieux d'affaires sur les moyens d'accroître la prospérité économique.

La Maison de l'Entreprise du Burkina Faso (MEBF) et le CEFORE
132, Avenue de Lyon,
11 BP 379. Ouagadougou 11
Tél : +226-50-398059/60/61
Fax : +226-50-398062
Email : cija-mebf@yahoo.fr
Websitesite : www.me.bf

Les CEFORE sont un passage unique pour les entreprises qui doivent accomplir, sur la base d'un seul formulaire, les formalités administratives nécessaires à la création, à l'extension ou à la reprise de sociétés, d'entreprises individuelles ou d'établissements secondaires. Leur but est d'accompagner la création d'entreprise, de faciliter et simplifier les démarches du promoteur auprès des différentes administrations.

L'Office National du Commerce Extérieur (ONAC)
30, Avenue de l'UEMOA , zone commerciale
BP 389, Ouagadougou
Tél : +226-50-311300/01
Fax : +226-50-311469

Siège de la maison de l'entreprise, le guichet unique pour la création d'une entreprise

Website : www.tradepoint.bf
L'une des missions principales de l'ONAC est de promouvoir les échanges commerciaux entre le Burkina Faso et le reste du monde. A cet effet il œuvre pour la croissance des exportations et la rationalisation des importations

Le Club des Hommes d'Affaires Franco-Burkinabé
132, Avenue de Lyon,
01 BP 6890, Ouagadougou 01
GSM : +226-70-212020
Website : www.chafb.com
Les grands objectifs du Club définis dans ses statuts sont de développer les liens amicaux et socioprofessionnels entre les Hommes d'Affaires Français et Burkinabé, Faciliter la connaissance et la communication mutuelle entre les opérateurs économiques français et burkinabè en vue de l'instauration d'un partenariat commercial et industriel de type nouveau, Permettre des échanges d'expériences par l'organisation et la participation à des foires et des voyages d'affaires, Faciliter l'accès à l'assistance technique, et Encourager et faciliter le compagnonnage.

Le Conseil Burkinabé des Chargeurs (CBC)
Rond-Point Bataille du Rail
01 BP 1771, Ouaga 01
Tél : +226-50-306211 / 306212 / 311823
Fax : +226-50-311815 / 311824
EMail : cbc@fasonet.bf
Website : www.cbcfaso.bf
Le Conseil Burkinabè des Chargeurs dès sa création a reçu pour mission de définir et de promouvoir une politique visant à protéger les intérêts des importateurs et exportateurs inhérents au transport international des marchandises.

Le Centre d'Arbitrage, de Médiation et de Conciliation de Ouaga (CAMCO)
Avenue de Lyon,
01 BP 275, Ouagadougou 01.
Tél. : +226-50-398467 / 70-253548
Le Centre contribue à l'amélioration, à l'assainissement, et la sécurisation de l'environnement juridique et judiciaire au Burkina Faso. Sa mise en place renforce la confiance entre les opérateurs économiques burkinabè et leurs partenaires étrangers et permet aussi de désengorger les juridictions étatiques.

Le Centre des Guichets Uniques (CGU)
1363 Avenue Kwamé N'krumah Cité An IV A
Imm. de la Direction Générale du Développement Industriel
01 BP 258, Ouagadougou 01
Tél : +226-50-307307/12/ 42
Fax : +226-50-307305/12
Le CGU est chargé de la centralisation, de la rationalisation, de la simplification et de l'accélération des forma-

lités administratives auxquelles sont soumis les opérateurs économiques du Burkina Faso.

La Commission Nationale des Investissements (CNI)

La Commission Nationale des Investissements (CNI) est chargée d'étudier les dossiers de demande d'agrément à l'un des régimes privilégiés prévus par la Loi n° 62/95/ADP du 14 décembre 1995, portant Code des Investissements au Burkina Faso.

L'Agence Nationale de Promotion des Investissements (ANPI)

La nouvelle structure a été créée en début de l'année 2009, en remplacement du Programme d'appui aux petites et moyennes entreprises (PAPME). Elle a pour mission, la promotion des petites et moyennes entreprises, à travers des produits financiers innovants et un appui-conseil dans le domaine de la création et de la gestion

Bureau des Mines et de la Géologie du Burkina (BUMIGEB)

01 BP 601, Ouagadougou 01
Tél. +226-50-364802 / 364890
Fax: +226-50-364888
Email: bumigeb@cenatrin.bf

Le BUMIGEB a pour missions essentielles la réalisation par toutes méthodes appropriées, d'études et de travaux destinés à:
- l'amélioration de la connaissance géologique et minière du pays
- l'exécution de divers contrôles miniers délégués par l'Etat;
- l'appui à la promotion et au développement de la petite mine
- l'appui à la mise en évidence et la valorisation des substances minérales du sol et du sous-sol;
- toutes opérations industrielles, commerciales, financières, mobilières, immobilières connexes

Groupement Professionnel des Miniers du Burkina (GPMB)

01 BP 126, Ouagadougou 01
Tél : +226-50-362954
Fax : +226-50-362954
Email : gpmb@fasonet.bf;germ_ilb@yahoo.fr

Le groupement a pour objectifs :
- La promotion et le développement du secteur minier au Burkina Faso et généralement toute activité pouvant se rattacher à cet objectif ;
- Le développement et le raffermissement des relations de coopération et d'échanges techniques et économiques entre les membres ;
- La préservation des intérêts communs du secteur minier;
- L'établissement et l'entretien de relations professionnelles avec les autorités administratives nationales ou des institutions oeuvrant dans le domaine.

L'Office National du Tourisme Burkinabè (ONTB)

Imm. de l'ex-CGP, 3ème étage,
01 BP 1311, Ouagadougou 01
Tél : +226-50-318638 / 311959/60/
Fax : +226-50-314434
Email : ontb@cenatrin.bf
Website : www.ontb.bf et www. sitho.bf

Les attributions suivantes ont été assignées à l'Office National du Tourisme Burkinabé (O.N.T.B) :
- Assurer tant à l'intérieur qu'à l'extérieur du pays la promotion et la diffusion, par tout moyen, de l'image du Burkina Faso;
- Rechercher et mettre en ouvre les moyens adéquats tendant à favoriser les investissements dans le secteur tourisme - hôtellerie;
- Prendre des mesures en vue de faciliter l'accès et le séjour des visiteurs au Burkina Faso;
- Recenser et mettre en valeur les ressources touristiques;
- Collecter, traiter et assurer la diffusion des informations relatives au tourisme;
- Conseiller et orienter les opérateurs économiques dans la formation, l'étude et la réalisation des investissements;
- Coordonner les efforts des opérateurs économiques du secteur du tourisme;
- Contribuer à l'amélioration du service par la formation du personnel du secteur du tourisme;
- Assurer la gestion des unités de production et de sites touristiques.

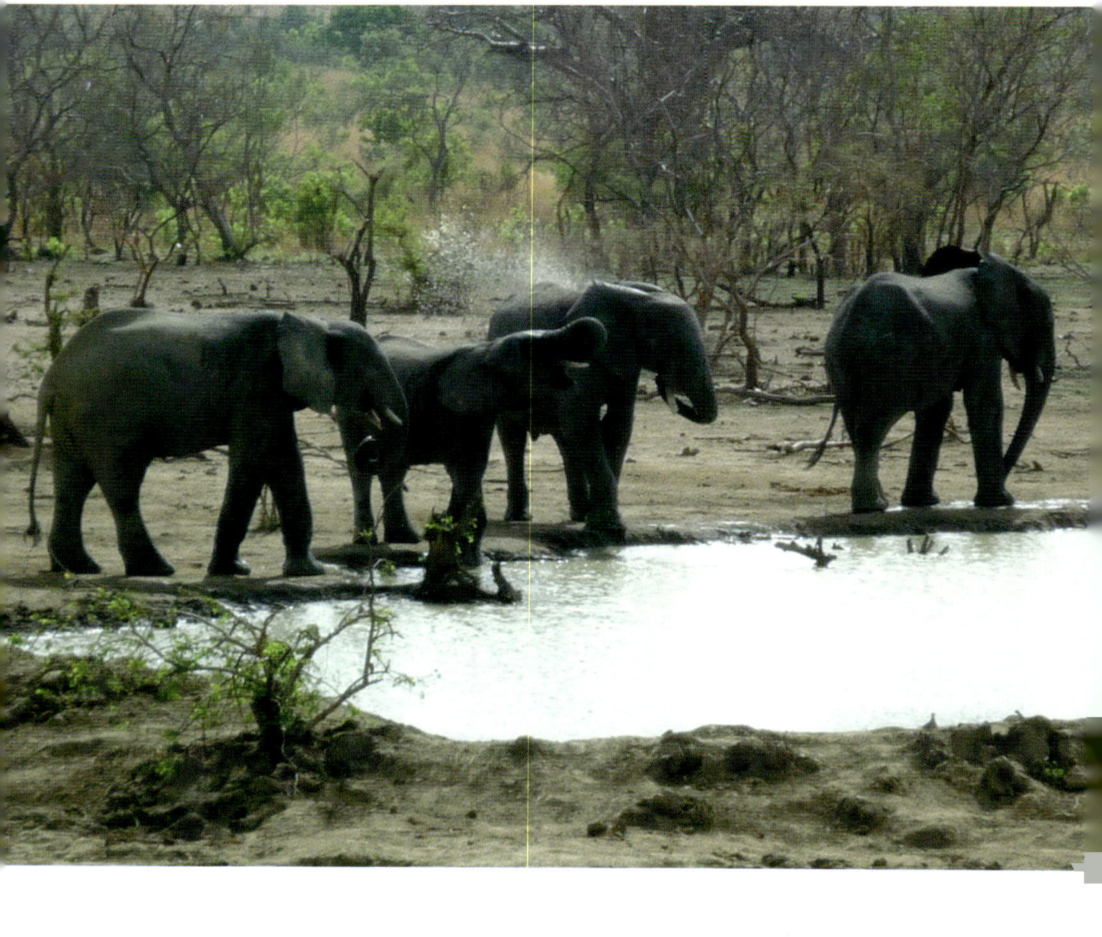

ÉCONOMIE

La maison abandonnée par l'écureuil, sert de palais au hérisson
Proverbe du Burkina Faso

GÉNÉRALITÉS

L'économie du Burkina Faso à son indépendance en 1960, était essentiellement basée sur l'agriculture d'exportation. Le secteur industriel qui était à un stade embryonnaire a maintenu le pays dans une dépendance pour la majorité des produits manufacturés vis-à-vis de la Métropole. Il en est de même pour les infrastructures de base telles que le transport, l'électricité et le système d'éducation qui étaient également peu développées.

Après les indépendances jusqu'au début des années 1990, le Burkina Faso a orienté son économie vers un modèle axé sur le développement d'entreprises publiques notamment dans des activités de type commercial, laissant peu de place à l'initiative privée.

Durant cette période, le pays a connu une période de croissance relativement continue mais erratique, caractérisée par des déséquilibres internes et externes avec quelques moments de récession.

En 1991 sous l'ère de la démocratie et des réformes, le Burkina Faso s'est engagé dans un processus d'ajustement structurel et de libéralisation économique, avec le soutien des institutions financières internationales.

Ce processus qui tient compte d'un programme de privatisations de certaines entreprises publiques avait pour objectif d'accroître le rôle du secteur privé dans l'économie burkinabè.

Aussi, la dévaluation de 50% du franc CFA en 1994 a permis d'améliorer la compétitivité de l'économie et de réaliser un ajustement des prix relatifs. Cet ajustement était rendu indispensable par la parité du franc CFA vis-à-vis du franc français qui restée inchangée jusqu'alors et par le différentiel d'inflation et d'augmentation de productivité.

De nos jours, cette économie continue d'être fortement marquée par une prédominance du secteur primaire constitué de l'agriculture, l'élevage, la pêche, la faune et dans une moindre mesure les forêts. Ce secteur occupe 70% de la population active du Burkina Faso.

La promotion du secteur privé intervenue suite à la libéralisation de l'économie a permis aux secteurs secondaire et tertiaire d'accroître leurs performances et sont devenus par la suite les secteurs clés de la croissance économique.

LA CROISSANCE ECONOMIQUE

Le processus de réformes et la dévaluation du franc CFA ont généré une croissance annuelle du Produit Intérieur Brut (PIB) réel de 5,8% en moyenne sur la période 1991-1999. Depuis l'an 2000, le Burkina a également connu une croissance supérieure à la moyenne de ses partenaires de l'Union économique et monétaire ouest-africaine (UEMOA), avec une hausse du PIB réel de 5,2% l'an. L'évolution de la croissance est aussi devenue moins erratique au cours des dernières années, donnant plus de stabilité au cadre macro-économique.

L'accélération de la croissance depuis l'introduction du processus de réformes et la libéralisation de l'économie a eu un impact positif sur le niveau de vie moyen de la population et sur l'incidence de la pauvreté. Le PIB réel par habitant a augmenté de 3 % l'an entre 1995 et 2007, pour atteindre 430 dollars US à prix courants en 2007. Le taux de pauvreté qui était de 54,60% de la population en 1998 a connu une baisse de 08,20% soit à 46,4 % en 2003. Le Burkina Faso reste malgré tout un pays pauvre et l'impact positif de la croissance de la dernière décennie sur le niveau de vie est encore insuffisant.

LE PRODUIT INTERIEUR BRUT

A la faveur des différentes mesures entreprises pour soutenir la production nationale, l'essor de la production minière, l'économie burkinabé a enregistré une accélération de son rythme de croissance en 2008. En effet, en 2008, la croissance économique du Burkina Faso a connu un rebond par rapport l'année 2007. Ainsi, le PIB en termes constants a progressé de 5,3%.

Le secteur primaire a enregistré une croissance de sa valeur ajoutée de 10,43% due notamment aux bonnes

Répartition du PIB par secteur d'activité en 2008

- Secteur Primaire: 30%
- Secteur Secondaire: 25%
- Secteur Tertiaire: 45%

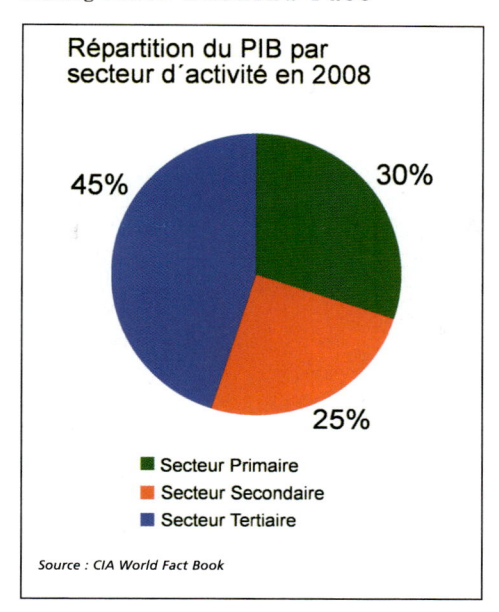

Source : CIA World Fact Book

performances de l'agriculture de rente (+4,7%) et de l'agriculture vivrière (+4,2%). La valeur ajoutée de ce secteur représente 30,8% du total, soit un gain de 1,5 point par rapport à 2007. Sa part contributive à la croissance du PIB s'est établie à 2,9 points en augmentation de 4,2% par rapport au niveau de 2007 (-1,3 point).

La croissance du sous-secteur de l'élevage s'est établie à 1,4% en 2008 contre 1,1% en 2007. Sa contribution à la valeur ajoutée nationale s'est établie à 12,4% en 2008, correspondant à 0,4 point de pourcentage du PIB.

Le secteur secondaire, qui a bénéficié en 2008 de la bonne tenue des Bâtiments et travaux publics (BTP) et des industries extractives, a représenté 25,1% de la valeur ajoutée globale. Cependant, il a enregistré une décélération de sa croissance amorcée depuis 2007 passant de 8,1% en 2007 à 6,5% en 2008. Cette croissance a été tirée principalement par les industries extractives dont la variation de la valeur ajoutée a été de 134,1% en 2008 contre 62,3% en 2007. En termes de contribution à la croissance de la valeur ajoutée, le secteur des travaux de construction malgré une perte de 4,8 points en 2008, constitue le deuxième sous secteur qui a contribué le plus à la croissance du secteur secondaire à hauteur de 1,00%.

La bonne tenue du sous secteur des industries extractives a été soutenue par la mise en exploitation des mines d'or de Mana, de Youga et de Kalsaka. La production d'or a atteint 5,375 tonnes d'or en 2008 contre 1,5 tonne en 2007.

Le secteur tertiaire a connu un ralentissement du rythme de sa croissance passant de 5,6 % en 2007 à 0,7% en 2008 expliquée par une baisse des services non marchands (-1,0%) et un ralentissement du rythme de croissance des services marchands (1,9% en 2008 contre 6,9% en 2007). La croissance observée au niveau des services marchands est principalement expliquée par le dynamisme du commerce qui a contribué à la croissance du secteur pour 1,2 point et les Postes et Télécommunication qui ont eu une contribution de 0,2 point.

Le dynamisme du commerce s'explique par l'apport entre autres des activités commerciales telles que le SIAO dont les effets se sont ressentis au niveau de la restauration, de l'hôtellerie et des transports urbains.

Par ailleurs, la fluidité du trafic sur les axes inter-états, la reprise du trafic ferroviaire avec la Côte d'Ivoire amorcé avec la signature de l'accord politique de Ouagadougou en Mars 2007, l'intensification des échanges sur les autres corridors (Cotonou, Tema et Lomé), la bonne stratégie de mobilisation de fret par le Conseil Burkinabé des Chargeurs (CBC) à travers ses représentations dans les ports, la conjugaison des effets des concertations entre autorités burkinabé et autorités portuaires et des effets induits du transport des hydrocarbures et des marchandises par l'activité minière et le secteur des BTP, sont autant de facteurs qui ont contribué à l'essor du secteur des services marchands.

Au total, le secteur tertiaire a représenté 45,1% de la valeur ajoutée globale et a contribué pour 0,3 point à la croissance du PIB.

En résumé, la croissance du PIB en terme réel est ressortie à 5,3% contre 3,6% en 2007, soit un gain de 2,7 points. Cette relative bonne tenue de l'économie est au crédit du secteur primaire (2,87%) et du secteur secondaire (1,45%).

Le secteur primaire représente environ 30% du PIB, occupant plus de 80% de la population

L'INFLATION

Le taux en 2008 s'établit à 10,7% contre -0,3% en 2007. Ce niveau historique de l'inflation s'explique principalement par la flambée des prix des produits de grande consommation, notamment alimentaire. L'inflation au Burkina Faso en 2008 a été tributaire des trois principales fonctions de consommation à savoir les « produits alimentaires et boissons non alcoolisées », « les transports » et les dépenses liées notamment au « logement, eau, gaz et autres combustibles ».

Ces trois fonctions représentent près de 60% du total des fonctions de l'indice général. L'augmentation sensible des trois principales fonctions de consommation, imputable notamment à l'effet conjugué de la hausse des prix des denrées de première nécessité et de celle des hydrocarbures, serait la principale source de l'inflation en 2008. Les prix de ces trois principales fonctions de consommation ont connu en 2008 des augmentations respectives de 23,3%, 5,6% et 12,1%.

Ainsi, la contribution de ces trois fonctions de consommation à l'inflation totale se situe à 7,36% pour les produits alimentaires et boissons non alcoolisées, 0,74% pour les transports et 1,14% pour la fonction logement, eau, gaz et autres combustibles. Selon l'origine des produits, la forte inflation enregistrée en 2008 est imputable tant à l'évolution des prix des produits locaux qu'importés. La hausse des prix des produits locaux en moyenne annuel s'établissait à 11,0% en 2008 contre 0,6% en 2007 alors que l'indice des prix des produits importés enregistrait une hausse moyenne de 10,3% en 2008 contre 2,0% en 2007.

L'INFLATION SOUS-JACENTE EN 2008

L'indicateur d'inflation sous-jacente (hors produits frais et énergie) a enregistré une hausse de 6,7% en 2008, contre 1,5% en 2007 et 2,5% en 2006.

Une analyse comparée avec l'inflation officielle montre une évolution moins accentuée de l'indicateur complémentaire sur la période 2001-2008 mettant ainsi en évidence les tensions réelles sur les prix provenant des produits volatiles et surtout ceux influencés par les chocs exogènes (pluviométrie, prix importés, etc).

Evolution comparée de l'inflation sous-jacente et de l'inflation.

Face à cette situation, notamment de vie chère, le Gouvernement a pris des mesures pour compenser l'impact des inondations et du renchérissement des produits de grande nécessité, en particulier des denrées alimentaires, sur les populations les plus vulnérables.

EMPLOI

La population totale du Burkina Faso est de 14,5 millions d'habitants, dont près de 80 % résident en milieu rural. La population urbaine est fortement concentrée sur Ouagadougou et Bobo Dioulasso, les deux grandes villes du Burkina Faso et ont connu une croissance extrêmement forte au cours des dernières décennies. Les autres centres urbains sont incomparablement plus petits et ne dépassent pas 100 000 habitants.

Bien que les activités du secteur manufacturier et des services se concentrent sur Ouagadougou et Bobo Dioulasso, le taux de chômage et d'inactivité qui en 2005 touchait 16,2 % de la population de plus de 15 ans, est plus élevé dans les villes que dans le milieu rural où la population dépend principalement de l'agriculture de subsistance. Le nombre d'emplois dans le secteur formel étant limité, près de 85 % de la population active est occupée dans le secteur agricole. Le commerce et activités de réparation occupent près de 7% de la population active, alors que les activités de fabrication représentent seulement 2 % du total.

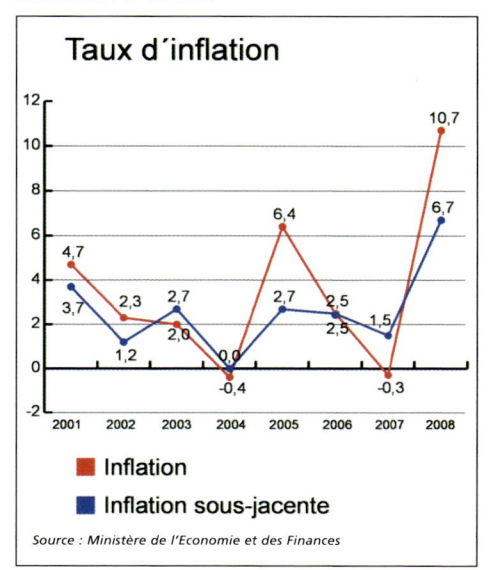

De son côté, l'administration publique est une des sources principales d'emplois formels puisqu'elle occupe 1,5 % de la population active.

Le manque d'emplois formels au Burkina Faso a poussé un grand nombre de burkinabè à rechercher du travail dans les pays voisins, principalement en Côte d'Ivoire. La main-d'œuvre burkinabè y est très présente dans les plantations de café et de cacao, ainsi que dans les activités de manufacture qui y sont sensiblement plus développées qu'au Burkina Faso. Le retour de nombreux burkinabè au pays suite à la crise en Côte d'Ivoire en 2002 a exacerbé le besoin de générer de l'emploi formel. Cela rend donc l'investissement dans les activités à forte intensité de main-d'œuvre d'autant plus indispensable. En outre, le retour d'une partie de la Diaspora peut aussi être une source d'investissement, et il est probable que bon nombre de rapatriés aient acquis des compétences utiles à l'économie du pays.

LA BALANCE COMMERCIALE

Le secteur extérieur de l'économie burkinabè a continué de ressentir les effets de la conjoncture internationale difficile, marquée par la flambée des cours du pétrole, le renchérissement des produits de première nécessité importés et la crise financière internationale.

Cette dégradation importante des comptes extérieurs découle principalement de la baisse des entrées nettes au titre des opérations financières et en capital de 306,8 milliards de FCFA (- 57,4%) entre 2007 et 2008. En effet, la cession de 51% du capital de l'ONATEL à Maroc Télécom en 2007 avait eu pour effet un accroissement exceptionnel du compte d'opération financière.

Le solde de la Balance courante est ressorti à -310,9 milliards de FCFA (8,5% du PIB) en 2008, contre -270,7 milliards de FCFA en 2007 (8,4% du PIB), soit une détérioration de 14,9%, provenant principalement de la dégradation de la balance commerciale (-11,2%). Le solde courant hors dons est ressorti à -446,8 milliards de FCFA en 2008 (12,3% du PIB) contre -409,5 milliards de FCFA en 2007 (12,6% du PIB).

Taux d'inflation

Année	Inflation	Inflation sous-jacente
2001	4,7	3,7
2002	2,3	1,2
2003	2,7	2,0
2004	-0,4	0,0
2005	6,4	2,7
2006	2,5	2,5
2007	-0,3	1,5
2008	10,7	6,7

Source : Ministère de l'Economie et des Finances

ÉCONOMIE

La Balance commerciale a dégagé en 2008 un solde déficitaire de 321,3 milliards de FCFA (8,8 % du PIB), contre 289,0 milliards de FCFA en 2007 (8,9 % du PIB) en raison de la progression des importations (+4,0%) conjuguée à une baisse des exportations (-2,9%) liée à la réduction notable des exportations de coton du fait de la mauvaise campagne agricole 2007-2008.

Le déficit de la Balance des services et revenus s'est établi à 182,5 milliards de FCFA en 2008 (5,0% du PIB) contre 175,4 milliards de FCFA en 2007 (5,4% du PIB), soit une dégradation de 4,0% qui s'explique par l'effet combiné de la progression du montant du fret et assurance payé à l'extérieur sur les importations et la contraction des revenus nets versés au reste du monde.

Les entrées nettes au titre des transferts courants sans contrepartie ont atteint 192,9 milliards de FCFA en 2008 contre 193,8 milliards de FCFA une année auparavant, soit une légère contraction de 0,5% imputable aux transferts publics (-2,0%) notamment les aides budgétaires (-7,7%).

Pour le compte de capital et d'opérations financières, les entrées nettes s'élèvent à 228,1 milliards de FCFA durant l'année 2008 contre 534,9 milliards de FCFA en 2007, soit une baisse de 57,4%, due à un net reflux des opérations financières de 250,7 milliards de FCFA (-63,4%) et des transferts en capital de 56,1 milliards de FCFA (-40,2%).

Au total, le solde global de la Balance des Paiements du Burkina Faso, à fin décembre 2008 ressortirait déficitaire de 82,8 milliards de FCFA contre un excédent de 188,2 milliards de FCFA un an plus tôt.

Pour la plupart des variables de l'environnement économique international, on enregistre un gain de compétitivité prix pour les exportations du Burkina Faso. Même si l'on note une légère appréciation du cours du dollar US.

LE PROCESSUS DE PRIVATISATION

Avant le premier programme d'ajustement structurel de 1991, les performances des entreprises publiques étaient médiocres en dépit de subventions directes et indirectes de l'Etat. En 1990, les treize (13) plus grosses entreprises d'Etat accusaient des pertes d'un montant total de 31 millions de dollars qui pesaient lourdement sur les finances publiques. Restructurer ces entreprises pour les rendre plus performantes et plus compétitives apparaissait donc inéluctable.

Les pouvoirs publics du Burkina Faso ont donc entrepris de se désengager des secteurs de production, dans le cadre d'un ensemble de réformes adoptées en accord avec les institutions financières internationales.

Avec le Fonds monétaire international (FMI) et la Banque mondiale, les pouvoirs publics ont accepté de vendre au secteur privé une proportion plus ou moins importante de leurs parts dans ces sociétés. Il était prévu que l'Etat ne puisse détenir plus de 25 % des parts. Dans certains secteurs, pourtant, ce chiffre a été dépassé, en particulier dans le cas des compagnies d'eau et d'électricité et des sociétés minières.

Niveaux d'exportations et d'importations en milliards de FCFA

Année	Exportations FOB	Importations FOB
2000	146	369
2001	163	373
2002	171	382
2003	186	398
2004	257	498
2005	247	541
2006	308	562
2007	296	585
2008	287	609

Source : Ministère de l'Economie et des Finances

A la fin de l'année 1999, sur les quarante-quatre entreprises candidates à la vente, vingt-deux avaient été privatisées, dégageant des recettes de 10,5 milliards de francs CFA (18 millions de dollars). Sept autres entreprises avaient été mises en vente, douze avaient été liquidées ou étaient sur le point de l'être et trois avaient été transformées en instituts de recherche et placées sous tutelle du ministère de l'enseignement supérieur. Cette vente des entreprises publiques a stimulé les investissements et l'activité du secteur privé. Un Projet d'aide au secteur privé financé par la Banque mondiale (PASP) tente d'améliorer les infrastructures et le cadre juridique dans lequel évoluent les entreprises privées.

Ces expériences ont mis en évidence un certain nombre de problèmes, en particulier une ingérence trop marquée des pouvoirs publics, ce qui a contribué aux retards. Elles ont également permis de constater le manque de politique d'information publique, de stratégie adaptée à chaque secteur industriel et de distinction entre petites et grosses entreprises. Les actions ont souvent été vendues à un actionnaire unique, les petits porteurs n'étant pas invités à participer.

Face à ces difficultés, et avec cette nouvelle approche, la commission de privatisation s'est agrandie et comprend désormais un observateur syndical, ce qui devrait garantir une plus grande transparence. La mise en concurrence des offres et l'évaluation des acheteurs potentiels lors de séances ouvertes au public devraient également garantir un processus plus ouvert. "La sélection d'un acheteur n'est pas l'affaire d'une seule institution, qu'il s'agisse de l'Etat ou de la commission de privatisation, il faut tenir compte des avis de tous ceux qui sont impliqués dans le processus de privatisation."

La commission des privatisations surveille désormais les entreprises privatisées et s'assure que les nouveaux propriétaires respectent leurs engagements. Toutefois, elle se heurte à la résistance de certaines entreprises qui considèrent que l'Etat s'ingère ainsi dans leurs affaires commerciales. Certaines entreprises n'ont pas préservé les emplois, d'autres n'ont pas investi comme elles s'y étaient engagées. Enfin, d'autres accusent des retards de paiement des sommes dues à l'Etat.

Toutefois, on a constaté que la participation du secteur privé local n'a pas été très significative. Une enquête réalisée dans les milieux d'affaires a révélé que si les investisseurs potentiels s'intéressaient aux privatisations, ils avaient le sentiment qu'elles profitaient uniquement à un groupe restreint d'investisseurs suffisamment riches pour acheter un grand nombre d'actions. Il est donc suggéré que les petites entreprises se regroupent en consortiums afin de racheter un plus grand nombre d'actions.

LA BOURSE RÉGIONALE DES VALEURS MOBILIÈRES/ANTENNE DU BURKINA

Les pays de l'UEMOA, soucieux de favoriser l'émergence et le développement d'un marché financier régional susceptible de mobiliser l'épargne et d'attirer les investissements internationaux dans les différents pays membres ont créé le 18 décembre 1996 à Cotonou conformément à une décision du conseil de ministres de l'UMOA prise en décembre 1993 une institution financière spécialisée : la Bourse Régionale des Valeurs Mobilières (BRVM).

Elle a pour objet de centraliser le marché financier boursier régional des pays membres pour assurer la cotation des valeurs mobilières tant nationales qu'étrangères.

La Bourse régionale des valeurs mobilières est un marché au comptant, assurant deux séances par semaine dont les négociateurs sont les Sociétés de Gestion et d'Intermédiation (SGI).

C'est une société anonyme disposant d'un capital de 2 904 300 000 francs CFA et basée à Abidjan, en Côte d'Ivoire.

Ce marché régional dispose d'antennes nationales de Bourse (ANB) dans chacun des pays concernés. Chaque Antenne Nationale dont celle du Burkina Faso, est reliée au siège par un relais satellitaire qui assure l'acheminement des ordres et des informations à tous les investisseurs de la Bourse de façon équitable.

ÉCONOMIE

AGRO-INDUSTRIE

C'est la graine d'arachide qui tue l'arachide
Proverbe du Burkina Faso

AGRO-INDUSTRIE

GÉNÉRALITÉS

Le secteur agricole occupe une place importante dans l'économie du Burkina. Elle occupe plus de 80% de la population active et représente en moyenne 33% du PIB. La valeur des exportations agricoles représente 90% de la valeur totale des exportations. La valeur ajoutée du secteur agricole a connu une croissance moyenne de 5,4% entre 1990 et 1994. Cette croissance se poursuit et atteint une moyenne de 8% au cours de la période 1995-1999. Mais les sécheresses intervenues en 2000 et en 2004 conjugué avec l'invasion acridienne en 2004, ont ralenti cette embellie en ramenant le taux de croissance moyen à 3,2% entre 2000 et 2004.

Le secteur agricole a été le principal moteur de la faible croissance économique pendant la période 1990-1994. Sur une croissance de 1.9 points en moyenne enregistrée au cours de la période, 1,6 points étaient imputable au secteur agricole. Cependant, la promotion du secteur privé intervenue suite à la libéralisation de l'économie a permis aux secteurs secondaire et tertiaire d'accroître leurs performances et sont devenus par la suite les secteurs clés de la croissance économique.

L'analyse par sous secteur a révélé que le sous secteur de la production végétale contribue en moyenne pour 60% à la formation de la valeur ajoutée agricole. Les sous secteurs élevage et environnement (pêche, chasse et forêt) contribuent avec respectivement en moyenne 28% et 12%, à la création de la valeur ajoutée du secteur.

ÉLEVAGE

Le Burkina Faso fait partie de la zone sahélienne qui est propice à l'élevage. C'est une zone de transit pour la transhumance avec de nombreuses pistes qui facilitent le commerce avec les pays côtiers.

Les produits de l'élevage occupent le deuxième rang des exportations après le coton avec une contribution de 14 à 21% aux recettes d'exportation sur la période 2000-2008, soit une valeur comprise entre 26 et 51 milliards de francs CFA/an.

Le secteur agricole occupe plus de 80% de la population active

Le nombre de tête exportée à presque triplé entre 2000 et 2008, passant de 174 mille à 447 mille pour les bovins, de 372 mille à plus de un million pour les ovins/caprins, et enfin de un million à plus de quatre millions en ce qui concerne les volailles.

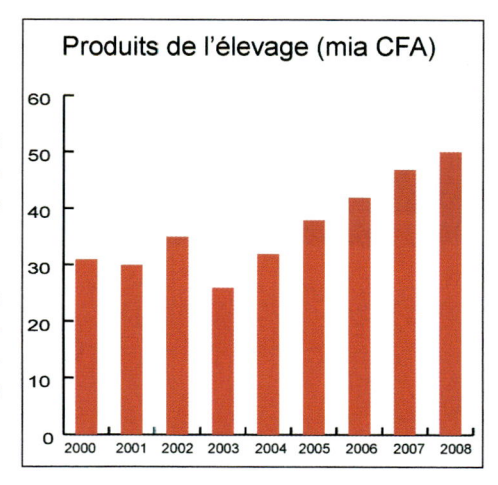

Le cheptel national est estimé en 2008 à 8 072 000 bovins, 7 770 000 ovins et 12 210 000 caprins. Les taux d'accroissement annuels sont estimés à 2% pour les bovins et 3% pour les ovins et caprins. Les grands traits caractéristiques du secteur de l'élevage sont sa faible productivité et la dominance du mode extensif d'élevage. Le poids moyen carcasse est de 110 kg pour les bovins, 9 kg pour les ovins et 8 kg pour les caprins. La production laitière est en moyenne de 110 litres par lactation de 180 jours et par vache. Ces performances demeurent en deçà des potentialités et des possibilités d'amélioration : 150 kg par tête bovine, 15 kg par tête ovine et 12 kg par tête caprine, et 1400 litres par lactation de 280 jours par vache. Malgré les potentiels de l'élevage, les importations de produits laitiers absorbent environ 9 milliards FCFA.

Le secteur de l'élevage représentait 225 milliards de FCFA de valeur jouté en 2000 contre 416 milliards en 2008.

COTON

Le coton représente 60% des recettes d'exportation. Sa culture est pratiquée par plus de 250 000 exploitations agricoles regroupant plus de 350 000 producteurs de coton. Le coton fait vivre directement près de 3 000 000 personnes. Le coton s'est révélé dans le temps comme un véritable outil de lutte contre la pauvreté et d'amélioration des conditions d'existence des populations en milieu rural. Le développement spectaculaire de la production cotonnière ces dernières années a été accompagné d'une augmentation des revenus cotonniers au niveau paysan. La production du coton a atteint un record de production de 712 000 tonnes en 2006.

La production du coton au Burkina Faso a chuté de près de la moitié en deux ans pour se fixer à 360.000 tonnes en 2007-2008. Les superficies emblavées sont également passées de 615.000 hectares à 365.000 ha (40% de moins). Les rendements ont suivi la même courbe descendante, pour s'établir autour de 877 kg/ha.

Face à cette situation, l'Etat burkinabé, actionnaire principal de la SOFITEX, a débloqué 12 milliards de FCFA et décidé de supporter les parts des actionnaires qui ont fait défection (la société française Dagris, l'Union des producteurs de coton du Burkina et une banque locale) pour plus de 21 milliards FCFA. En 2008-2009, la production attendue est de 650.000 tonnes.

Exportations (têtes)	2000	2001	2002	2003	2004	2005	2006	2007	2008
Bovins	174.160	241.800	203.542	102.000	231.681	292.196	329.687	415.694	447.123
Ovins/caprins	372.759	465.500	378.799	220.000	353.451	456.486	593.989	1.028.005	1.044.919
Volaille (1000 têtes)	1.163	1.186	1.210	1.089	1.415	1.840	2.392,1	3.109,8	4.042,7

Effectifs (1000 têtes)	2000	2001	2002	2003	2004	2005	2006	2007	2008
Zébus	3.119	3.181	3.245	4.753	4.848	4.945	5.044	5.145	5.247
Taurins	1.679	1.713	1.747	2.559	2.610	2.662	2.715	2.770	2.825
Ovins	6.782	6.986	7.195	6.703	6.904	7.111	7.324	7.544	7.770
Caprins	8.647	8.907	9.174	10.036	10.437	10.855	11.289	11.740	12.210
Porcins	622	635	648	1.892	1.967	2.046	2.128	2.213	2.301
Camelins	15	15	15	15	15	16	16	16	16
Equins	26	27	27	36	37	38	38	39	40
Asins	501	511	521	915	933	951	971	990	1.010
Volaille	22.420	23.093	23.786	32.190	32.834	33.491	34.160	34.844	35.540
Œufs (milliers)	560.508	577.323	596.430	804.751	820.846	837.263	854.009	871.089	910.546
Lait (1000 litres)	115.246	117.551	119.902	175.477	116.348	118.675	121.049	123.470	129.927

Le cheptel national est estimé en 2008 à 8 072 000 bovins

LES PRINCIPAUX ACTEURS

Les principaux acteurs de la filière sont les producteurs, les sociétés cotonnières la Recherche cotonnière, les Banques et les autres privés (transporteurs, fournisseurs d'intrants, les huiliers, etc.). L'Etat burkinabé participe également à la vie de la filière à travers son rôle dans la définition de la politique agricole, dans le développement des infrastructures et dans l'élaboration et la mise en oeuvre du cadre réglementaire et législatif ; de même l'Etat joue un rôle dans la régulation et le contrôle des actions de la filière à travers le Protocole d'Accord signé avec les producteurs et les sociétés cotonnières.

Trois sociétés cotonnières existent au Burkina Faso (Sofitex, SOCOMA et FASOCOTON) depuis septembre 2004 et jouent un rôle de promotion de la culture du coton, chacune dans sa zone définie par le Protocole d'Accord portant Cahier des Charges soit 20 provinces pour la Sofitex dans l'Ouest du pays, 12 provinces pour Fasocoton dans le Centre et 6 provinces pour SOCOMA dans l'Est.

Les différentes fonctions assumées par les sociétés cotonnières sont :
• L'approvisionnement des intrants aux producteurs ;
• L'appui conseil des producteurs ;
• L'Achat, la collecte du coton graine ;
• L'égrenage du coton graine ;
• La valorisation des produits finis (fibre) et des coproduits (graine, déchets de fibre) ;

Par ailleurs, les trois sociétés cotonnières du Burkina ont constitué une association (l'APROCOB) au sein de laquelle toutes les questions communes aux sociétés sont débattues. En complément, l'interprofession s'est également organisée à travers la création de l'AICB (Association Interprofessionnelle du Coton du Burkina Faso), association composée des représentants des producteurs (UNPCB) et des sociétés cotonnières (l'APROCOB). Au sein de cette structure, tous les grands dossiers liés au secteur cotonnier sont débattus afin d'aboutir à des décisions communes et cohérentes au niveau national ; comme par exemple le prix de vente des intrants aux producteurs.

AUTRES PRODUCTIONS AGRICOLES

La filière fruits et légumes constitue un secteur important pour l'économie agricole, la production globale étant estimée à 1 033 800 tonnes en 2008 contre 522 000 tonnes en 2000 soit presque la moitié; elle emploie plus de 80 000 maraîchers.

La mise en place de barrages dans de nombreuses régions a permis l'irrigation massive de zones maraîchères, augmentant la surface exploitable. Ces denrées sont issues de 5 000 ha de maraîchage et de 12 000 ha de vergers. Les zones de production se situent essentiellement dans les régions du Sud Ouest, des Hauts Bassins et des Cascades.

On note la prédominance des cultures de tomate (30%), d'oignon, de chou et de pomme de terre. Viennent ensuite les productions de laitue, aubergine, carotte, haricot vert, et dans une moindre mesure le gombo, le piment, l'ail, la fraise, le poivron et le concombre.

Les principales productions fruitières sont la mangue (50%), et les agrumes (orange, pamplemousse, citron) ; on peut retenir également les productions d'anacardes, de bananes, de melons et de pastèques. Le Burkina exporte principalement de la mangue, de la tomate, des agrumes, et de l'oignon en grande majorité vers les pays de la sous région.

Le coton fait vivre directement près de 3 000 000 personnes au Burkina

Pour le karité, la production nette d'amandes est passée de 64 300 tonnes et 1995 à 141 400 tonnes en 2008 avec un potentiel estimé à 600 000 tonnes induisant 200 000 tonnes de beurre. La Suède est le principal importateur. La directive de l'union européenne sur l'utilisation d'autres huiles végétales dans la production du chocolat ouvre de nouvelles perspectives à saisir sous réserve d'améliorer la qualité du produit. Elle pourrait entraîner une croissance de l'ordre de 30%.

Deux tiers des ménages agricoles produisent de l'arachide ou du sésame qui se retrouvent souvent couplés dans la même exploitation. Les autorités burkinabé estiment la croissance de production de sésame à 15% dans les années à venir et 7 % pour l'arachide.

Le potentiel de production en noix de cajou est difficile à estimer par manque de statistiques fiables. Selon certaines sources, 37 500 ha seraient consacrées aux plantations d'anacardier et la production varierait entre 3000 et 5000 tonnes.

L'exportation du sésame rapporte en moyenne 2 milliards de FCFA par an à l'économie burkinabé. L'arachide et le karité contribuent quant à eux à hauteur de 4,3 milliards de FCFA.

DONNÉES SUR LES PRINCIPALES PRODUCTIONS AGRICOLES

Une diversité de produits agricoles est cultivée quasiment dans toutes les provinces. Les principales productions sont : l'oignon, les choux, la tomate, l'aubergine, la laitue, les carottes, la pomme de terre, les fraises, le haricot vert, les concombres, le poivron, l'ail, etc.

Les sociétés et structures spécialisées dans la transformation des fruits et légumes : UCOBAM, NOOMDE, FLEX FASO, PROMEXPORT, SKODA, URCABO, CEAS/BF. Plusieurs PME/PMI (plus d'une trentaine) regroupées sous des GIE, mènent des activités de séchage.

OIGNON

La production nationale d'oignon bulbe est estimée en moyenne à 54 959 tonnes par an.

Les provinces du Sanguié, du Bam, du Sourou, du Boulgou, du Sanmatenga, de l'Oubritenga, du Yatenga et du Ganzourgou sont les plus grandes productrices. Ces provinces fournissent 73% de la production nationale.

HARICOT VERT

La production nationale du haricot est en moyenne de 2 030 tonnes. Cette production se concentre essentiellement dans dix provinces que sont : le Sourou, le Sanmatenga, le Bam, le Kadiogo, le Houet, le Boulkiemdé, les Banwa, le Sanguié, le Yatenga et l'Oubritenga. Le Sourou s'isole comme la principale province productrice avec 1027 tonnes, soit plus de la moitié de la production nationale. Les exportations de l'haricot vert sont assurés des exportateurs privés et par des commerçants et des groupes d'exportateurs regroupés au sein de différentes associations d'exportateurs se sont mis à exporter le haricot vert. Ce sont notamment l'APEFEL-B ; l'APEX et la SOBFEL.

CHOUX

La production nationale de choux est de 20 734 tonnes en moyenne par an. La province du Houet est de loin la plus grande productrice de choux avec une production moyenne de 4 000 tonnes. Elle présente le plus grand potentiel de production. D'autres provinces comme le Sanmatenga, le Bam, le Yatenga, le Sanguié et le Boulkiemdé présentent également un potentiel non négligeable de production. Ensemble, leur production est estimée en moyenne de 6 158 tonnes.

LA TOMATE

Pour l'ensemble du territoire national, 50 158 tonnes de tomates sont récoltées en moyenne chaque année. Les principales zones de production sont le Yatenga, le Sanmatenga, la Gnagna et l'Oubritenga ; ces provinces

Une plantation de riz à proximité de Ouagadougou

totalisent plus de 22% de la production nationale. Le deuxième groupe de province est constitué du Kénédougou, du Passoré, du Koulpelogo, du Boulgou, du Zondoma et du Boulkiemdé.

RIZICULTURE

Le riz est cultivé sur une superficie d'environ 40 000 à 50 000 ha aussi bien en pluvial qu'en irrigué. On distingue trois types de riziculture:

La riziculture pluviale, pratiquée en zone soudanienne, la plus arrosée; elle représente environ 30% de la production (23 à 25 000 tonnes);

La riziculture de bas-fonds, située principalement dans la région Ouest (Bobo Dioulasso, Dédougou et Banfora), en zone centrale et à l'Est, avec une sécurisation plus ou moins assurée de l'apport en eau complémentaire aux précipitations; elle représente environ 15% de la production (12 à 15 000 tonnes);

La riziculture irriguée en maîtrise totale de l'eau, par pompage ou par gravité, correspond principalement aux aménagements de la Vallée du Kou, du Sourou, de Bagré et aux surfaces cultivées en aval de barrages; elle représente environ 55% de la production (35 000 tonnes durant l'hivernage, 12 000 tonnes en contre-saison).

Le riz produit dans les périmètres irrigués est décortiqué et ensaché pour la majeure partie de la production à l'usine SODEGRAIN. Une partie, de faible importance, est transformée artisanalement par les femmes commerçantes.

La production de paddy au Burkina Faso couvre environ 1/3 de la consommation de la population.

MANGUE

Les statistiques provisoires pour en 2008 indiquent une production totale de plus de 71.000 tonnes de mangues fraîches qui ont alimenté le marché national, la transformation artisanale et semi-artisanale et l'exportation. Le marché national a absorbé, à lui seul, au total 32.714 tonnes, l'essentiel de la production de mangues a été destinée à l'exportation vers des pays tels que le Niger, le Ghana, la Libye, le Liban, le Maroc et l'Europe, principalement la France.

En termes de revenus, la filière a rapporté quelque 30,4 milliards de francs CFA (environ 61 millions de dollars US) aux producteurs et plus de 6 milliards de FCFA (12 millions de dollars) aux commerçants en 2008. Au nombre des difficultés rencontrées on peut citer les difficultés liées à l'invasion des vergers par un nouveau genre de mouche de fruits, le renchérissement du coût de transport, le problème de commercialisation (50% de mangues séchées pour la campagne 2008 sont actuellement stockées faute d'écoulement) et l'absence d'une fiscalité incitative pour les exportations.

Au nombre des acteurs de la filière, on peut citer l'Association interprofessionnelle mangue du Burkina (APROMA-B), le Programme d'appui aux filières agro-sylvo-pastorales (PAFASP), l'Institut national de recherche agronomique (INERA), l'ONG néerlandaise de développement (SNV), prêts à soutenir la promotion de la mangue au Burkina. On peut également citer des structures telles que Fruiteq, Burkinature, UFMB et l'association Wouel.

Au nombre des grands consommateurs de mangues, figure Dafani S.A, qui est une grande unité de transformation installée à Orodara et utilisant la mangue comme matière première, toute chose qui évite le pourrissement des mangues dans la région et contribue à résorber la pauvreté dans cette partie du pays. A ce jour, la société emploie près de 150 saisonniers.

Au total, trois stations de conditionnement que sont Fruiteq, le Terminal fruitier et Sanley se sont déjà mises à la norme Global Gap et n'attendent que leur certificat. Par ailleurs, 353 producteurs sont préparés pour l'audit de certification.

Face aux difficultés de commercialisation, les acteurs de la filière ont initié des études en vue de faciliter l'exportation de la mangue à partir de l'aéroport de Bobo-Dioulasso et un contrat de transport a même été passé avec une compagnie aérienne à cet effet.

PRINCIPALES ENTREPRISES

BRAKINA (BRASSERIE DU BURKINA)

Mr. Marc Pozmertier
Directeur Général
01 BP 519, Ouagadougou 01
Tél : +226-50-325500
Fax : +226-50-355129
Email : secretariatdg@brakina.bf

Activité : Brasserie
Date de création : 1960
Actionnaires : 90% Groupe Castel -10% privés burkinabè
Chiffre d'affaires : 66 milliards de FCFA
Nombre d'employés : 452

Brakina affiche une des plus belles réussites du Burkina Faso. Fruit de la fusion entre Bravolta et Sovobra acquises toutes deux par le groupe Castel en 1992, Brakina s'érige aujourd'hui en modèle du secteur privé en matière d'investissement dans le paysage économique burkinabè.

Depuis sa prise de contrôle par le groupe français, l'un des leaders mondiaux de l'industrie de la boisson, d'importants investissements ont été réalisés dans le but d'accroître les performances et la capacité de production.

Plus de 20 milliards de FCFA d'investissements ont été réalisés ces quatre dernières années pour moderniser les outils de production et accroître la capacité des usines de Ouagadougou et Bobo-Dioulasso qui dépasse aujourd'hui largement le seuil des 1 million d'hectolitres.

Ces investissements ont également permis de renouveler, moderniser et surtout de mettre aux standards internationaux les outils de production. L'accent a été mis sur la qualité, permettant à Brakina d'obtenir les licences d'embouteillage de marques internationales comme Coca-Cola, Guinness et Carlsberg.

Brakina a par ailleurs mis l'accent sur la distribution de ses produits en créant, en 1994 la Société de Distribution de Boissons. Cette filiale de Brakina a ouvert des centres

Unité de production de la célèbre bière locale "Brakina".

de distribution à Koudougou, Ouahigouya et Koupèla afin de rapprocher ses produits des lieux de consommation.

En dehors de la bière Brakina qui représente 25% des volumes, les Brasseries du Burkina produisent d'autres bières (Beaufort Lager, Guinness, Castel Beer, Flag Spéciale, Sobbra …), des sodas (Coca-Cola, Fanta, Sprite, Youki, Malta Guinness …), ainsi que l'eau Minérale Lafi et l'eau pétillante Bullvit. Afin d'enrichir son offre, la direction prévoit d'élargir sa gamme afin de répondre au mieux à la demande des consommateurs burkinabè.

« Notre historique d'investissement prouve que nous croyons au pays et nous poursuivrons nos efforts dans ce sens. Le Burkina est le carrefour de la sous-région et cette situation stratégique tend à bénéficier à l'économie burkinabè. On ne peut que se féliciter de l'excellence des relations entre secteur privé et les autorités dont l'implication est remarquable. »
Mr. Marc Pozmentier, Directeur Général

DAFANI SA

Mr Dieudonné Manirakiza
Directeur Général
BP 50, Orodara
Tél : +226-20-995380 à 84
Fax : +226-20-995354
Email : dieudonne.manirakiza@dafani-sa.com

Activité : Transformation de fruits tropicaux
Chiffre d'affaires : 3,5 milliard de FCFA (perspectives 2009)

L'unité industrielle de transformation de mangues baptisée « DAFANI SA » qui veut dire « parfait » en dioula a été inaugurée le 25 janvier 2008.

3 milliards 575 millions d'investissement dont 750 millions en fonds propres ont été nécessaires pour concrétiser ce projet, grâce notamment au concours inestimable du pool bancaire mené par la BACB (devenu Ecobank en 2009) et en partenariat avec la BCB et la BSIC.

La société Dafani a une usine équipée de technologies de pointe

DAFANI SA est opérationnelle depuis le 14 juin 2007 et offre 60 postes permanents et 165 postes temporaires en période de campagne de mangues. Les mangues achetées auprès des producteurs répartis dans 32 villages ont permis d'absorber un tiers de la production nationale et de produire 846 tonnes de pulpe en seulement quatre mois de production.

80% de la production de Dafani est destinée à l'exportation vers l'étranger. Elle propose cinq produits : la pulpe de mangue en fûts aseptiques de 210kg pour les pays de l'Europe et les pays arabes (France, Libye, Algérie, Allemagne,…), le jus de mangue, le jus d'orange, le cocktail mangue-orange, et le cocktail mangue-ananas-fruit de la passion pour les pays de l'UEMOA et le Ghana.

Actuellement conditionnés en packs carton de 500 ml et de 1 litre, les jus Dafani sont aussi disponibles en sachets plastiques de 250 ML depuis septembre 2009. L'emballage plastique devrait être disponible en 2011 dans le but de démocratiser le produit.

Dafani a opté pour une technologie de pointe en vue de répondre aux normes de certifications. Aujourd'hui, seuls le Burkina Faso et le Nigeria possèdent cette technologie en Afrique de l'Ouest. Dafani est également une unité industrielle écologique, dotée d'une station d'épuration des eaux usées qui devrait recevoir la certification ISO 22.000 en 2010.

Le capital institutionnel de l'entreprise devrait passer à 2 milliards 750 Millions de FCFA, ce qui permettra à Dafani d'investir dans une autre unité de production. Celle-ci devrait tripler la capacité actuelle pour passer à 15 000 litres par heure et et parvenir à satisfaire la demande du marché.

« En consommant des produits Dafani, le consommateur rend service aux producteurs. Grâce à notre station d'épuration des eaux usées, nous rendons à la nature ce que nous recevons d'elle »
Mr Dieudonné Manirakiza, Directeur Général

FASO COTON

Marc Leynaert
Directeur d'Exploitation
Zone Industrielle de Gounghin,
01 BP 1454, Ouagadougou 01
Tél : +226-50-343039/40
Fax : +226-50-342142 / 346301
Email : marc.leynaert@faso-coton.bf

Activité : Culture de coton
Date de création : 2004

Suite à la privatisation de la société cotonnière historique, la SOFITEX en 2004, la zone centre du Burkina Faso a vu la création de FASO COTON dont le siège et l'unité d'égrenage d'une capacité de 30 000 tonnes de coton graine sont situés à Ouagadougou. Faso Coton appartient à un consortium réunissant Reinhart (31%), Ivoire Coton/IPS (29%), le fournisseur d'intrants AMEFERT (10%), la société de transport SOBA (20 %) et l'UNPCB (10%). La majeure partie, sinon la totalité du coton fibre est vendue par Reinhart.

La production de la société concerne 11 provinces regroupées en 5 zones de production que sont : Zorgho (Oubritenga, Kourwéogo, Ganzourgou, Kouritenga, et Namentenga), Tenkodogo (Boulgou), Manga (Zoundweogo), Pô (Nahouri) et Kombissiri (Bazega, Kadiogo et Bam). Cette zone d'intervention de FASO COTON est soumise à une forte pression foncière et à une pluviométrie irrégulière ; ce qui implique une mécanisation importante et adéquate.

Les activités de cette entreprise consistent en un appui/conseil auprès des producteurs de coton, à la mise à disposition à crédit des intrants nécessaires à la culture, à l'organisation logistique de la collecte du coton graine dans les villages dont la commercialisation est dorénavant assurée par l'Union Nationale des Producteurs de Coton (UNPCB) et enfin à l'égrenage et à la vente de la fibre et de la graine. Les actions de FASO COTON ne se limitent pas pour autant à la production stricto-sensu du coton. Ainsi, en collaboration avec les Bailleurs de Fonds, des actions spécifiques à l'amélioration de la productivité et de la fertilité des sols par la création de fosses fumières et par la réalisation de diguettes anti-érosives sont menées par FASO COTON. La mécanisation des exploitations par l'acquisition d'animaux de traits et de matériels à crédit, la gestion de l'assolement avec le respect d'un équilibre entre les cultures de rente et les cultures vivrières sont également au centre des préoccupations, ce qui se traduit par le fait que les exploitations cotonnières sont généralement les plus grands producteurs de cultures vivrières. En parallèle, un travail de professionnalisation des organisations paysannes est menée par l'UNPCB et une étroite collaboration existe également avec l'institut de recherche agronomique du Burkina Faso (INERA).

Environ 28 000 producteurs organisés en groupements travaillent en collaboration avec Faso Coton.

GROUPE RIMON HAJJAR

Yann Hajjar
Directeur Général
Tél : +226-50-341925
Fax : +226-50-341928
Email : yann.hajjar@fasonet.bf

Activité : Production et distribution de farine et de pain
Date de création : 1970
Chiffre d'affaires : Plus de 24 milliards de FCFA en 2007
Nombre d'employés : 1700 et 200 Commerciaux

Le Groupe Rimon HAJJAR est une holding regroupant une dizaine de sociétés. L'agro-alimentaire constitue l'essentiel des activités de ces différentes structures.

L'entité qui constitue aujourd'hui le Groupe Rimon HAJJAR a vu le jour au début des années 1970, grâce à son fondateur du même nom : Monsieur Rimon HAJJAR. L'entreprise individuelle créée à l'époque était basée essentiellement sur les activités commerciales telles que la distribution de pagnes, l'importation et la distribution de marchandises diverses, la collecte, le conditionnement et l'exportation des cuirs et peaux bruts, et la grande distribution de cigarettes locales et importées.

En 1990, le groupe se lance dans l'industrie agro-alimentaire à travers la création de ce qui allait devenir la plus grande chaîne de boulangeries du Burkina Faso : Les Boulangeries Wend Konta. En effet, ce secteur d'activité a connu une grande révolution depuis que Monsieur HAJJAR s'y est investi dans une nouvelle organisation de la gestion administrative et comptable, la mise en place de réseaux de distribution, la constitution d'une cellule de maintenance. Monsieur Hajjar a surtout été à l'origine de l'instauration d'un label qualité, soutenu par une grande rigueur dans l'hygiène, le professionnalisme des boulangers, et la sélection méticuleuse des produits de panification. A ce jour, la chaîne des boulangeries Wend Konta se positionne comme leader dans ce secteur d'activité.

Face aux difficultés d'approvisionnement des boulangeries en farine, la Minoterie de l'Orient (MINOR), une unité de production de trente tonnes de farine de blé par jour est créé en 1998.

Tirant expérience de la situation de quasi-isolement dans laquelle s'est retrouvé le Burkina Faso au début de la crise ivoirienne en septembre 2002 et afin de diversifier les corridors d'accès à la mer, le Groupe a procédé à la création d'une société de transport de marchandises : la West African Transport (WAT). La flotte actuelle qui est composée de d'une dizaine de semi-remorques devra en compter, à terme, une trentaine.

Mais l'expansion rapide, (grâce à la demande des consommateurs) de la chaîne Wend Konta va accroître la demande en farine et MINOR sera vite dépassé; d'où la création, en avril 2006, des Grands Moulins du Faso (GMF), d'une capacité de mouture de deux cent (200) tonnes de blé par jour.

« Loin de s'enfermer dans une logique de capitulation face à une nature particulièrement hostile (enclavement, rareté des pluies, quasi absence de ressources naturelles, ...) le peuple et le gouvernement du Burkina Faso ont su réagir en valorisant la plus grande richesse du pays : ses Hommes. Les gouvernements successifs ont créé les meilleures conditions favorables au développement économique et industriel du pays : l'élaboration d'un code des investissements attractif, la stabilité politique et sociale grâce à un pacte non écrit de tolérance mutuelle. Grâce à ces initiatives mûrement réfléchies, le climat des affaires, caractérisé par un bon retour de l'investissement, a permis aux petites et moyennes industries de se développer progressivement. Cet exemple est une belle illustration qui devrait parachever de convaincre ceux qui doutent encore, que la destination « Burkina Faso » regorge d'énormes opportunités qui n'attendent que d'être saisies. »
Yann Hajjar, Directeur Général

SN CITEC

Bintou Diallo
Directeur Général
01 BP 1300, Bobo-Dioulasso 01
Tél : +226-20-972703
Fax : +226-20-972701
Email : sncitec@fasonet.bf

Activité : Huilerie et savonnerie
Chiffre d'affaires : 18 milliards
Nombre d'employés : 360

Le Comptoir des Industries Textiles et Cotonnière (CITEC) fut créé nn 1941 à l'instigation des établissements BOUSSAC. Nationalisée en 1967 avec un capital de 150 millions de FCFA, elle devint la Société des Huiles et Savons de la Haute Volta (SHSHV) puis Société des Huiles et Savons du Burkina suite à son passage en société d'économie mixte d'un capital de 1,5 milliards de FCFA. L'entreprise produisait alors de la pâte, de l'huile et du tourteau d'arachide, du beurre de karité, du savon de toilette et de ménage ainsi que de la pâte dentifrice.

Suite à sa privatisation en 1995, elle devint Société Nouvelle Huilerie et Savonnerie CITEC (SN Citec) et centralise aujourd'hui ses activités sur l'huilerie et la savonnerie.

Ses activités d'huilerie s'articulent autour de la production d'huile raffinée végétale obtenue à partir de graines de coton (20 000 tonnes par an) et la production de co-produits que sont le tourteau (36 000 tonnes par an) et l'aliment de bétail (24 000 tonnes par an).

En ce qui concerne l'activité savonnerie, SN Citec a une capacité de production de 11 000 tonnes de savon de ménage par an. Fabriqué à partir de corps gras végétaux dont un minimum de 10 à 15% de beurre de karité, ce savon est obtenu par un procédé de saponification en discontinu et une chaîne de finition.

De part ses installations et le développement de ses activités, la SN Citec joue un rôle socio-économique important au Burkina Faso en employant 400 travailleurs permanents et plusieurs centaines de journaliers bénéficiant d'une large couverture sociale.

La protection de l'environnement est une autre priorité de la société. Ainsi, d'importants investissements ont été réalisés pour le recyclage et le traitement des déchets et des eaux usées.

Constamment à l'écoute des besoins du marché et de ses partenaires, et pour assurer sa pérennité, la société a mis en place un plan stratégique qui devrait permettre d'améliorer la production, de diversifier les conditionnements des produits et de conquérir de nouveaux marchés sous régionaux porteurs.

« Il existe d'énormes possibilités de développement dans le domaine du coton. »
Bintou Diallo, Directeur Général

SN SOSUCO (SOCIÉTÉ SUCRIÈRE DE LA COMOÉ)

Michel Goffe
Directeur Général
BP 13 Banfora
Tél : +226-20-880018/19
Fax : +226-20-880438
Représentation : BP 79 Ouagadougou
Tél : +226-50-3067.12
Email : snsosuco@fasonet.bf

Champ de Canne à sucre exploité par le SN Sosuco

Activité : Production de sucre
Capital : 6.031.050.000 FCFA (Sucre participation 52%, Etat Burkinabé 28%, Etat Ivoirien 10,72%, SOMDIAA 06,05%, Privés Burkinabés 03,23%)

La nouvelle Société sucrière de la Comoé, en abréviation SN SOSUCO est une Société anonyme d'économie mixte dont le siège social est à BANFORA, Province de la COMOÉ. Elle a essentiellement pour objet la culture de la canne à sucre, la fabrication du sucre blond ou blanc en granulé et en morceaux, le conditionnement et la vente de sucre sur le marché et à l'exportation, la valorisation des sous produits soit par la vente en l'état sur le marché, local et à l'exportation soit par la transformation, l'expérience de nouvelles cultures.

Grâce à la construction des barrages de Toussiana et de la Comoé qui permettent l'approvisionnement en eau nécessaire à l'irrigation, les résultats agricoles atteignent 90 tonnes à l'hectare pour les 4000 hectares de terres exploitées

L'usine est composée de l'épuration sucrerie, raffinerie et agglomérie. Avec une capacité de broyage de 2400 tonnes de cannes par jour, la sucrerie comprend plusieurs ateliers qui jouent un rôle important dans la production du sucre. La raffinerie possède plusieurs filtres et dispose de produits pour la décoloration du sirop et la production de sucre raffiné. L'agglomérie avec ses deux chaînes Chambon produit le sucre en morceaux à raison de 50 tonnes par jour chacune

Principal pourvoyeur d'emploi après l'Etat, la SN SOSUCO qui compte quatre mille employés permanents, saisonniers et journaliers, prévoit une augmentation de dix (10)% par an de la surface cultivée;une augmentation de broyage de l'usine et une augmentation de la production de sucre de l'usine. La SN SOSUCO a convaincu par son expérience et son savoir faire en remportant le premier prix des journées de la qualité édition 2001.

SOCIÉTÉ BURKINABÈ DES FIBRES TEXTILES (SOFITEX)

Célestin T. Tiendrebeogo
Directeur Général
01 BP 147, Bobo-Dioulasso 01
Tél : +226-20-970024 ou 25
Fax : +226-20-970023
Email : dg@sofitex.bf
Website : www.sofitex.bf

Activités :
- Promotion du développement de la culture du coton et des cultures associées.
- Achat, transport, égrenage du coton graine
- Commercialisation de la fibre et de la graine de coton
- Approvisionnement des producteurs en intrants agricoles
- Promotion directe des fibres textiles

Date de création : 20 Juin 1979
Capital : 38 800 millions de francs CFA (65% pour l'Etat burkinabè, 30% pour l' Union Nationale des Producteurs de Coton du Burkina, 4% pour DAGRIS et 1% pour le Privé)
Nombre d'employés : 4 518 dont 1 386 permanents et 3 132 saisonniers

Depuis la nuit des temps, le coton a toujours été un élément de l'assolement des exploitations paysannes afin de satisfaire les besoins domestiques de cotonnade. Cependant, les besoins industriels nés de la colonisation ont amené à élaborer des stratégies, afin de promouvoir le développement de cette culture, devenue aujourd'hui la principale culture de rente du Burkina Faso. Le coton, en plus de représenter environ 50% du produit intérieur brut et près de 60% des recettes d'exportations de ce pays, s'est également révélé comme étant un véritable levier de développement et de modernisation de son agriculture. En outre, il constitue non seulement un puissant outil de souveraineté et d'autosuffisance alimentaires, mais aussi la principale source de revenus pour les 3 millions de populations rurales qui la cultivent. Malgré la crise qui secoue le secteur cotonnier africain depuis quelques années maintenant, la SOFITEX reste de nos

Aire de stockage de balles de coton fibre de la Société Sofitex qui représente 20 provinces dans l'Ouest du pays.

jours la seule entreprise burkinabè qui distribue plus de revenus que toute autre entreprise publique. Sur les huit (8) dernières années de campagne, elle a en effet contribué pour 1027 milliards F CFA (1,565 milliards d'euros) à l'économie nationale du Burkina avec entre autres 620 milliards F CFA (945 millions d'euros) de revenus servis aux producteurs et 111 milliards F CFA (169 millions d'euros) au Trésor public. C'est dire combien cette Société, reconnue comme « Première Société Cotonnière du monde » par des structures internationales de renom telles que le Comité Consultatif International du Coton (C.C.I.C.), contribue d'une part au développement socio économique du Burkina Faso, et d'autre part, à la réduction de la pauvreté .

« Nous avons la meilleure qualité de coton de la région, car il est propre et de très bonne couleur. En sommes, un coton qui répond à toutes les normes exigées dans ce domaine. Nous sommes reconnus dans le monde entier non seulement pour cette vertu, mais aussi parce que nous sommes capables de produire notre coton et de le distribuer en temps réel, grâce aux nombreux ports d'embarquements .Par ailleurs, que ce soit des banques Internationales telles que HSBC ou la BNP, ou des banques locales comme la BIB ou la SGBB, nombreuses sont les institutions financières qui nous font confiance. »

Célestin T. Tiendrebeogo, Directeur Général

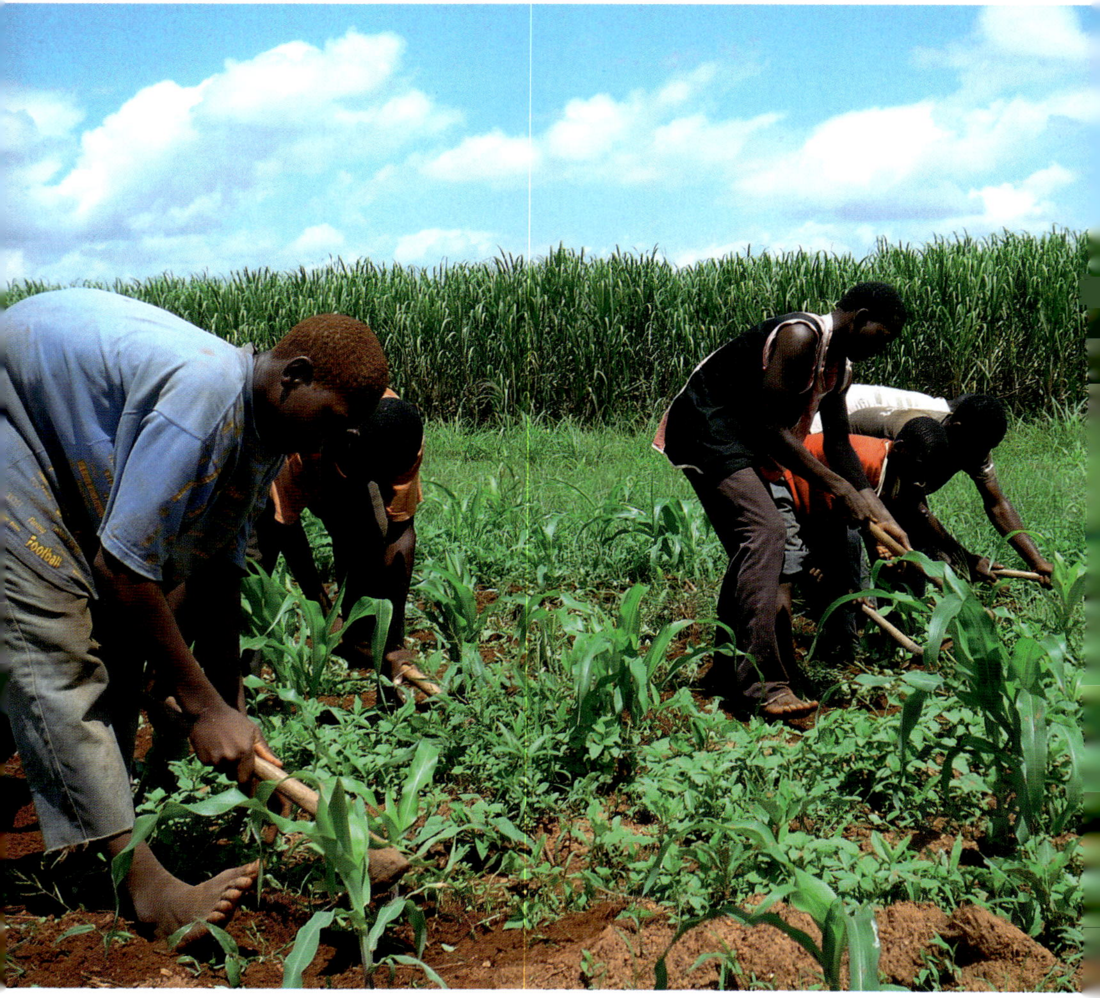
Football

BÂTIMENT, TRAVAUX PUBLICS & HABITAT

On ne peut forer un puit en un jour
Proverbe du Burkina Faso

INFRASTRUCTURE ROUTIÈRE

En 2000, le Burkina Faso a adopté deux programmes majeurs faisant de l'infrastructure routière une priorité de développement : le programme sectoriel des transports (PST II) et la stratégie nationale de transport rural (SNTR). En terme de financement, le coût cumulé des deux programmes est estimé à 1182,052 milliards de FCFA par le ministère en charge des infrastructures et du désenclavement.

Depuis 2000, au total 473,237 milliards de FCFA ont été engagés dans ces programmes et la part des bailleurs de fonds sur ce montant s'élève à 74,28%, soit un total de 351,508 milliards de FCFA. Au cours de la période 2000-2008, le niveau d'exécution est estimé satisfaisant dans l'ensemble. En effet, le réseau routier a progressé de 9495 Km en 2000 à 15272 Km en 2008.

Au nombre des réalisations, on peut retenir le bitumage de 998,38 Km de routes, la construction de 481,45 Km de pistes desservant les chefs-lieux de département. Il faut également compter avec la réhabilitation et l'entretien périodique de nombreuses routes, ce qui a permis de renforcer le dispositif routier national.

A l'horizon 2010, au titre des travaux des différents corridors, figure l'achèvement de six (6) grands chantiers routiers et au titre de la fluidité des grands centres urbains, la réalisation de sept (7) échangeurs à Ouagadougou et à Bobo Dioulasso.

En ce qui concerne la réalisation des sept échangeurs à Ouagadougou et à Bobo Dioulasso, il est à noter qu'un premier échangeur dans le quartier Ouaga2000 est achevé et déjà fonctionnel. D'ici 2010, les échangeurs de la porte de l'Est et de la porte de l'Ouest, à Ouagadougou, dont les travaux sont en cours sur financement japonais, chinois et burkinabè, seront achevés. Pour ce qui concerne les quatre échangeurs restant, dont celui à l'entrée de la Ville de Bobo Dioulasso, l'heure est toujours à la recherche de financement et les travaux ne pourront être exécutés qu'après 2010.

A propos du projet de construction d'une autoroute reliant Ouagadougou et Bobo Dioulasso, l'étude de faisabilité qui a démarré en 2006 pour un délai de 12 mois, a été suspendue pour diverses raisons. Cette étude est en instance de redémarrage et sera suivie d'une étude technique détaillée financée sur le budget de l'Etat.

En résumé, le besoin de financement pour la réalisation de toutes ces infrastructures d'ici à la fin 2010, se chiffre à 107,363 milliards de FCFA.

HABITAT

CONTEXTE

Au Burkina Faso, le taux d'urbanisation est passé successivement de 6,4 % en 1975 à 12,7 % en 1985, puis à 15,5 % en 1996. En l'an 2006, ce taux est estimé à 20,3 % et pourrait atteindre 35 % à l'horizon 2026. Ces taux d'urbanisation tels que présentés sont parmi les plus faibles de la sous-région.

C'est dire que le plus grand nombre de ménages vivent dans le milieu rural où l'habitat est caractérisé par la prédominance des constructions de type traditionnel. Dans les villes, l'habitat a subi une mutation, passant du type traditionnel au type moderne du fait des échanges internationaux et de l'influence occidentale ayant introduit de nouveaux matériaux de construction.

La demande en logement est en hausse permanente. Pour les deux principales villes, à savoir Ouagadougou et Bobo Dioulasso, les besoins sont estimés respectivement à 8000 et 6000 unités de logements par an. Si «le pays des hommes intègres» a le plus faible taux d'urbanisation, il faut cependant noter qu'il détient le taux de croissance de la population urbaine le plus fort de la sous région. La croissance spontanée et non maîtrisée des centres urbains produira invariablement des travers sociaux préjudiciables au développement harmonieux de l'ensemble du pays.

Pour ce faire, le Ministère en charge de l'Habitat et de l'Urbanisme, qui a pour missions la planification et la maîtrise du dév oppement des centres urbains, l'aménagement et la gestion de l'espace urbain, la mise en

L'échangeur de la porte de l'Est en construction

oeuvre d'une politique nationale du logement, est dans la nécessité de trouver une stratégie d'approche des questions urbaines en vue de réunir les conditions d'émergence d'un développement urbain durable.

Le champ d'action du Ministère Burkinabé de l'Habitat et de l'Urbanisme est balisé depuis le 14 juillet 2008 avec l'adoption de la Politique Nationale de l'Habitat et du Développement Urbain, assortie d'un plan d'action. Cette politique consacré au secteur de l'habitat, qui fait du Burkina le deuxième pays, dans la sous région, à en disposer après le Mali, se veut un outil précieux à même d'ouvrir l'ère d'une urbanisation maîtrisée, génératrice de bien être sociale pour les populations.

Le secteur de la construction et de la planification urbaine est en pleine expansion dans le pays.

C'est ainsi que de grands projets urbains comme l'extension de la zone Ouaga 2000, l'aménagement de la Zone d'activités diverses (ZAD) et la construction de la Zone d'activités commerciales et administratives (ZACA) sont mis en chantier.

LES GRANDS PROJETS ET CHANTIERS

LES PROJETS DE LA SONATUR

La société est issue de la fusion du Projet OUAGA 2000 et du Fonds de l'Habitat dont elle a hérité des patrimoines évalués à plus de 11 milliards F. CFA. La SONATUR est sous la tutelle technique du Ministère de l'Habitat et de l'urbanisme. La Société Nationale d'Aménagement des Terrains Urbains a pour missions principales l'acquisition et l'aménagement de terrains urbains, ainsi que la production et la commercialisation de parcelles viabilisées. Le volet construction est laissé entre les mains de promoteurs privés ou publics de l'Habitat. Les principaux projets de la SONATUR sont :

• le site de Ouaga 2000: ce site comprend 7610 parcelles à usage d'habitation, 697 parcelles à usage commerciale et 72 parcelles à usage communautaire. Ouaga 2000 est située à la périphérie Sud, à une dizaine de kilomètres du centre ville et comporte, entre autre, de nombreuses villas haut standing, le Centre international de conférence, la salle polyvalente et la salle des banquets, l'hôtel et le centre commerciale Laico, ainsi que la nouvelle présidence. Le projet Ouaga 2000 est donc destiné à répondre aux besoins exponentiels de la capitale et à terme, il fonctionne comme une entité urbaine autonome disposant de tous les équipements et services nécessaires.

• Le site de BOBO 2010 qui comprend 2000 parcelles est implanté au quartier Colma, à l'extrémité Nord de la ville de Sya, sur l'axe Bobo-Faramana et s'étend sur une superficie totale de 1 200 000m2. La première phase d'aménagement s'est déroulée entre avril et décembre 2007 a concerné plus de 265 ha et coûté plus de 1,9 milliards de FCFA. Ce projet permettra de moderniser la capitale économique du Burkina en donnant un coup de jeune à l'architecture et en améliorant les conditions de vie des populations en y incluant des espaces verts, des cliniques, des lycées,...

• Le site de GARANGO: ce site comprend 1537 parcelles à usage d'habitation, 83 parcelles à usage commercial, 4 parcelles à usage communautaire.

• du site de OUAHIGOUYA: 1000 parcelles
• du site de BOUSSE: 1000 parcelles
• du site de ORODARA: 1000 parcelles

PROJET ZACA

La première action qui a jeté les bases de la Zone d'Activités Commerciales et Administratives, en abrégé ZACA, est le projet de reconstruction du marché central de Ouagadougou. En effet, en août 1985, le CNR (Conseil National de la révolution) décida de reconstruire le marché central de Ouagadougou dans une architecture moderne. Au regard du standing du marché dont la reconstruction s'acheva en 2009, il avait été jugé nécessaire de réaménager la zone d'environnement direct du marché pour créer un ensemble harmonieux. Cette idée évoluera avant même sa mise en oeuvre pour prendre la forme plus globale de zone commerciale qui intègre une étendue plus large.

A côté de cette zone commerciale, le CNR dans le souci d'aménager et d'embellir l'environnement direct de l'aéroport international de Ouagadougou situé au Sud-Est de ladite zone, a crée la cité An IV A. Cette cité est aménagée à l'extrémité sud de l'Avenue Kwamé N'Krumah. Elle comportera le long de cette avenue des Immeubles à 3 niveaux avec des boutiques au rez-de-chaussée et des appartements aux étages.

Perspective d'ensemble du projet ZACA

Groupement G2 Conception - A&C - JLP

La zone ZACA en plein réaménagement

Sur cette avenue qui va de la cité An IV A pour rejoindre le Rond Point des Nations Unies en traversant la zone commerciale se développera dès lors une dynamique qui est celle des centres des affaires. Fort d'un développement immobilier qu'il a impulsé à travers le fonds de l'habitat, l'Etat aura alors l'idée d'une zone d'activités commerciales et administratives qui englobera la zone commerciale déjà en exécution et la cité An IV A.

Le conseil des Ministres en sa séance du 5 septembre 1990, au titre du secrétariat d'Etat à l'habitat et à l'urbanisme a adopté le KITI portant création de la ZACA qui est un complément à la zone commerciale d'une bande de terrain de 199 m de large centrée sur l'Avenue Kwamé N'Krumah en intégrant la cité AN IV A. La ZACA ainsi créée, connaîtra une extension dix années après pour donner une Zone actuelle d'une superficie d'environ 200 ha. Pour participer à la mise en oeuvre du Schéma Directeur d'Aménagement et d'Urbanisme (SDAU) du " GRAND OUAGA" de la ville de Ouagadougou, il a été adopté par décret, lors du conseil des ministres du 02 novembre 2000, la création d'un Projet d'aménagement de la Zone d'Activités Commerciales et Administratives dénommé "Projet ZACA".

Ce projet qui se réalise aujourd'hui aura le mérite de soigner l'image de la ville de Ouagadougou afin qu'elle réponde au mieux à sa belle renommée de capitale africaine de la culture et du cinéma. Sur le plan économique ce projet fera de ''OUAGA la coquette'' une ville productrice de richesses. En effet, si les phases antérieures du projet, notamment les indemnisations des ex-résidents et la réalisation des voiries et réseaux divers, ont connu plusieurs coups de freins, le boulevard semble résolument ouvert pour la réalisation des immeubles. Selon les responsables du projet, ''la zone sera un véritable chantier d'immeubles en 2010''.

PROGRAMME 10 000 LOGEMENTS SOCIAUX

Le Programme quinquennal du chef de l'Etat à son axe 3 a mis un accent particulier sur la construction de logements sociaux. Le jeune Ministère de l'Habitat et de l'Urbanisme qui entend jouer pleinement sa partition dans « le progrès continu pour une société d'espérance » concrétise la volonté du chef de l'Etat à travers un vaste programme de construction de logements sociaux.

Le logement social est un logement économique dont la construction est subventionnée par l'Etat, afin de le rendre accessible aux personnes à revenus modestes.

Le Programme logements sociaux est un programme pluriannuel conçu sur le court, moyen et long terme. Il devrait, à terme, offrir aux populations, à un coût réduit, 10 000 logements décents. C'est donc une production de logements à grande échelle qui vise, à long terme, à maîtriser la problématique du logement aussi bien dans les centres urbains que ruraux.

La première tranche de ce vaste programme comprend au total 154 logements dont 144 en matériaux normés et 10 en matériaux locaux. Il convient de souligner que ce lot de 10 unités de logements en matériaux locaux constitue un test dont les résultats permettront d'évaluer la rentabilité économique, le confort thermique et les écarts de coût afin de mieux répondre à la demande de logement en constante augmentation.

Né d'une volonté politique d'offrir des logements décents aux personnes de toutes catégories socioprofessionnelles, le Programme 10 000 logements sociaux est entièrement financé par l'Etat. La première tranche, d'un coût global de 1 024 000 000 FCFA est financée à hauteur de 75 % par la Banque de l'Habitat du Burkina (BHBF) et 25 % par le Centre de Gestion des Cités (CEGECI). (Tous les deux sont des structures de l'Etat.). Cette phase pilote a été une réussite avec la remise officielle des clés aux 144 bénéficiaires le 12 juillet 2008. Le programme se poursuit avec la construction d'autres cités dans les villes de Ouagadougou, de Bobo Dioulasso, de Koudougou, et de Fada N'Gourma. Au titre de l'année 2009 deux autres villes notamment Ouahigouya et Dédougou sont bénéficiaires de deux paquets de logements sociaux.

PRINCIPALES ENTREPRISES

2IE (INSTITUT INTERNATIONAL D'INGÉNIERIE DE L'EAU ET DE L'ENVIRONNEMENT)

Paul Ginies
Directeur Général
01 BP 594, Ouagadougou 01
Tél : +226-50-492810
Fax : +226-50-361586
Email : paul.ginies@2ie-edu.org
Website : www.2ie-edu.org

Activité : Ecole d'Ingenieur
Date de création : 2006
Nombre d'employés : 50

Le développement des pays africains passe par la disponibilité de ressources humaines maîtrisant les technologies clés, notamment dans les secteurs de l'eau, de l'environnement et des infrastructures. Les politiques d'investissement se heurtent, dans la plupart des pays africains, à un manque de personnel qualifié capable de coordonner et de mettre en œuvre les projets à l'échelle locale.

L'Institut International d'Ingénierie de l'Eau et de l'Environnement (2IE) a pour vocation de former des ressources humaines compétentes, focalisées sur l'innovation et l'esprit d'entreprise (Bachelor – Master Doctorat) et destinées à soutenir le développement du continent africain dans ses diversités de genres linguistiques et culturelles, dans une stratégie de complémentarité et de subsidiarité avec les institutions africaines d'enseignement supérieur de formation et de recherche.

Le 2IE ambitionne de devenir une référence et un centre d'excellence sur le continent, reconnu au niveau international en tant qu'institut de formation et de recherche dans les domaines de l'Eau, l'Environnement, le Génie Civil et l'Energie. Devant la demande croissante en personnel africain qualifié, 2IE a démarré en 2005 un ambitieux programme de déploiement de ses activités. L'Agence Française de Développement l'accompagne dans sa démarche.

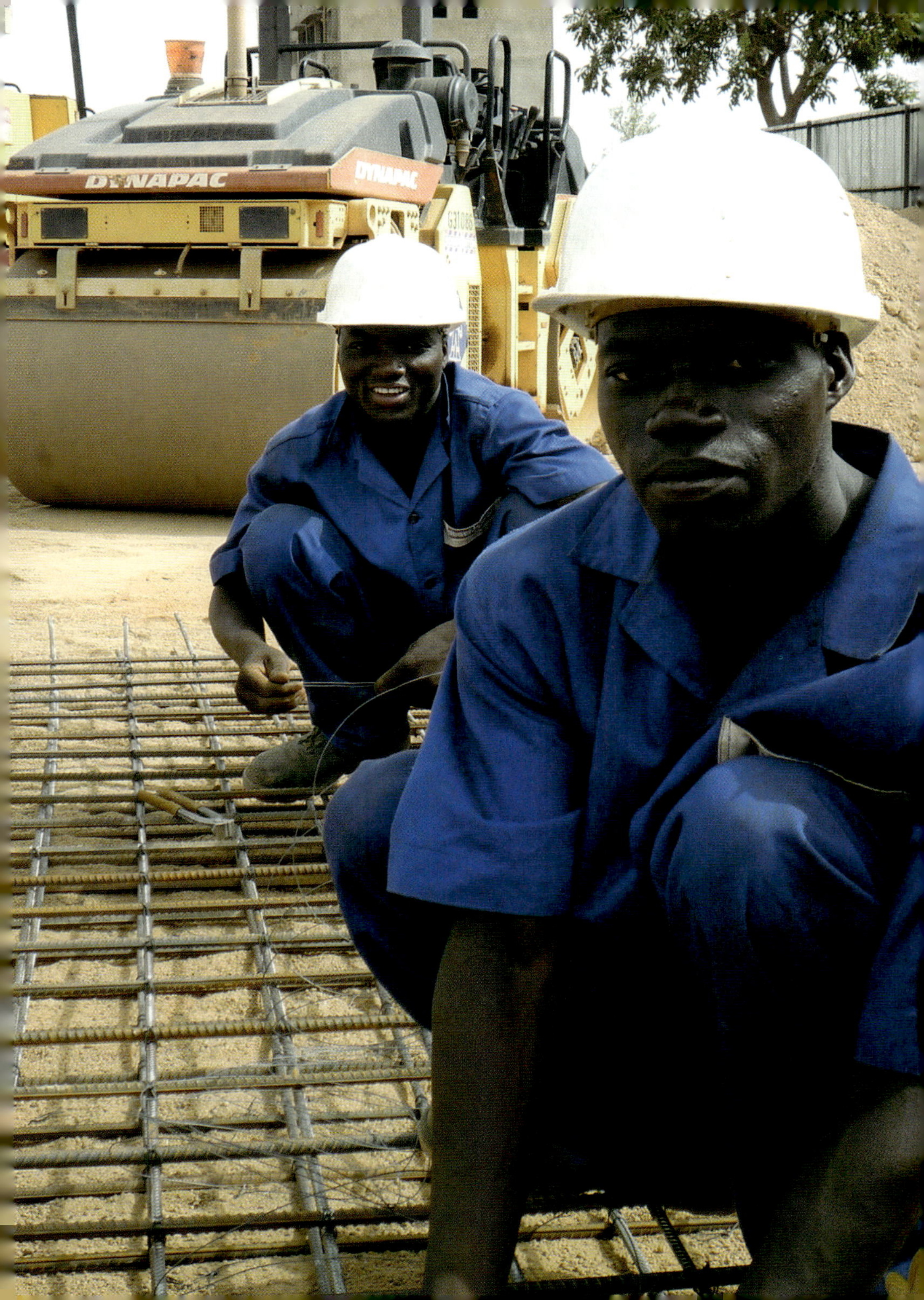
DYNAPAC
DYNAPAC
G31085

L'objectif est de renforcer la qualité et le nombre de cadres techniques africains et permettre ainsi d'accélérer le développement dans les secteurs de l'eau, de l'énergie, des infrastructures et de l'environnement.

Le projet vise à accroître les capacités d'accueil et de formation des étudiants et à améliorer la qualité des formations et de la recherche. Il prévoit la construction de nouvelles infrastructures scientifiques, socio-éducatives, pédagogiques et d'hébergement ainsi que la réhabilitation des dispositifs existants pour faire de 2IE une plateforme scientifique et technologique de niveau international. L'amélioration de la qualité se traduit par l'achat d'équipements de laboratoires, le développement des niveaux Masters et Doctorats, la mise à niveau du personnel, le rapprochement avec les entreprises et la construction d'un centre de documentation.

2IE pourra accueillir 1000 étudiants en 2011 (contre 320 en 2007) et jusqu'à 1800 étudiants en 2015. L'Institut formera des diplômés, issus de plus de 30 pays dont 20% de filles qui s'intègreront rapidement dans les entreprises avec des niveaux de rémunération attractifs.

Accrédité en avril 2009 pour 6 ans par la Commission des Titres d'Ingénieurs (CTI), l'Institut 2IE est la première formation africaine d'ingénieurs officiellement reconnue en France et dans l'Union Européenne.

ATP (AFRICAINE DE TRAVAUX PUBLICS)

Mahamadi Savadogo
Président Directeur Général
Avenue Kwame N'Krumah, Residence AZIZ,
01 BP 1348, Ouagadougou 01
Tél : +226-50-313355
Fax : +226-50-300877
Email : groupe.smaf@fasonet.bf
Website : www.atp.bf

Activité : Construction / BTP
Date de création : 1996

Dans le domaine des bâtiments et Travaux Publics, le renforcement des capacités des structures nationales est une nécessité face aux innombrables chantiers à exécuter au plan local et sous-régional. La création de l'Africaine des Travaux Publics au sein du Groupe SMAF International au cours de l'année 2006 se positionne dans cette dynamique.

Le management de l'entreprise est basé sur des facteurs clés tels que la qualité de l'ouvrage, la qualité du service, la sécurité du personnel sur chantier. Afin d'atteindre ses objectifs de qualité dans ses présentations, ATP s'est doté du matériel approprié et performant, et du personnel hautement qualifié et expérimenté composé d'ingénieurs, de gestionnaires, de techniciens et d'équipe de maintenance.

Elle exerce partout au Burkina Faso les métiers complémentaires du bâtiment, du génie civil, des travaux hydrauliques. Dans le domaine du bâtiment, ATP est en mesure de réaliser des bâtiments culturels et religieux, des monuments nationaux, des bureaux, des bâtiments scolaires, des bâtiments fonctionnels tels que les hôpitaux et cliniques, des bâtiments industriels tels que les usines de productions. En ce qui concerne le génie civil, ATP intervient pour la réalisation des routes revêtues et non revêtues, des barrages et des retenues d'eau, des ponts. Le domaine de l'hydraulique n'est pas en reste car ATP visera essentiellement la réalisation des réseaux d'adduction en eau potable AEP, des réseaux d'assainissement et d'eaux pluviales et eaux usées, des stations de traitement, d'épuration des eaux usées.

BETRA

Alexis Kaboré
Directeur Général
06 BP 9765, Ouagadougou 06
Tél : +226-50-360076
Fax : +226-50-360076
Email : betra@fasonet.bf

Activité : Construction et aménagement
Date de création : 1995
Nombre d'employés : 30

Fondée en 1995, la jeune entreprise Betra est un modèle de réussite dans le domaine du BTP au Burkina Faso.

Après avoir suivi une formation de géomètre topographe et réalisé des études hydro-agricoles pour différentes ONGs, Alexis Kaboré, le fondateur de Betra, s'est illustré en exécutant des travaux divers touchant autant le domaine du BTP que la construction de routes ou encore des aménagements hydro-agricoles.

Parmi sa large palette de réalisations, on peut citer la construction de logements, d'un bâtiment pour l'usine Hajjar, la réalisation d'ouvrages de retenue d'eau, l'entretien de routes en terres (Fonds d'Entretien Routier du Burkina – FER-B), un petit barrage dans l'est du pays à Fada, des travaux routiers et des ouvrages d'art pour le compte de la Sonabel, la construction d'entrepôts sous douane pour DHL et SDV, ainsi que divers travaux pour le Ministère de l'Agriculture ou les établissements scolaires de la Commune de Ouagadougou.

Parmi ses perspectives de développement, Betra compte renforcer son cœur de métier, à savoir la construction de routes et l'aménagement de barrages, deux domaines dans laquelle elle excelle et où elle pourrait déployer la pleine ampleur de ses capacités.

Par ailleurs, la réputation de Betra va bien au-delà des frontières du Burkina Faso. En effet, elle a été récompensée au mois de février 2009 par le prestigieux prix Arch of Europe du BID (Business Initiative Direction) pour la qualité reconnue de ses ouvrages. Ce prix international de qualité qui s'appuie sur la charte QC100 récompense chaque année des entreprises du monde entier qui se sont distinguées par l'excellence de leurs réalisations.

Enfin, Betra a été sélectionnée dans le cadre du programme pilote CDE-Bruxelles, en collaboration avec l'Institut 2IE. Ce programme a pour but de fournir aux contructeurs de routes les outils nécessaires au renforcement de la capacité dans la conduite opérationnelle de leurs sociétés.

« Le Burkina Faso est avant tout une terre d'accueil, une terre humaine peuplée d'hommes travailleurs et honnêtes. Nous attendons les investisseurs à bras ouverts car tout est à faire, c'est une terre en devenir. »
Alexis Kaboré, Directeur Général

COGEB INTERNATIONAL S.A.

Moctar Mando
Administrateur Général
1660 Bvd du Général Charles De Gaulle
29-02, Ouagadougou
Tél : +226-50-362061
Fax : +226-50-369040
Email: info@cogeb.net
Website: www.cogeb.net

Activité : Travaux publiques, aménagements urbains, Génie civil
Date de Création : 1993
Nombre d'employés : 148

Fondée en 1993, la COGEB est aujourd'hui devenue une des principales entreprises de travaux publiques du Burkina Faso.

Après plus de 15 ans d'activité la compagnie n'a cessé d'accroître ses activités et a notamment réalisé de nombreux projets au Burkina.

On citera entre autre l'aménagement de canaux primaires à Bobo-Dioulasso, l'aménagement du Boulevard présidentiel à Ouaga 2000, l'aménagement de l'aire de recasement des commerçants du marché central à l'hippodrome de Ouagadougou, l'assainissement en Zone A de Ouaga 2000 et prolongement de l'Avenue Pascal ZAGRE, la construction d'un ouvrage de franchissement sur le Fleuve Sirba (affluent du Fleuve Niger), le pont multiple à poutres isostatiques de 06 travées de 16 m chacune, la construction d'un pont dalle en béton armé à 04 travées dont 02 de 12 m et 02 de 18 m, ou encore les travaux d'aménagement des bretelles de l'échangeur de Ouaga 2000, et tout récemment les travaux de voirie - Drainage dans les arrondissements de Nongr-Massom et de Signoghin.

La COGEB est aujourd'hui un groupe avec plusieurs activités, outre les travaux publiques gérés para COGEB BTP, le groupe possède une branche logistique avec la COGEB logistique, des activités minières avec COGEB carrière, et enfin le forage avec GOGEB forage.

Monsieur Mando, l'administrateur général du groupe, expliqua à l'équipe d'eBizguides que l'objectif du COGEB pour les prochaines années était de consolider ses activités, après la formation du groupe en 2008. Afin de pérenniser l'entreprise après un investissement très important.

« Le Burkina Faso est un terrain vierge et fertile pour les affaires, le climat est très positif en ce moment, nous recommandons aux investisseurs intéressés de venir voir par eux même, ils ne seront pas déçus. »
Moctar Mando, Administrateur Général

EBOMAF (ENTREPRISE BONKOUNGOU MAHAMADOU ET FILS)

Mahamadou Bonkoungou
Président Directeur Général
10 BP 13395, Ouagadougo
Tél : +226-50-372383
Fax :+226-50-372466
Email : dgebomaf@fasonet.bf
Website : www.ebomaf.com

Activité : Construction / BTP
Date de création : 1989

L'entreprise EBOMAF (Entreprise BONKOUNGOU Mahamadou et Fils) est une société anonyme au capital de 300 millions de FCFA. L'entreprise est spécialisée dans les travaux de terrassement, de canalisations et de travaux de construction de bâtiments. L'objectif d'EBOMAF est de réaliser ses chantiers au meilleur tarif, dans le respect des délais imposés, avec une qualité toujours améliorée.

Conscient des enjeux en matière des travaux publics au Burkina, EBOMAF s'est donné les moyens en s'équipant en matériels lourds de dernière génération capables de répondre à toutes les exigences du métier. En effet, l'entreprise dispose de plus de 70 bennes, de 6 autobétonières, de bulldozers et chargeurs, d'un semi remorque citerne à eau, d'une niveleuse, d'un concasseur primaire et secondaire, d'une centrale d'enrobé,…

Ce matériel a permis à EBOMAF de réaliser des projets très remarqués au pays de hommes intègres, parmi eux : le projet ZACA, la présidence du Faso à Kosyam, le bitumage de certaines rues de Ouaga 2000 avec la SONATUR, ainsi que les travaux de l'aérodrome de Fada N'Gourma qui concerne la reprise de la piste d'atterrissage, la construction de l'héliport et d'un parking pour avion.

La bonne exécution de leurs chantiers repose essentiellement sur la qualité de ses ressources humaines : une équipe pluridisciplinaire compétente et motivée, ce qui a valu à Ebomaf la distinction du plus grand employeur au Burkina en 2008 du Ministère de la Jeunesse et de l'Emploi.

GROUPE FADOUL (SOCIÉTÉ FADOUL TECHNIBOIS / SOGETEL)

Georges Fadoul
Directeur Général
01 BP 218, Ouagadougou 01
Tél : +226-50-343534
Fax : +226-50-343414
Email : info@grcupefadoul.com

Activité : BTP
Création : 1969
Nombre d'employés : 2000
Capital :2 000 000 000 FCFA

Société Fadoul Technibois

Elle compte parmi les plus importantes entreprises générales du BTP au Burkina Faso. Ses domaines d'interventions s'étendent sur : le Génie civil, les Travaux publics et Construction, la Voirie, le Terrassement, le Gros – Œuvre, la Menuiserie industrielle, le Mobilier, les Ascenseurs, les Ouvrages d'art.

Son expertise en matière de grands travaux n'est plus à démontrer. Ses réalisations techniques en nombre et en qualité le prouvent, et influent positivement sur le développement économique et social du Burkina Faso.

A son actif des réalisations telles que : le Palais des Sports, la Route Ouaga – Koungoussi, l'Echangeur de l'Ouest, le Château d'Eau de Kua, etc…

A l'instar de la Société FADOUL Technibois, il y a la SOGETEL.

Sogetel

SOGETEL s'est faite une solide réputation en matière d'électricité, notamment pour la haute tension. Ses domaines d'intervention sont le Câblage, l'Installation électrique, le Transformateur et les Armoires électriques, la fourniture et l'installation de groupes électrogènes.

GROUPE HAGE

Joseph Hage
Président Directeur Général
263, Avenue Bassawarga Secteur 1 rue 01, Ouagadougou
Tél : +226-50-306828
Fax : +226-50-308651
Website : www.groupehage.bf

Activité : Construction / BTP
Date de création : 1975

En 1975 ont été créé les Etablissements HAGE Joseph. De 1990 à 1992, l'entreprise créa 2 sociétés : EMETAL avec pour activité la production de fers à béton et HAGE MATERIAUX avec pour activité la commercialisation des matériaux de construction. Suite au rachat de la Société Industrielle Burkinabé de Peinture, Colles et Colorants (IBPC) en 1994 et de la société d'état togolais SOTO-TOLES qui devient la NOUVELLE SOTOTOLES en 1995, la compagnie créa le GROUPE HAGE (HAGE MATERIAUX ; HAGE METAL ; IBPC et NOUVELLE SOTOTOLES) en 1997.

Continuant sa stratégie d'investissement, le groupe racheta et réhabilita en 1999 l'usine de production de carreaux du Burkina Faso l'Ex-SONACAB qu'ils dénommèrent CERAMIX, puis la Société Industrielle d'Acier du Bénin (SIAB). En 2002, afin de regrouper les activités

Généralement plusieurs entreprises de BTP unissent leurs efforts pour réaliser les échangeurs

Il y a de nombreuses entreprises dans le marché de la construction de route

industrielles de HAGE METAL, EMETAL et IBPC, fut créé HAGE INDUSTRIES. Ce n'est qu'en 2007 que le groupe créa GECIBAT S.A (Génie Civil et Bâtiment) qui regroupe les activités de bâtiment et de Travaux Publics.

Le Groupe HAGE opère et construit son avenir autour de quelques valeurs opérationnelles fortes : d'abord une exigence de qualité et de fiabilité du service client nourrie par un effort continu de formation des équipes et de modernisation des équipements et installations ; un style de management qui encourage l'esprit entrepreneurial et les initiatives afin d'apporter aux marchés de nouveaux produits, services et les innovations qu'ils attendent ; une profonde connaissance des marchés et des pays, qui garantit aux clients, la qualité et la pérennité du service rendu.

Le Groupe HAGE maintient un savoir-faire professionnel aux meilleurs standards internationaux et offre à ses clients une expérience unique de gestion sur les marchés qu'il sert. Ascenseurs, acier, carreaux, faux plafond, climatiseurs, le groupe offre un vaste choix de plusieurs références de produits et de marques connues et reconnues.

A ce jour, outre la contribution fiscale des sociétés du Groupe HAGE dans les économies du Burkina Faso, du Togo et du Bénin, le Groupe contribue également à créer, à maintenir et développer de nombreux emplois. L'effectif actuel est de 1400 emplois pour les trois pays, pour un volume d'investissement total de l'ordre de 20 milliards de FCFA en Afrique de l'Ouest.

SOGEA-SATOM (VINCI CONSTRUCTION)

Jean-François Gajac
Directeur d'exploitation
ZI de Gounghin,
01 BP 571, Ouagadougou 01
Tél : +226-50-342831
Fax : +226-50-343191
Email : jean-francois.gajac@vinci-construction.com
Website : www.sogea-satom.net

Activité : Construction / BTP
Date de création : 1960
Nombre d'employés : 250

VINCI Construction Filiales Internationales est l'une des entités de VINCI Construction, leader en France et mondial du BTP. L'activité de VINCI Construction Filiales Internationales se répartit entre 3 grandes zones géographiques : l'Allemagne et l'Europe centrale, l'Afrique, les Dom-Tom et réunit un ensemble de compétences dans les métiers du bâtiment, des travaux publics, des travaux hydrauliques et des services. Les entreprises qui la composent se caractérisent toutes par leur immersion dans les cultures et problématiques locales et une culture de management commune qui assure la cohésion d'ensemble.

Sogea-Satom regroupe les activités permanentes en Afrique de VINCI Construction Filiales Internationales. L'ensemble des 25 pays où l'entreprise est présente rassemble plus de 9 000 collaborateurs sur l'ensemble des métiers du BTP et a réalisé un CA pour l'année 2008 de plus de 600 millions d'euros qui peut être réparti à 60%

Un des immeubles en construction à Ouaga 2000

à la construction de routes, 20% au Génie civil, 15% à l'hydraulique et 5% au bâtiment.

Sogea Satom est présent au Burkina Faso depuis plus de quarante ans. Depuis déjà dix ans, l'entreprise travaille sur le projet Ziga pour lequel elle a réalisé une partie de la construction du barrage, ainsi que la mise en œuvre de 11 châteaux d'eau. L'ensemble de ces infrastructures sont vitales pour alimenter la ville de Ouagadougou et accompagner son développement.

La répartition des activités de l'agence est très fluctuante en fonction des marchés décrochés. En 2007, l'activité s'est essentiellement concentrée sur la construction de routes, avec les projets reliant Bobo-Dioulasso à Boromo et Ouagadougou à Koupéla. L'année suivante, Sogea-Satom s'est focalisée sur la construction de l'échangeur Est qui a permis d'introduire deux solutions techniques jusqu'alors inexistantes dans le pays : l'utilisation de béton précontraint et de murs de soutènement en terre armée.

En 2009, SOGEA-SATOM s'est vu attribuer entre autres projets, la construction en groupement avec un partenaire de la route reliant Kombissiri à la frontière du Ghana qui permettra par la suite de relier Ouagadougou à Accra.

L'agence SOGEA-SATOM de Ouagadougou est durablement implantée au Burkina Faso et travaille systématiquement avec de la main d'œuvre locale dans un objectif constant de formation des ressources humaines.

« Il ne faut pas avoir de crainte de venir investir et de s'investir au Burkina Faso. Il existe de formidables opportunités, principalement dans les domaines de l'énergie et de l'environnement. »
Jean-François Gajac, Directeur d'exploitation

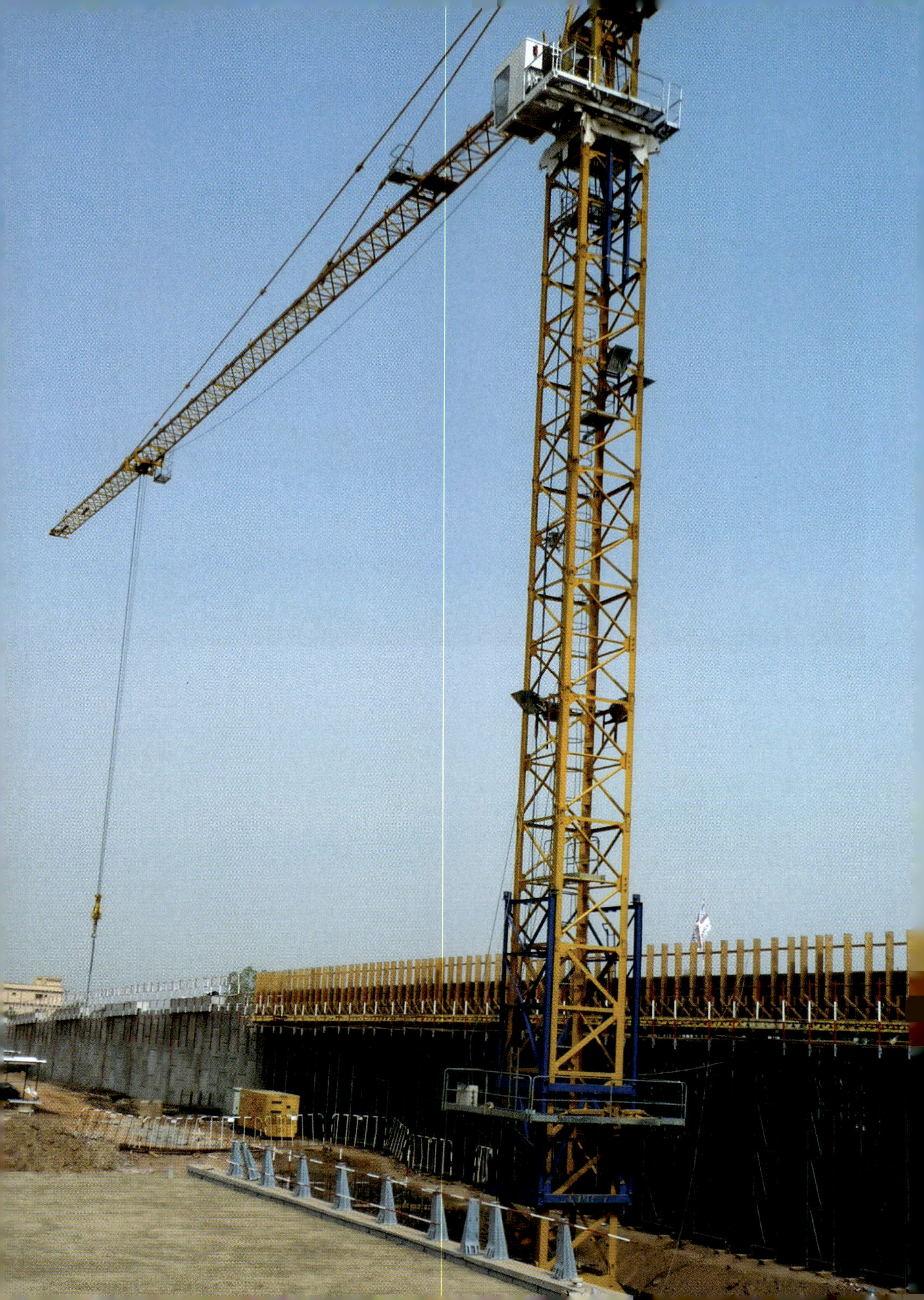

COMMERCE & INDUSTRIE

S'asseoir sans rien faire n'ôte pas l'épine du pied
Proverbe du Burkina Faso

INDUSTRIE

L'industrie manufacturière burkinabé se structure globalement autour de 58 entreprises en 2003 et de 83 en 2007. Durant cette période (2003-2007), le secteur industriel burkinabé est entré de plain-pied dans l'union douanière au sein de l'UEMOA (effective depuis le 1er janvier 2000) et a subi fortement les conséquences de la crise socio-politique ivoirienne. Malgré un renchérissement des coûts de transports, les industriels burkinabés ont montré entre 2003 et 2007 de grandes facultés d'adaptation et d'initiative.

Dans le détail, l'industrie burkinabé se présente entre 2003 et 2007 comme une structure oligopolistique où quelques grandes entreprises, constituées majoritairement en sociétés anonymes (SA) ou sociétés à responsabilité limitée (SARL), ayant pour la plupart au moins 5 ans d'âge, concentrées dans les industries agroalimentaires, du caoutchouc et du plastique, chimique, de la construction mécanique, du métal et de la fabrication métallique, et du textile, sont localisées essentiellement à Ouagadougou et Bobo-Dioulasso.

Ces entreprises concentrent également la majorité du capital des entreprises industrielles, augmentent leurs investissements, utilisent des matières premières tant locales que non, supportent des coûts élevés de facteurs de production dominés par l'électricité et les produits pétroliers, vendent surtout sur le marché national et hors UEMOA.

Les performances de l'industrie burkinabé, cernées par l'emploi (effectifs employés), le chiffre d'affaires et la valeur ajoutée sont appréciables. Elles découlent de son caractère oligopolistique qui laisse entrevoir des profits substantiels pour les entreprises industrielles.

Une analyse intra sectorielle de l'industrie burkinabé permet de mettre finalement en évidence les principales branches industrielles quant aux différents indicateurs et d'apprécier approximativement leur compétitivité.

LES BRANCHES D'ACTIVITÉS

Les entreprises industrielles, objet de l'enquête, au nombre de 58 en 2003, sont passées à 83 en 2007; l'évolution a été surtout marquée par la création de nouve-

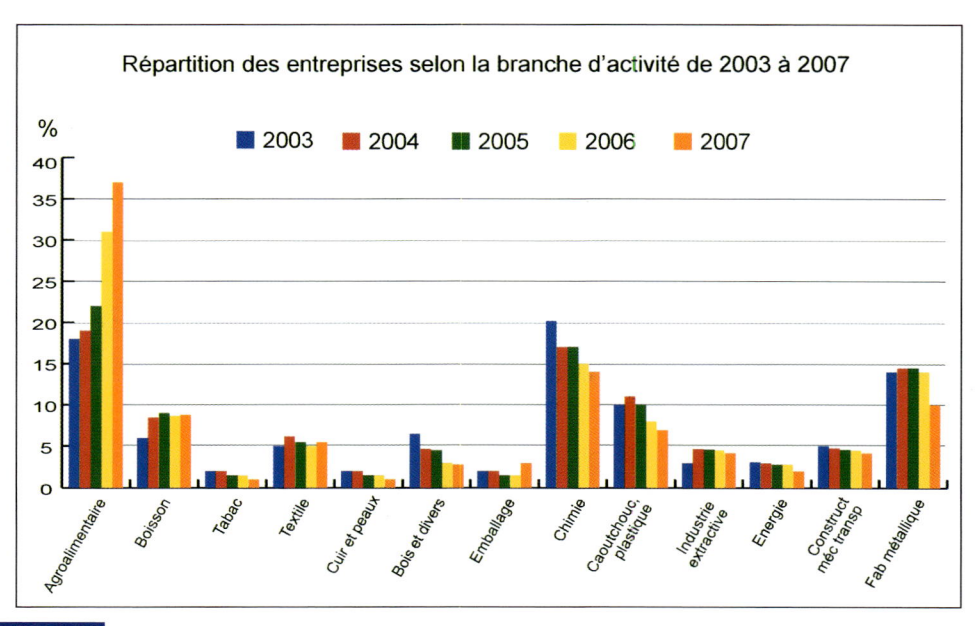

Répartition des entreprises selon la branche d'activité de 2003 à 2007

lles unités dans le domaine de l'industrie agroalimentaire avec l'ouverture de petites unités de production d'huile alimentaire.

Comme on le voit sur le Graphique ci-dessous, les branches d'activité où se concentrent les entreprises industrielles burkinabé sont l'industrie agroalimentaire (18% en 2003 et 37% en 2007), suivie de l'industrie chimique (21% en 2003 et 13% en 2007), de la fabrication métallique (13% en 2003 et 10% en 2007), du caoutchouc et plastique (11% et 5%). Le tabac et le carton d'emballage ferment la queue avec chacun 1% aussi bien en 2003 qu'en 2007.

Il faut signaler pendant la même période, la fermeture (ou arrêt d'activité) de certaines entreprises telles que les GMB (réouvert en 2006), Jossira (arrêt d'activité), SIB, SIBAM, Sofib savonnerie. D'autres ont fusionné pour donner une seule entreprise courant 2007 ; il s'agit de CBTM, Métal Burkina, JAAL et Faso fûts qui ont donné Groupe Métal 5.

RÉPARTITION DU CAPITAL PAR BRANCHE D'ACTIVITÉS

Le secteur de l'énergie à lui seul a absorbé 58% du capital total investi en 2003. La part de ce capital a régulièrement régressé pour se situer à 47% en 2007, grâce à l'apparition de nouvelles entreprises. Il est suivi de l'agroalimentaire dont la part a régressé de 14% en 2003 à 10,5% en 2007 malgré la création de nouvelles unités de production d'huile alimentaire. Vient ensuite le textile qui a connu une progression allant de 8% en 2003 à 16% en 2007 grâce à la création de deux nouvelles unités que sont FASO COTON et SOCOMA.

La concentration du capital au niveau des grandes entreprises va avec sa concentration au niveau des branches, eu égard au fait que les industries d'énergie, agroalimentaires, textiles, boisson et chimiques représentent respectivement en 2003 et 2007, 57,5% et 46,1% ; 13,8 % et 10,7% ; 8% et 15,3% ; 7,1% et 9,1%; 4,5% et 3,7% du capital total de l'ensemble des entreprises.

On notera que le capital dans l'agroalimentaire a connu une régression de 2% probablement lié à la fermeture de Jossira Industries; par contre, ceux des cuirs et peaux et du textile ont connu une progression de 174% et 140% tandis que le caoutchouc, la chimie, l'énergie et le tabac sont restés presque stationnaires.

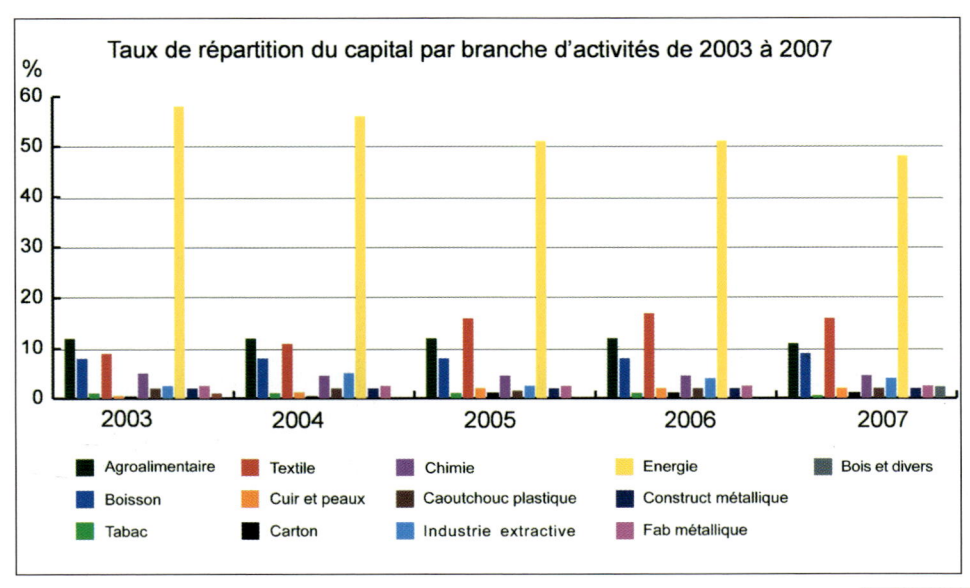

LES INVESTISSEMENTS

Les investissements sont surtout le fait des 10 plus grandes entreprises des industries agroalimentaires, du caoutchouc, du plastique et du textile, qui investissent au moins un milliard de francs CFA par an. Leur part dans les investissements totaux est de 84% en 2003 et 90% en 2007.

Les investissements sont répartis en trois groupes à savoir :
• les investissements annuels,
• les investissements totaux (la valeur totale des immobilisations),
• les investissements dans les équipements de production (la valeur totale des équipements de production).

Les nouveaux investissements annuels ont évolué de 15.217.863.310 F CFA en 2003 à 35.948.483.000 en 2007. Ils ont connu une augmentation régulière jusqu'en 2006 avant de baisser de plus de la moitié en 2007. Par nouveaux investissements, il faut comprendre les nouvelles réalisations, les extensions, les remplacements des équipements ou des modifications réalisées par les entreprises déjà existantes.

Les investissements totaux ont quant à eux, évolué de 495.514.743.065 F CFA à 671.206.554.660 F CFA de 2003 à 2007, soit une progression de 35,5% due essentiellement à l'implantation de nouvelles unités donnant ainsi un investissement total moyen par entreprise de 8.543.357.639 F CFA en 2003 et de 8.086.825.960 F CFA en 2007.

Pendant la même période, il a été observé au niveau de la valeur des équipements de production, une évolution de 208.144.435.621 F CFA à 288.845.783.345 F CFA avec un taux de progression de 38,8%. Les investissements moyens par entreprise dans les équipements de production sont de 4.980.099.713 F CFA en 2003 et de 3.588.697.166 F CFA en 2007.

Le volume moyen des investissements totaux par entreprise est resté stable entre 2003 et 2007, et s'explique probablement par la création de nouvelles unités de petite taille (les petites huileries).

Le nombre des entreprises qui ont un investissement supérieur à dix milliards de francs est stationnaire tandis que celles qui investissent entre cent millions et un milliard croissent avec un taux moyen de près de 50% passant de 27 en 2003 à 40 en 2007.

LES VENTES ET LES EXPORTATIONS

En valeur des ventes totales, trois zones de vente se dégagent: le Burkina pour 61 %, zone UEMOA pour 4% et les pays hors de l'UEMOA pour 35 %.

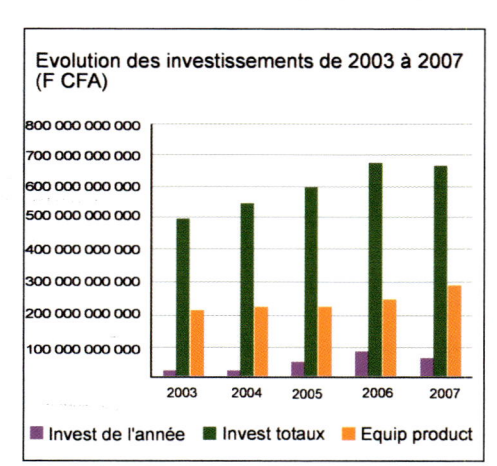

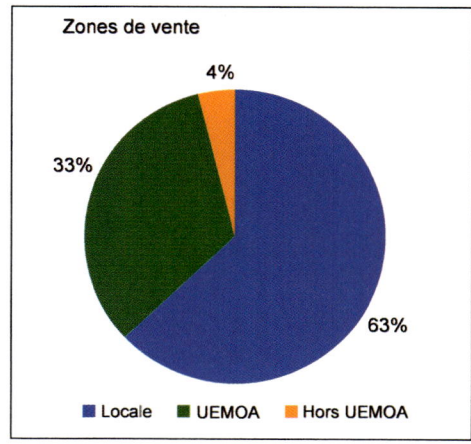

Diamond Cement a une capacité de production de 200 000 Tonnes de ciment par an

En majeure partie, les produits sont vendus localement; avec 61% des ventes totales, nous pouvons avancer que l'industrie burkinabé est essentiellement constituée d'industries de bien de consommation. La consommation locale annuelle est de l'ordre de 60% sauf en 2004 où elle a connu une régression de 3% au profit des exportations.

En vente globale, le textile vient en tête avec 34%, suivi de l'énergie avec 14%, de la boisson (11%), de l'agroalimentaire (9%), des cuirs et peaux (7%), du métal et de la chimie (6% chacun) puis du tabac (5%).

ETAT DES EXPORTATIONS

Ainsi, les branches d'activité pourvoyeuses de devises sont :
- Le textile
- Le bois et divers
- Le cuir et peaux

Les ventes de l'industrie textile, essentiellement destinées à l'extérieur, sont à la base de cette situation qui laisse croire que les entreprises industrielles burkinabé exportent une grande partie de leur production. L'industrie textile qui représente 27 % des ventes totales en 2003 et 37 % en 2007 avec une moyenne de 33% sur les cinq années et qui totalise un petit nombre d'entreprises, effectue en moyenne 95 % de ses ventes hors du Burkina. A l'inverse, l'industrie agroalimentaire qui représente 8 % des ventes totales en 2003 et 12 % en 2007 et qui regroupe le plus grand nombre d'entreprises, réalise ses ventes à plus de 90 % au Burkina. De fait, outre les entreprises textiles, la seule entreprise véritablement exportatrice est Tan-Aliz, dans les cuirs et peaux.

Par conséquent, le marché intérieur et celui hors UEMOA sont les principaux débouchés pour les entreprises industrielles burkinabé. Elles n'arrivent pas à accaparer une part importante de marché dans l'espace UEMOA,

2007

- 37% Textile
- 6% Tabac
- 12% Boisson
- 7% Industrie extractive
- 14% Energie
- 2% Caoutchouc et plastique
- 8% Fab métallique
- 2% Construct mécanique
- 5% Chimie
- 6% Bois et divers
- 1% Cuir et peaux

Légende :
- Textile
- Cuir et peaux
- Bois et divers
- Chimie
- Construct mécanique
- Fab métallique
- Caoutchouc et plastique
- Energie
- Industrie extractive
- Boisson
- Tabac

Etat des Exportations

- 96% Textile
- 2,3% Cuir et peaux
- 2,3% Bois et divers
- 0,1% Caoutchouc et plastique
- 0,1% Agroalimentaire

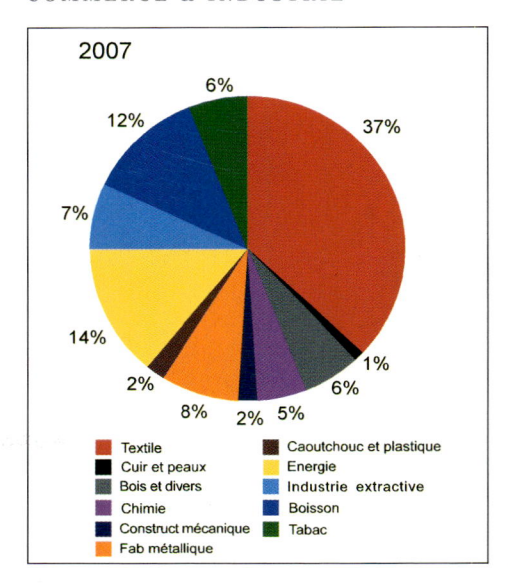

malgré les dispositions communautaires (avantages de la TPC). Il en est de même pour le marché de la CEDEAO pour lequel quelques entreprises burkinabé ont agréé leurs produits (Annexe 37). Certes la plupart des branches exportent dans l'UEMOA, mais les valeurs restent encore faibles.

Sur 413.238.586 258 FCFA de ventes totales en 2003 et 546.572.424.700 FCFA en 2007, seulement 20.255.225.088 FCFA sont réalisées dans l'UEMOA en 2003 et 20.900.645.750 FCFA en 2007. Pour les mêmes années, les ventes locales sont de 256.209.577.732 et 345.733.932.936 FCFA, et les ventes hors UEMOA de 136.773.784.000 FCFA et 179.937.846.084 FCFA. Les ventes totales étaient de 252 679 807 701 FCFA en 2002, dont 144 004 970 316 FCFA de ventes locales, 9 595 129 385 FCFA de ventes UEMOA et 99 079 708 000 FCFA de ventes hors UEMOA.

Les ventes totales sont ainsi en hausse depuis 2002 : 35,12 % de 2002 à 2003, 32,3% de 2003 à 2007 et 17,06 % en moyenne entre 2003 et 2007. Mais, les ventes dans le marché de l'UEMOA sont en baisse en 2004, comparativement à celles de 2003. Ce détournement de trafic se fait au profit du marché hors UEMOA où les ventes sont en hausse en 2004 en raison des bonnes performances de l'industrie textile.

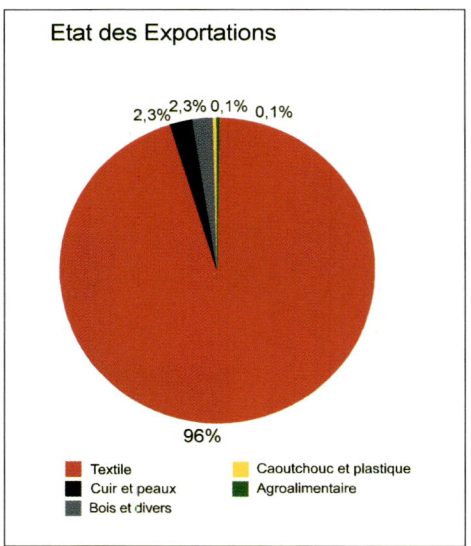

CONCLUSION

La structure de l'industrie burkinabé, le comportement et les performances des entreprises burkinabé entre 2003 et 2007 montrent une industrie moderne, dynamique, concentrée tant du point de vue des branches d'activités, de la localisation, du capital, des investissements, de la production, des effectifs employés, du chiffre d'affaires et de la valeur ajoutée. Les entreprises industrielles burkinabé ont adopté les formes juridiques les plus modernes (SA et SARL) et font preuve d'un certain dynamisme à l'égard de leur âge moyen (14-15 ans) résultant d'entrées nouvelles et du maintien d'anciennes, dans une conjoncture internationale difficile. Localisées essentiellement à Ouagadougou et Bobo-Dioulasso, elles opèrent principalement, pour environ 90 % d'entre elles, dans les industries agroalimentaire, du caoutchouc et plastique, chimique, de la construction mécanique, du métal, de la fabrication métallique ou textile. Les différents indicateurs les concernant se présentent comme suit entre 2003 et 2007 :

Tant pour le capital, les investissements, la production, les effectifs employés, la masse salariale, le chiffre d'affaires et la valeur ajoutée, on observe une concentration au niveau des plus grandes entreprises qui représentent généralement plus de 70 à 80 % des effectifs totaux ou valeurs totales. S'agissant de la propriété du capital, les investisseurs privés nationaux ont une présence remarquable avec plus de 41 % des entreprises dont ils détiennent le capital à 100 % et plus de 20 % en association avec le privé étranger.

En raison de la très grande valeur des matières premières de l'industrie textile, le Burkina apparaît comme la principale source d'approvisionnement en matières premières : 49 % en 2003 et 54 % en 2007 de la valeur totale des matières premières utilisées par les entreprises industrielles provient du Burkina. Cependant, en terme de nombre d'entreprises, le Burkina est la deuxième source d'approvisionnement : 56,89 % des entreprises en 2003 et 75,9 % en 2007 s'approvisionnent au Burkina, contre 68,96 % en 2003 et 48,19 % en 2007 pour les pays hors UEMOA, et 36,20 % en 2003 et 32,53 % en 2007 pour les pays de l'UEMOA.

Les coûts des facteurs de production sont dominés à plus de 99 % par les produits pétroliers et l'électricité. Les ventes sont effectuées principalement sur les marchés burkinabé et hors UEMOA (en raison des exportations de l'industrie textile), le marché de l'UEMOA restant encore à conquérir. En terme d'emploi, l'industrie représente moins de 10 % à l'emploi global, tandis que pour la valeur ajoutée, sa contribution est en légère hausse, passant de 2,9 à 3 % entre 2003 et 2007.

L'industrie burkinabé reste oligopolistique et finalement peu compétitive, en dehors de l'industrie textile, posant la nécessité d'améliorer sa contribution à un meilleur positionnement du Burkina Faso dans le commerce extérieur.

Indicateurs	2003	2004	2005	2006	2007
Nombre d'entreprises concernées	58	62	68	72	83
Capital investi	82 617 930 000	87 911 930 000	95 562 850 000	95 536 850 000	99 939 170 000
Investissements totaux	495 514 743 065	552 379 108 003	599 745 598 581	674 955 909 452	735 055 820 591
Valeur des équipements de production	208 144 435 621	228214457041	226143624234	246703389789	289458251345
Effectifs	18 433	19 439	18 311	18 763	17 863
Masse salariale	31 784 725 160	34 639 582 742	34 874 134 355	36 967 000 287	37 393 877 565
Consommation d'énergie électrique	7 859 930 515	7 622 930 882	8 194 059 300	10 047 358 787	10 905 543 772
Consommation d'eau	1 102 120 280	1 172 459 794	1 110 695 464	966 122 707	818 940 774
Consommation de produits pétroliers	23 950 932 653	24 462 074 995	27 991 179 140	33 913 558 763	39 120 590 585
Production	343 457 320 206	345 703 879 546	396 321 088 800	490 807 311 899	430 983 986 517
Ventes totales	413 238 586 820	413 386 482 467	432 260 084 851	498 754 739 120	546 572 424 770
Vente à l'exportation	136 773 784 000	163 995 098 000	146 394 740 295	172 909 616 295	179 937 846 084
Chiffre d'Affaires	426 193 439 416	478 576 598 203	493 262 149 093	554 514 550 718	521 097 856 638
Valeur Ajoutée	64 697 708 608	67 897 048 413	72 170 068 259	81 894 040 544	88 238 952 696

PRINCIPALES ENTREPRISES

CFAO BURKINA FASO

Edouard Rochet
Président Directeur Général
2280, Boulevard Tansaba KIEMA,
01 BP 23, Ouagadougou 01
Tél : +226-50-498800
Fax : +226-50-371765
Email : erochet@cfao.com
Website : www.cfaogroup.com

Activité : Commerce et Industrie
Date de création : 2005
Nombre d'employés : 250

Appelée auparavant CFAO Burkina, l'entreprise répartit son activité sur 4 pôles : CFAO Motors, CFAO Technology, SIFA et Laborex Burkina. CFAO Motors qui représente à ce jour 60% du chiffre d'affaires du groupe est l'importateur-distributeur exclusif au Burkina Faso, des marques Toyota, Yamaha, Peugeot et Suzuki. Avec ses 110 collaborateurs, CFAO Motors offre également à ses clients un service de location de véhicules avec la carte Avis. En novembre 2008, ils ont inauguré une nouvelle concession automobile à Ouagadougou. D'une superficie de 6 000 m2, cette concession, réalisée selon les meilleurs standards internationaux, a représenté un investissement de près de 3 milliards Francs CFA. Cette nouvelle concession qui est, à ce jour, la plus grande concession d'Afrique de l'Ouest réalisée par CFAO, incarne l'ambition de CFAO en matière de Services. La qualité des infrastructures, les technologies de pointe utilisées, le processus de formation des collaborateurs burkinabés permet d'offrir un service client au niveau des standards internationaux.

CFAO Technologies qui ne représente que 10% du CA du groupe au Burkina Faso, est aussi présent dans beaucoup de pays et fournit entre autre des solutions informatiques, réseaux téléphoniques et ascenseurs.

Situé à Bobo Dialousso, la seconde ville du pays, SIFA produit environ 10 000 cyclomoteurs Peugeot par an, auxquels s'ajoutent 5 000 vélos et 1000 motos. La vente des véhicules est assurée par des distributeurs couvrant l'ensemble du pays.

Enfin Laborex Burkina aussi appelé Cofarmed en Côte d'Ivoire a conclu des accords avec de grands laboratoires

Siège de CFAO à Ouaga 2000

et exerce la fonction de grossiste répartiteur en médicaments dans tout le pays.

Dans l'ensemble des filiales CFAO au Burkina Faso, les collaborateurs bénéficient de la politique de Développement Durable initiée par la CFAO en matière d'éducation et de prévention contre la pandémie du VIH/Sida. En matière d'éducation, les enfants des salariés non-cadres bénéficient de bourses d'études et dans le domaine de la santé, l'ensemble des collaborateurs burkinabés suit le programme de lutte contre le VIH / SIDA animé par une trentaine d'éducateurs.

« Le pays offre une politique favorable à l'investissement dans un cadre relativement stable »
Edouard Rochet, Président Directeur Général

DIAMOND CEMENT BURKINA

Valluri Adinarayana
Directeur Général
01 BP 4898 Ouagadougou 01
Tél : +226-50-336332/34
Fax : +226-50- 33 59 44
Email : dgdcb@fasonet.bf

Activité : Production et distribution de ciment
Date de création : 2002
Nombre d'employés : 300

Diamond Cement Burkina (DCB) est une filiale du groupe West African Cement (WACEM-SA) qui capitalise une solide expérience en matière de fabrication de ciment en Inde et en Afrique notamment au Togo, au Ghana et au Mali. Créé en 1991, le groupe emploie près de 1500 personnes et réalise un chiffre d'affaires annuel de 600 millions de dollars US. Avec six projets en cours d'implémentation, le groupe devrait compter 3 300 employés et réaliser un chiffre d'affaires de 1,4 milliard de dollars à l'horizon 2012.

DCB a été créé en 2002 suite à l'acquisition de la Société des Ciments et Matériaux (Cimat) anciennement gérée par HOLCIM Group. L'entreprise, qui avait une capacité

01 BP 1930 Ouagadougou 01 - Tél. (226) 50 33 63 32/34 - Fax : (226) 50 33 59 44
E-mail : deb@fasonet.bf

de 200 000 TM de ciment par an et n'utilisait que 68% de sa capacité de production avait été obligée de fermer ses portes en 2001. Suite à un programme de réhabilitation massif, l'usine a été remise en service en 2003 pour atteindre 100% de sa capacité au cours de la première année d'opération et 250% en 2008 grâce à l'introduction de nouvelles technologies et machines pour renforcer les structures existantes.

En décembre 2008, pour faire face à la demande en ciment, l'entreprise a mis en place une seconde unité de production avec une capacité additionnelle de 200 000 TM par an, pour atteindre une capacité annuelle totale de 650 000 TM. DCB a investi 1 milliard de FCFA pour financer les premières réalisations du projet.

Le premier objectif d'accroissement de la production ayant été atteint, Diamond Ciment envisage d'installer une usine de clincker (matière première servant à la fabrication du ciment) sur le territoire national, notamment dans la localité de Tambao/Tin Hrassen. DCB devrait démarrer prochainement cette activité dès l'obtention du permis d'exploitation par le Ministère des Mines. Cette opération lui permettrait re réaliser des économies substantielles sur les coûts d'importations de clincker depuis le Togo tout en augmentant la capacité de production pour faire face à une demande croissante.

La politique du groupe s'inscrit dans un programme de développement durable en employant des techniques de minage sûres et qui permettent la culture après exploitation. WACEM est avant tout une entreprise citoyenne et peut être fière d'avoir construit ou réhabilité dix écoles au Togo et au Ghana. DCB prend aussi soin de ses employés en mettant à leur disposition un hôpital et deux bus de ramassage pour faciliter le transport du personnel entre l'usine et le centre-ville.

« Le Burkina Faso est un pays paisible pour faire des affaires. De plus, le gouvernement marque un intérêt tout particulier pour les projets industriels. »
Valluri Adinarayana, Directeur Général

FASOTEX (SOCIÉTÉ DES TEXTILES DU BURKINA SA)

Elie Grand
Directeur Général
Siège : Avenue Maurice Bishop, Immeuble CGP, Ouagadougou
Usine : Koudougou (100km de Ouagadougou)
Tél : +226-50- 441376
Email : fasotextiles@fasonet.bf

Activité : Industrie Textile
Chiffre d'Affaire : CA = 1,3milliard FCFA en 2008
Date de création : 2006
Nombre d'employés : 55 employés et 17 prestataires

Fasotex est une entreprise de l'industrie textile qui a ouvert ses portes en mars 2006, sur le site de l'ancienne unité textile VOLTEX, puis FASOFANI devenue société d'état. VOLTEX, première unité textile, avait été créée en 1970 par le président Mr Sankara. Elle comptait plus de 1 000 salariés et avait une grande capacité de production (dix millions de mètres/an). Elle était divisée en trois unités : une usité de filature, une unité de tissage et une unité de teinture - impression.

Cette société d'état, FASOFANI, a été officiellement liquidée le 7 mars 2000 : elle était soumise à la pression croissante de la concurrence d'entreprises textile et a subi des problèmes de gestion.

La réouverture, sous le logo FASOTEX, est due à la volonté des autorités de relancer les productions locales et l'utilisation du coton burkinabé fragilisé par les cours mondiaux en baisse et ainsi lutter contre la pauvreté par la création d'emplois. Son capital s'élève à 100 millions Francs CFA. Elle est détenue en majorité par la société SAGEDIS International appartenant à un groupe de financiers étrangers et burkinabés. SAGEDIS est une société anonyme de commerce général et de distribution. Le reste des actions est détenu par des propriétaires burkinabés.

Seule la section impression a été remise en route en mars 2006. Fasotex a recherché en premier lieu à rendre cette usine opérationnelle. L'objectif de Fasotex est de reconquérir le marché local en partie tourné vers les productions étrangères (Sénégalaise, chinoise ou indienne…). Pour y parvenir, il fallait développer la production et donc apporter des idées nouvelles au niveau du design de la création. Fasotex est donc passé à l'impression laser et réalise 60 dessins soit 900 pagnes par mois. L'entreprise projette entre autre de s'attaquer au marché des pagnes scolaires sur Bobo-Dioulasso, et Koudougou. Elle souhaite aussi lancer sa gamme de pagnes « ordinaires » : création d'une ligne, de motifs et la vendre au Burkina Faso comme dans ses pays limitrophes.

Le lancement de l'unité de tissage est prévu d'ici 2011 avec la mise en place de 34 tisseurs soit un investissement de plus d' 1,5 milliard de FCFA.

DIACFA (GROUPE FADOUL)

Joseph Fadoul
Directeur Général
01 BP 32, Ouagadougou 01
Tél : +226-50-306297
Fax : +226-50-313353
Email : info@diacfa.com

Activité : Commerce
Création : 1990
Nombre d'employés : 400
Capital : 2 500 000 000 FCFA

DIACFA (Diffusion Industrielle Automobile et Commerciale du Faso), fait partie du Groupe FADOUL et fut créée dans les années 1990 à la suite de l'achat et à la fusion de plusieurs sociétés. A ce jour, le Groupe emploie plus de 17000 personnes sur l'ensemble de ses sociétés basées au Ghana, Côte d'Ivoire, Bénin, Togo, Cameroun, Nigeria, Mali, Congo, Sénégal et République de Centre Afrique. Ses différentes activités ont donné naissance aux divisions Accessoires, Automobile, High - Tech, Industrie, Librairie et Matériaux. Chacune d'elle évolue dans des domaines spécifiques.

DIACFA Accessoires : elle représente des pièces détachées de marques PIRELLI, BOSCH, FACOM, RENAULT TRUCKS, SKF et distribue des accessoires automobiles, des outillages, des pneumatiques, des batteries, des groupes électrogènes et des compresseurs.

DIACFA Automobile : elle est l'un des premiers concessionnaires de voitures au Burkina Faso. Elle distribue de grandes marques comme MITSUBISHI, RENAULT, RENAULT TRUCKS, HYUNDAI, LAND ROVER, et fait de la location de voitures 4X4 et de bus. Elle garantit des services d'entretiens et de réparations ainsi qu'un stock de pièces détachées d'origine.

DIACFA High - Tech : elle propose un véritable partenariat basé sur du conseil personnalisé et sur un suivi dans la durée. Elle représente des marques telles que LG, XEROX, HP, ACER.

DIACFA Industrie : grâce à ses chaînes de montage, elle propose des produits répondant aux normes de qualité internationale à des prix très compétitifs. Elle assure l'assemblage des mobylettes et fabrique des conteneurs cotonniers, des remorques et des semi-remorques.

DIACFA Librairie : professionnel de la papeterie, elle est le distributeur agréé de la marque CANON et de la presse étrangère pour le Burkina Faso. Elle commercialise des copieurs numériques, des rétroprojecteurs, des vidéo projecteurs, des consommables informatiques et des coffres – forts.

DIACFA Matériaux : au fil des années, elle est devenue le partenaire incontournable des professionnels du BTP et un des premiers fournisseurs de matériaux de construction au Burkina Faso. Elle représente les marques BEZALT, JETLY, AIRWELL, GENELEC, BAYARD, PHILIPS. Elle intervient dans la vitrerie et l'aluminium, le matériel électrique et hydraulique, la climatisation, la plomberie, les groupes électrogènes, le profil en acier, les pompes et moteurs.

« Ma vision personnelle est que le Burkina Faso occupe une situation stratégique en tant que plaque tournante de la sous-région. C'est un pays qui se prête au développement d'une Industrie du service ».

Joseph Fadoul, Directeur Général

MEGAMONDE

Nasser Basma
Président Directeur Général
01 BP 6018, Ouagadougou 01
Tél : +226-50-311299 / 317992
Fax : +226-50-311303
Email : nasser@megamonde.com
Website : www.megamonde.com

Activité : Production et distribution de deux roues
Date de création : 1995
Nombre d'employés : 300

Le groupe Megamonde a pour vocation principale la production de 2 roues de la marque « JC ». Créé en 1995 et initialement connu sous la dénomination Etablissements Basma et Frères avant d'être rebaptisé Megamonde en 1998, son capital est détenu à 100% par des actionnaires burkinabè.

Leader incontesté dans la distribution de 2 roues avec 30 à 40% de part de marché, Megamonde produit localement ses motocyclettes à travers son unité industrielle située à Kossodo et emploie aujourd'hui plus de 300 personnes, ce qui le positionne comme l'une des entreprises pourvoyeuses d'emploi au Burkina Faso, grâce à la diversité de ses activités telles que la vente d'équipements électroménagers et de climatiseurs.

Il contribue également à l'essor de l'activité économique du pays en permettant l'amélioration du taux de mobilité de la population active et en offrant des motocyclettes fiables répondant au pouvoir d'achat de cette dernière. Les facilités de paiement offertes aux clients et ses diverses actions de fidélisation lui ont assuré un succès immédiat.

Pour faire face à l'engouement manifeste des consommateurs, la décision est prise en 2002 d'installer l'usine au Burkina Faso pour assembler les motocyclettes JC localement, afin de produire de la valeur ajoutée à travers la création d'emplois durables ainsi qu'une contribution fiscale conséquente. Le groupe n'est pas peu fier de posséder aujourd'hui la plus importante chaîne de montage et le plus gros garage du Burkina Faso.

Depuis l'arrivée des deux roues chinois, les ventes ont explosé

La filiale « Megamonde Distribution » a pour vocation de se rapprocher du consommateur pour mieux le servir à travers un réseau de distribution et des prestations de proximité. Le groupe dispose de 6 agences réparties à Ouagadougou, Bobo-dioulasso et Dori. Megamonde Distribution entend poursuivre sur sa lancée et couvrir les principales villes du pays. Le groupe a initié sa politique d'expansion dans la sous-région avec l'ouverture d'une agence à Bamako (Mali).

Enfin, Megamonde se revendique entreprise citoyenne et responsable : elle réserve chaque année 100 millions de FCFA pour diverses œuvres caritatives et s'est distinguée par des actions sociales remarquables en apportant soutien et dons aux plus défavorisés.

> « Le Burkina Faso est un pays riche de sa culture. L'intégrité du peuple burkinabè et la stabilité politique du pays sont deux facteurs remarquables qui doivent inciter les investisseurs à venir au Burkina Faso pour y faire des affaires en toute sécurité »
> Nasser Basma, Président Directeur Général

PPI (PROJET PRODUCTION INTERNATIONALE) / SINOTRUK / SHANTUI

Patrice Chevalier
Directeur Général
01 BP 2306, Ouagadougou 01
Tél : +226-50-330104
Fax : +226-50-330101
Email : ppibf@fasonet.bf
Website : www.ppi-industriel.bf

Capital : 12 milliards de FCFA pour PPI
6 milliards de FCFA pour Sinotruk et Shantui
Date de création :1988
Nombre d'employés :1300

Projet Production Internationale (P.P.I) est une Société à Responsabilité Limitée (SARL) créée en 1988. PPI est l'un des leaders au Burkina Faso dans le domaine de l'énergie en fournissant, installant et maintenant des groupes électrogènes, des équipements solaires photovoltaïques et des lignes et poteaux électriques. En travaillant seul ou avec la Sonabel, les actions de PPI on permis de fournir l'énergie à plus de 35 villes et villages.

En ce qui concerne le département hydraulique, la société fournit des équipements hydrauliques, des équipements industriels ainsi que tout matériel nécessaire à l'irrigation. En installant plus d'1,8 million de mètres de canalisation, PPI procure de l'eau à plus de 300 villes et villages au Burkina Faso.

PPI travaille en collaboration avec des fabricants et des représentations de renommée internationale exerçant dans leurs différents secteurs d'activités comme SDMO, Total Energie, CE2 A /France, SIEMS SOLAR, SCT ou encore CAP Afrique.

Le Directeur Général, Patrice Chevalier a développé ses activités en 2008. Il est aujourd'hui distributeur exclusif en Afrique de l'Ouest des géants chinois Sinotruk et Shantui. En un an, l'entreprise a importé de Chine plus de 300 machines de travaux publics des deux sociétés : camions, bulldozer, camions bennes,...

> « Les burkinabès sont des gens simple et travailleurs. L'objectif de PPI est de développer au mieux l'accès à l'eau et à l'électricité au peuple burkinabè afin de lui offrir une meilleure hygiène de vie.
> Patrice Chevalier, Directeur Général

SAPHYTO

Franck Damigon
Directeur Général
01 BP 1390, Bobo-Dioulasso
Tél : +226-20-972018/36
Fax : +226-20-971375
Email : franck.damigon@saphyto.bf

Activité : Agrochimie - Production d'insecticides
Chiffre d'affaires : 5 milliards FCFA
Date de création : 1989
Nombre d'employés : 60 permanents et 100 saisonniers

Saphyto est une filiale du groupe Arysta LifeScience EAM présent en Europe avec plus de 10 filiales, en Afrique

COMMERCE & INDUSTRIE

avec 9 filiales et au Moyen Orient avec notamment 2 filiales. Le groupe emploie plus de 660 personnes sur les trois continents.

Elle possède une unité industrielle basée à Bobo-Dioulasso dédiée principalement à la fourniture d'insecticides pour la protection du cotonnier. Ses clients les plus importants sont Fasocoton, Socoma et principalement la Sofitex qui est également actionnaire de la société à hauteur de 35%.

L'activité de Saphyto reste intimement liée à l'avenir du coton au Burkina Faso. L'entreprise se donne pour objectif de fournir des produits adaptés aux besoins des cultures à des prix de marché tout en garantissant un service adapté et performant.

Saphyto compte maintenir sa présence sur le terrain. Malgré un contexte parfois difficile, elle reste optimiste sur les perspectives d'avenir du coton et travaille à trouver la bonne équation entre le prix et la qualité des produits fournis tout en tenant compte des conditions et de l'environnement local.

« L'environnement de travail au Burkina Faso est agréable. Le principal atout du pays réside en l'admirable force de travail de ses hommes. »
Franck Damigon, Directeur Général

SITACI

Chawki ATIE
Président Directeur Général
Rue Raam, Zone Industrielle de Kossodo,
01 BP 247, Ouagadougou 01
Tél : +226-50-357698
Fax : +226-50-357697
Email : info@sitaci.com
Website : www.sitaci.com

Activité : Transformation de l'acier et le négoce de produits métallurgiques

SITACI appartient à un groupe privé, établi et reconnu depuis plusieurs décennies au Burkina Faso. Au fil des générations, l'entreprise familiale a su investir dans de nouvelles branches d'activités et s'adapter aux exigences d'un pays en pleine expansion pour devenir aujourd'hui, l'un des groupes leader sur son marché.

C'est une société spécialisée dans la transformation de l'acier et le négoce de produits métallurgiques (fer à béton, fers marchands, tubes, tôles, poutrelles, profilés, etc...) et propose une large gamme de fournitures et d'outillages destinée aux entrepreneurs du bâtiment et des travaux publics (clous à tôles, pointes, brouettes, pelles, bétonnières, pioches, etc...). Nous avons établi un réseau de relations avec des producteurs du monde entier afin de garantir la meilleure qualité, des prix compétitifs et la plus grande disponibilité de nos produits.

SITACI s'adresse à une clientèle diversifiée et de toutes tailles et offre à ses clients, artisans et entrepreneurs du bâtiment, administrations, collectivités locales, PME et PMI, les produits et les services les mieux adaptés à leurs besoins. Équipée de biens de production neufs, SITACI prend en charge les découpes de pièces aux dimensions et formes d'utilisations demandées, répondant ainsi aux exigences d'un marché en constante évolution.

SONACEB

Godié Lucien Oboulbiga
Directeur Général Adjoint
01 BP 3125, Bobo-Dioulasso 01
Tél : +226-20-972094
Fax : +226-20-970212
Email : sonaceb@fasonet.bf

Activité : Production d'emballages
Date de création : 1989
Nombre d'employés : 17

Présente depuis 20 ans au Burkina Faso et forte d'une capacité installée de 5000 tonnes de cartons, la Sonaceb est une filiale de la Sonaco et du groupe français Rothmans qui compte une trentaine d'entreprises reparties dans le monde entier (Sonaco en Côte d'Ivoire, Sonapack au Ghana)

Sonaceb produit essentiellement des plateaux découpés et des emballages pour les fruits et légumes ainsi que pour les produits de grande consommation tels que les paquets de cigarettes (Mabucig), les huiles, les savons, les jus de fuits Dafani ou encore l'eau minérale Lafi (Brakina).

Sonaceb se donne pour objectif d'améliorer la compétitivité du potentiel d'exportation principalement dans le domaine des fruits et légumes en rendant les produits alimentaires attrayants (mangue et haricots verts pour l'essentiel).

De par son activité, la Sonaceb est le thermomètre de la bonne santé de l'activité économique des acteurs économiques du pays : son volume d'activité est entièrement tributaire de celui de ses clients.

« Il y a de bonnes affaires à faire au Burkina Faso. Il appartient à chaque homme d'affaires de bien étudier tous les créneaux possibles pour investir. Sur le plan politique, il faut reconnaitre que le Burkina perdure dans la stabilité. Sur le plan economique, le pays présente beaucoup d'atouts, notamment dans les secteurs agricole et minier. »
Godié Lucien Oboulbiga, Directeur Général Adjoint

WATAM KAIZER

Pat Ouedraogo
Président Directeur Général
01 BP 4296, Ouagadougou 01
Tél : +226-50- 346331 à 35
Fax : +226-50-346336
Email : info@watam.bf
Website : www.watam.bf

Activité : Production et distribution de deux roues
Chiffre d'affaires : 2,3 milliards de FCFA
Date de création : 2005
Nombre d'employés : 200

Siège de Watam Kaizer

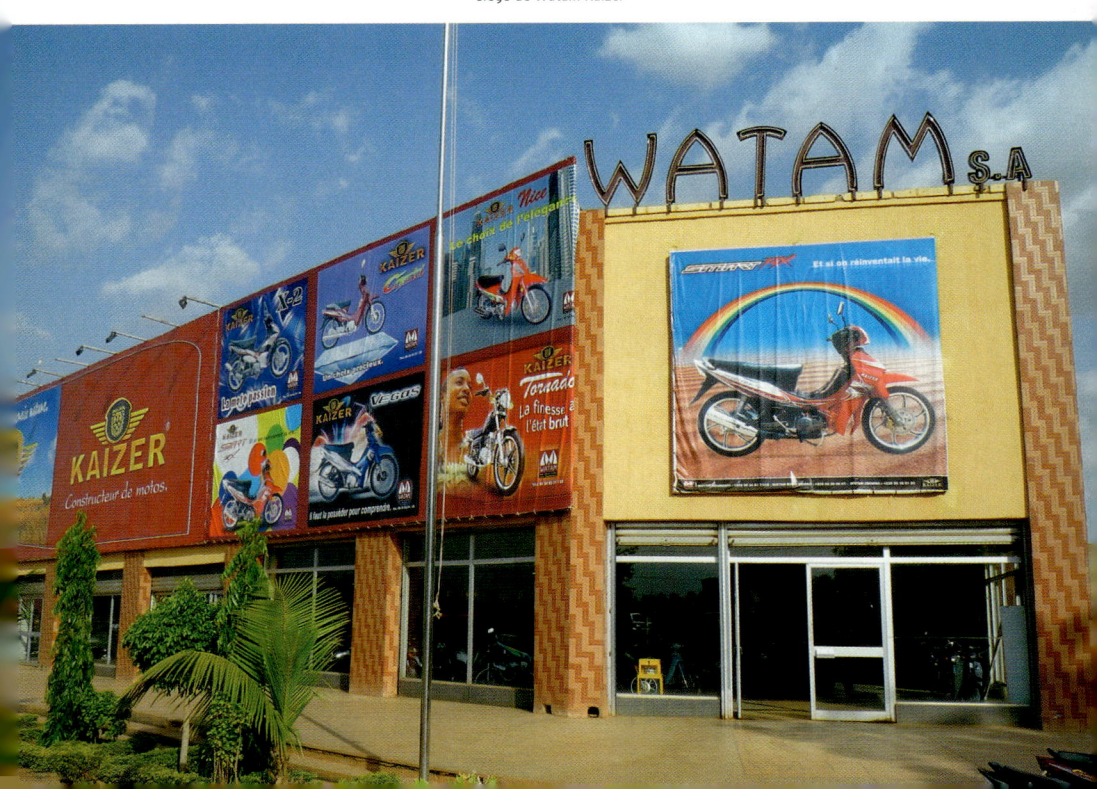

Watam Kaizer une jeune société innovante et dynamique appartenant au dirigeant du groupe Central Trading O.P SA basée à Abidjan. Depuis plus de 30 ans, le groupe CTOP SA opère dans le négoce et la distribution de boissons gazeuses et emploie 500 personnes en Côte d'Ivoire. Ses performances remarquables lui ont permis de se hisser au 58º rang du Top 500 de PME Magazine.

Watam Kaizer a largement profité du savoir-faire et de l'expertise des dirigeants de CTOP SA pour déployer rapidement son activité de montage et de distribution de deux roues face à ses principaux concurrents Megamonde et CFAO. Suite à une analyse pertinente du marché (prix excessifs, absence de services, délais de livraison trop longs), Watam Kaizer a su s'imposer rapidement comme un des leaders du deux roues en réduisant dramatiquement sa marge et en proposant une alternative aux grandes marques. Avec des prix inférieurs de plus de 30% par rapport à ses concurrents, Watam Kaizer a rendu la moto accessible au plus grand nombre.

Forte de sa connaissance du marché local, Watam Kaizer a investi dans une stratégie de marketing et de communication très agressive : elle fut pionnière dans l'offre de modèles d'éditions limitées, de promotions spéciales et a su adapter les modèles et les couleurs de ses produits au goût de la clientèle burkinabè. Elle fut également la première à ouvrir les portes de son show-room de 1000m² et prévoit d'ouvrir prochainement une succursale sur l'avenue Kwamé N'Krumah.

Avec 10 milliards de FCFA d'investissements, une usine de montage située à Kossodo et 10 centres de distribution répartis sur tout le pays, Watam Kaizer est actuellement capable de produire 50 000 unités par an. L'entreprise prévoit de poursuivre l'extension de son réseau de distribution au Burkina mais également dans les pays voisins.

Par ailleurs, le groupe CTOP SA a également pour projet d'investir dans les secteurs émergents de l'eau et du BTP à travers sa filiale SAAT et de diversifier ses activités de distribution dans le but de répondre à une demande croissante en biens de consommation courante de la part d'une population urbaine qui est appelée à doubler dans les prochaines années.

« Le Burkina est un pays vierge habité par un population jeune, friande de nouveauté et ouverte sur l'extérieur. Les conditions de vie ne sont pas aisées mais nous sommes dynamiques, inventifs et créatifs. Malgré le manque de ressources, notre valeur, notre dignité et notre intégrité nous permettent d'avancer. »
Pat Ouedraogo, Président Directeur Général

ÉNERGIE & MINES

Le caillou et l'oeuf ne dansent pas ensemble
Proverbe du Burkina Faso

ÉNERGIE

La situation énergétique du Burkina Faso est caractérisée par une prédominance de l'utilisation des énergies traditionnelles que sont le bois, le charbon de bois, les déchets végétaux et d'animaux, une dépendance très prononcée de leur économie des énergies dites commerciales à savoir les hydrocarbures dont le Burkina Faso n'est pas producteur et l'électricité. Cette situation entraîne une forte pression des produits énergétiques importés sur sa balance de paiement.

En 2006, la consommation énergétique finale du Burkina se répartissait ainsi:
- les énergies traditionnelles pour environ 84%
- les hydrocarbures pour 4%
- l'électricité pour 2%

Au niveau de l'offre d'électricité, une situation défavorable sur le plan hydrologique et l'absence de combustibles fossiles économiquement exploitables, font que 70 à 75% de la production est tributaire des importations d'hydrocarbures avec pour conséquence des coûts de production élevés malgré une subvention de l'Etat de 21 milliards en 2007.

Pour ce qui est des hydrocarbures, l'enclavement du pays et la non découverte jusqu'à présent de ressources pétrolières constituent des contraintes très fortes.

Au niveau des énergies renouvelables, le gisement solaire représente la seule énergie primaire abondante avec un ensoleillement moyen de 5,5 kilowattheure par mètre carré par jour (Wh/m2/jour). L'exploitation de ce gisement dépend de technologies connues et matures mais qui restent encore chères par rapport au niveau moyen de revenu des populations.

Pour le sous-secteur des énergies traditionnelles, le bois et ses dérivés, notamment le charbon de bois, resteront la base de l'approvisionnement en énergie des populations rurales et celle de la grande majorité des populations urbaines ayant des revenus modestes. La croissance démographique soutenue se traduit par un besoin croissant en énergie ligneuse et une pression accrue sur les couverts végétaux.

C'est pour faire jouer pleinement au secteur de l'énergie son rôle moteur dans le développement économique et social que le Gouvernement a créé en Juin 1995 un Ministère en charge de l'Energie. L'évolution institutionnelle intervenue suite à la création d'un ministère en charge des questions énergétiques a permis l'adoption par le Gouvernement, d'une Lettre de Politique de Développement du Secteur de l'Energie (LPDE) en décembre 2000. Les objectifs visés par la Lettre de Politique de Développement du secteur de l'Energie sont les suivants : Atteindre une meilleure organisation du secteur; améliorer la couverture énergétique du pays; appuyer le développement socio-économique du pays; contribuer à la lutte contre la pauvreté.

L'ÉLECTRICITÉ

Depuis l'adoption de la loi de 2004 portant sur l'autorisation de la privatisation la Société Nationale d'Electricité du Burkina (SONABEL), le sous-secteur de l'électricité est organisé en deux segments distincts.

Le premier segment du sous-secteur de l'électricité se compose des localités électrifiées par la Société Nationale d'Electricité du Burkina (SONABEL). Pour ce qui concerne la gestion de ce segment, il a été retenu :
- la transformation de la SONABEL en société fermière avec l'ouverture de son capital de façon majoritaire (> 50%) à un partenaire stratégique de référence ainsi que d'autres partenaires privés tant nationaux qu'internationaux. Des parts seront réservées au personnel de l'entreprise;
- la création d'une société de patrimoine au capital entièrement détenu par l'État burkinabé et qui sera chargée de la gestion des biens du sous-secteur;

Le second segment du sous-secteur de l'électricité se compose de toutes les localités non situées dans le premier segment dont la gestion est assurée ou pourra être assurée par toute structure ayant obtenu une concession (licence) ou une autorisation conformément aux textes en vigueur. La gestion de l'électrification rurale est faite par l'État, les Organisations Non Gouvernementales (ONG), le secteur privé burkinabè et les collectivités territoriales. Le financement est fait au travers du Fonds de développement de l'électrification tel que prévu par les textes.

En 2007 a été adopté une loi portant sur la réglementation générale du sous-secteur de l'électricité au Burkina-Faso. Cette loi codifie la décision du Conseil des ministres de 2004 d'organisation du sous secteur à savoir :
• la libéralisation de la production d'électricité ;
• la transformation de la SONABEL en société fermière avec maintien de ses missions de production, de transport et de distribution d'électricité ;
• l'exploitation du réseau de transport par la SONABEL jusqu'à la mise en place d'une structure autonome en charge des réseaux de transport ;
• la création d'une société de patrimoine et d'un organe de régulation du sous secteur de l'électricité ;
• l'organisation de la base des rapports et des relations contractuelles entre l'Etat, la société fermière, la société de patrimoine et l'organe de régulation ;
• la mise en place d'une commission de suivi de l'exécution de ladite loi qui évaluera entre autres, les conditions de passage éventuel du système d'acheteur central au système d'accès des tiers aux réseaux.

PRODUCTION ÉLECTRIQUE DE LA SONABEL

La SONABEL assure la production de l'électricité, son parc de production comprend 30 centrales thermiques diesels et 3 centrales hydroélectriques. Mis à part le projet de Noumbiel, les sites propices aux grands aménagements ont pratiquement tous été exploités. Une étude menée en 1999 par EDF pour le compte de la SONABEL a identifié 9 sites de puissance comprise entre 14 et 1,6 MW. Mais le prix de revient du kWh produit rend ces sites moins attrayants que leurs aménagements ne prennent en compte d'autres considérations multisectorielles ou stratégiques.

Centrale thermique dans la zone industrielle de Kossodo à proximité de Ouagadougou

	Production 2006	Production 2007	Production 2008
Production énergie thermique	467.728.921	501.295.228	483.468.216
Production énergie hydroélectrique	80.668.451	111.416.699	135.932.318
Energie Importée	139.323.910	123.910.359	135.715.743
TOTAL	687.721.282	736.622.286	755.116.277

Source : SONABEL « Rapport d'activité 2008 »

Suite au effort de production et d'importation de l'énergie fait par la Sonabel, c'est une augmentation de plus de 6% qui peut être remarqué entre 2006 et 2007 et de plus de 2,5% entre 2007 et 2008.

Il est très claire que l'objectif de la Sonabel est de réduire sa production d énergie thermique et d augmenter la production d'énergie hydroélectrique. Des lors, entre 2006 et 2008, la production d'énergie thermique n'a augmenté que de 2,5% contre un peu plus que 40% pour l'hydroélectrique. C'est la bonne pluviométrie qui a permis une production hydroélectrique plus importante. En effet le coût de l'énergie thermique dépendant du prix du pétrole ne peut pas être stable il faut donc la réduire au maximum. Au contraire, l'augmentation de l'énergie hydroélectrique permet d'avoir une maîtrise du coût, et surtout de l'environnement.

Provenance de l'énergie en 2008

- Production énergie thermique : 64%
- Production énergie hydroélectrique : 18%
- Energie Importée : 18%

Source : SONABEL « Rapport d'activité 2008 »

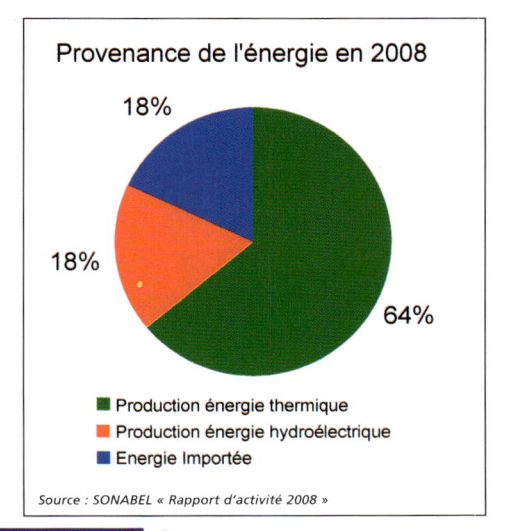

Pour substituer au manque d'énergie produite, le Burkina Faso est dans l'obligation d'importer son électricité. Au total, 98% de cette énergie Importée est en provenance de la Côte d'Ivoire. Le Ghana et le Togo jouent aussi un rôle dans l'approvisionnement des villes burkinabés situées au niveau de leurs frontières.

PERSPECTIVES

Très bientôt, un marché ouest africain de l'électricité sera opérationnel. Le Gouvernement a confiance dans la coopération énergétique sous-régionale et a décidé de maximiser les opportunités qu'offrira un marché régional beaucoup plus large. L'approvisionnement en énergie électrique à moindre coût provenant des pays voisins constitue un volet important de la réforme en cours dans le secteur de l'énergie.

Au plan tarifaire, un organe de régulation sera mis en place en 2008. Il aura entre autre comme rôle la protection des consommateurs.

Pour faire face aux besoins d'électricité du centre régional de consommation de Ouagadougou en attendant la mise en service de l'interconnexion entre Bobo et Ouaga prévu pour fin 2009, 10 milliards ont été programmés dans le budget de l'Etat exercice 2008 pour permettre à la SONABEL de mettre en place 14 MW de puissance thermique supplémentaire.

LES HYDROCARBURES

Pour le sous secteur des hydrocarbures, la situation de hausse continue des prix internationaux des produits pétroliers, plus de 100 dollars le baril actuellement, commande que le Gouvernement travaille à limiter les conséquences qui sont entre autre l'érosion du pouvoir d'achat des ménages, la réduction de la compétitivité des entreprises due à la hausse du coût des facteurs et l'alourdissement de la facture pétrolière de l'Etat.

Par arrêté conjoint n°03-022/MCPEA/MCE/SG/DGE du 01 avril 2003 et n°03-060/MCE/SG/DGE, l'octroi de l'agrément en qualité de distributeur de produits pétroliers et la constitution de réseaux de station services est libéra-

L'interconnexion entre Bobo et Ouaga prévu pour fin 2009 permettra à la capitale d'importer son électricité de Côte d'Ivoire

lisée. Cette ouverture qui visait la disponibilité des produits pétroliers sur l'ensemble du territoire, a permis à plusieurs opérateurs économiques de mettre en place des stations services sur l'ensemble du territoire national.

Le nombre de marqueteurs est actuellement de 21(16 en 2003) et celui des stations services de 302. Toutes les provinces disposent aujourd'hui d'au moins une station service opérationnelle ou en construction.

La mise en œuvre de la loi n° 015-2001 du 04 juillet 2001 portant sur l'autorisation de privatisation de sociétés à capitaux publics dont la Société Nationale Burkinabé d'Hydrocarbures (SONABHY), a permis au Gouvernement d'adopter, lors du Conseil des ministres du 24 mars 2004, les modalités de privatisation de la SONABHY ainsi qu'il suit :
- le maintien du monopole de la SONABHY sur les segments « achat » et « stockage » ;
- l'instauration d'une concurrence effective et la suppression des prix administrés dans le segment des transports ;
- l'instauration d'un régime de prix plafond à la distribution ;
- la création d'un organe de régulation autonome ;
- l'ouverture minoritaire du capital de la SONABHY au privé.

Le processus de mise en œuvre de cette réforme est en cours.

PERSPECTIVES

Le désengagement partiel de l'Etat de la Société Nationale Burkinabè des Hydrocarbures (SONABHY) et l'ouverture de son capital au secteur privé permettront d'améliorer les performances en matière d'approvisionnement et de réduire les prix à la pompe.

Au niveau de la distribution des produits pétroliers, l'émergence de nouveaux opérateurs de distribution permettra de disposer de stations de vente dans de nombreuses localités qui n'en disposent pas actuellement.

En raison de sa condition de pays enclavé, les biocarburants pourraient convenablement faire partie d'un modèle de fourniture plus équilibré et diversifié d'énergie pour le Burkina Faso. Une telle démarche permettra une

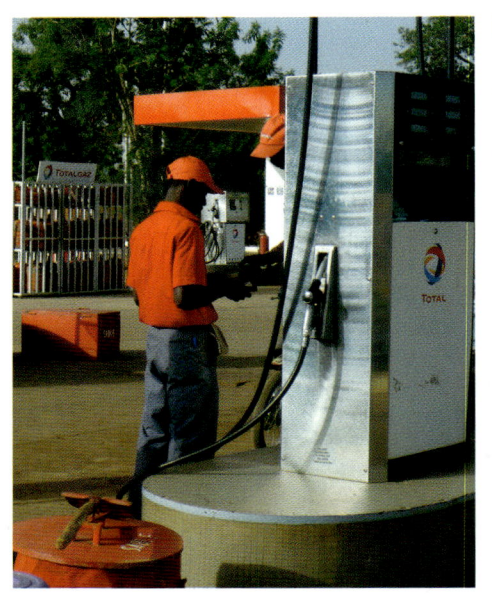

Total est le leader de la distribution d'hydrocarbure au Burkina Faso

réduction des importations, la création d'emplois et de revenus et une réhabilitation de des écosystèmes. Elle sera également source de diversification des cultures de rente.

Une attention particulière sera portée sur la question de l'utilisation des terres pour les cultures énergétiques au détriment de la production alimentaire.

LES ÉNERGIES TRADITIONELLES

Le Burkina dispose aujourd'hui d'un dispositif opérationnel de gestion forestière durable s'appuyant sur les communautés riveraines des massifs forestiers et un système d'approvisionnement en bois durable.

La mise en œuvre de cette démarche de responsabilisation des communautés à la base permettra d'assurer une gestion durable des ressources naturelles et des écosystèmes par l'aménagement de 120 000 hectares de forêts naturelles et la mise en place d'une réglementation plus stricte pour la commercialisation du bois et du charbon de bois.

PERSPECTIVES

Economiquement, la contribution du sous-secteur bois énergie en terme de production de valeur ajoutée monétaire locale est de l'ordre de 6 à 7 milliards de FCFA l'an. Cette contribution pourrait atteindre la valeur de 20 milliards dans 10 ans dans le cadre d'une gestion régulée étendue, tandis que la valeur de substitution en produit d'importation pétrolière de la filière urbaine de bois énergie est estimée aujourd'hui à 30 milliards de FCFA.

Les mesures prioritaires suivantes sont en cours d'exécution:
• la rationalisation de l'exploitation, de la conservation et de la valorisation des formations naturelles de façon à soutenir l'approvisionnement des populations, notamment celles des grands centres urbains en bois de chauffe ;
• la promotion d'une politique de substitution du bois et du charbon de bois par d'autres sources d'énergie.

Ces efforts seront accompagnés par une politique de vulgarisation d'au moins 100 000 foyers améliorés par an et la promotion des énergies de substitution au bois et au charbon de bois.

LES ÉNERGIES RENOUVELABLES ET ALTERNATIVES

Pour les zones peu peuplées, leur accès aux services énergétiques modernes se fera à travers des solutions se basant sur des technologies autres que celles de raccordement au réseau. Pour ces populations, il sera développé des techniques d'accès allant de l'accès aux systèmes photovoltaïques individuels (kits) ou communautaires (équipement des centres de santé, des infrastructures scolaires, des centres de loisirs, des administrations déconcentrées et des communes) à l'utilisation d'autres sources d'énergies renouvelables (EnR) comme par exemple la pico hydroélectricité ou des solutions thermiques utilisant la biomasse.

Des efforts sont également entrepris pour vulgariser l'énergie solaire. Des mesures fiscales communautaires pourraient être envisagées.

Sur le plan des énergies alternatives, des dispositions ont été prises pour la mise place de textes réglementaires pour encadrer la production de biocarburants à partir de produits locaux tels que la graine de coton, le pourghère, le sorgho sucré, etc.

PERSPECTIVES

Si les énergies renouvelables ne représentent qu'une infime partie (quasi négligeable) du bilan énergétique, ce sous-secteur est porteur et peut se substituer en grande partie aux autres types d'énergie comme sources d'énergies propres et disponibles. Les actions programmées au niveau de ce sous secteur seront orientées vers :
- le développement de l'utilisation des technologies en saisissant les opportunités offertes dans le cadre des différentes Conventions issues de Rio et de Kyoto pour initier un vaste programme d'utilisation d'énergies renouvelables;
- la prise de mesures fiscales et douanières favorables pour permettre la réduction des coûts des équipements solaires et les mettre à la disposition des populations ;
- la mise en place des politiques industrielles, de transfert de technologie et de pénétration du marché en matière d'Energies Renouvelables en initiant des projets de promotion tels que l'assemblage d'équipements solaires photovoltaïques, l'équipement des centres de santé en chauffe-eau solaires, etc.

NOMBRE : Les vitesses de vent au Burkina Faso ne permettent pas d'envisager le développement d'éolienne pour la production d'électricité (régime des vents compris entre 2 à 3 m/s).

MINES
GÉNÉRALITÉS

La dynamique du secteur minier au cours de ces deux dernières décennies a permis de renverser la tendance qui faisait du Burkina Faso un pays à vocation essentiellement agropastorale. Cela a pu se faire grâce à un contexte géologique favorable et à la remontée des cours des métaux. Si cette tendance se poursuit, le secteur minier burkinabé s'inscrira en bonne place dans l'économie nationale dans les années à venir. Pour cela, la prise d'un certain nombre de mesures parait nécessaire notamment sur plan législatif, réglementaire et renforcement des structures de contrôle.

Les différentes campagnes de recherche depuis la période post-coloniale ont montré que, à l'instar des sous sols des pays de la sous région, celui du Burkina Faso renferme un potentiel minier varié. Ce potentiel, faut-il le rappeler, est constitué de métaux précieux (or, argent), de pierres précieuses (indices de diamant), de métaux ferreux (manganèse, nickel, magnétite vanadifère), de métaux non ferreux (cuivre, antimoine, zinc, aluminium), de substances non métalliques (phosphates, calcaires), de substances énergétiques (tourbes, schistes graphiteux), pour ne citer que ceux- là.

Parmi les métaux précieux, l'or est le minéral le plus répandu, le plus recherché et plus exploité. Il est lié aux ceintures de roches volcano-sédimentaires du protérozoïque inférieur, appelé " birrimien '' qui couvre environ 26% du territoire national, soit 70 000 km2. Ces ceintures, auxquelles sont liées également les métaux ferreux (manganèse, nickel et magnétite vanidifère) et non ferreux (cuivre, antimoine, zinc et aluminium), traversent le pays du Sud au Nord de manière discontinue.

Les substances non métalliques (phosphates et calcaires) se rapportent aux formations sédimentaires néoprotérozoïques et paléozoïques situées à l'Ouest, extrême Sud-est et Nord du pays.

HISTORIQUE DU SECTEUR

Des exportations d'or, autrefois source majeure de revenus étrangers, se sont effondrées après que la production se soit arrêtée en 1999. En effet, la seule mine d'or commerciale du pays, à Poura, dont la production était tombée à seulement 200-400 kg/années, était surtout exploitée à petite échelle par des mineurs. Cependant, après le démarrage de plusieurs nouvelles mines d'or, la production s'était élevée à presque 1,400 kg.

La libéralisation du code minier en 1996 a attiré un certain nombre de sociétés d'extraction étrangères pour commencer l'exploration. Le gouvernement est publié 133 nouveaux permis d'extraction en 2005 et nouveaux 237 en 2006. En 2007 et 2008, les quatre premières mines d'or sont : Mana (SEMAFO), de Youga (BMC), de Kalsaka (Kalsaka Mining), et de Taparko (High River Gold Mines).

D'autres minéraux dont le zinc, le phosphate, le manganèse, la bauxite, le cuivre et le nickel, sont très répandus au pays de hommes intègres, mais seul le zinc est actuellement exploité commercialement.

En 2002 African Mining Corporation a reçu un permis de prospection pour le dépôt de phosphate Kodjari (65m-tonne), au sud-est de 420 km d'Ouagadougou, près de la frontière avec le Bénin. Cependant, le développement des mines a été gêné par une interdiction gouvernementale des importations d'acide sulfurique (qui est nécessaire pour convertir le minerai en engrais) et le projet été interrompu. La mine de zinc de Perkoa, près de Réo, la capitale provinciale de Sanguié, est développée par Blackthorn (anciennement AIM) Resources Limites-Nantou Mining.

De 2002 à 2007, le total des investissements réalisés dans la recherche géologique se chiffraient à plus de 120 milliards de francs CFA, avec au total 346 autorisations de recherche octroyées dont 228 pour les sociétés et personnes physiques étrangères et 118 pour les nationaux. En ce qui concerne les titres miniers proprement dit, au total 498 titres miniers ont été octroyé dont 254 détenus par des sociétés et personnes physiques étrangères et 244 par des nationaux.

UN CODE MINIER ATRACTIF POUR LES INVESTISSEURS

Le code minier de 2003 accorde des avantages aux investisseurs notamment, sur un traitement fiscal de faveur distinguant trois phases (recherche, travaux préparatoires et exploitation) ; puis sur l'impôt sur les bénéfices industriels et commerciaux (BIC) du secteur minier qui est indexé sur le droit commun; il est réduit en dix points: soit 20% et exonéré en phase de recherche ou de travaux préparatoires ; l'impôt sur les revenus des valeurs mobilières (IRVM) est indexé sur le droit commun réduit de moitié: soit 6,25% et exonéré en phase de recherche ou de travaux préparatoires. Les droits douaniers : taux unique cumulé pour toute importation destinée à la recherche ou l'exploitation minière passe de 11,5% à 7,5% et pendant la durée des travaux préparatoires à 2,5%. Il est également à noter que les avantages accordés aux sociétés minières s'étendent également à leurs sous-traitants.

UNE PRODUCTION AURIFÈRE EN PLEINE CROISSANCE

La bonne tenue du sous secteur des industries extractives a été soutenue par la mise en exploitation des mines d'or de Mana (SEMAFO), de Youga (BMC), de Kalsaka (Kalsaka Mining), et de Taparko (High River Gold Mines). La production d'or a atteint 5,375 tonnes d'or en 2008 contre 1,5 tonnes en 2007. Elle est appelée à se multiplier par trois ou quatre dans les années à venir. L'or se classe désormais à la troisième place des produits d'exportation du pays après le coton, les produits de l'élevage et occupe 200 000 personnes.

Par ailleurs, la relance de la production aurifère a permis la création de treize (13) comptoirs agréés d'achat et d'exportation d'or et trente six (36) agréments de fabrication et de vente d'ouvrages en or.

Mines en exploitation :

TAPARKO / BOUROUM MINE
Entreprise: High River Gold
Réserves estimées: 35 tonnes
Début de la production: 8 Oct 2007
Production à ce jour: 33,533 onces en 2008
Prévisions: 76,806 onces en 2009

YOUGA
Entreprise: Etruscan Resources
Réserves estimées: 25 tonnes
Lancement de la production commerciale: 1er Juillet 2008

Les grues du projet aurifère Essakane
Crédit IAMGOLD-Essakane SA

Production à ce jour: 29,305 onces en 2008 (Cinq mois jusqu'au 30 Novembre, 2008)
Prévisions: 80,000-90,000 onces en 2009

WONA-FOBIRI-MANA
Entreprise: Semafo
Réserves estimées: 35 tonnes
Début de la production: 30 Juin 2008
Production à ce jour: 44,100 onces 9 mois jusqu'au 30, Septembre 2008
Prévisions: 121,000-132,000 onces en 2009

KALSAKA
Entreprise: Cluff Gold
Réserves estimées: 22.5 tonnes
Début de la production: Novembre 2008
Prévisions: 60,000 onces par an (avec un large potentiel)

PERSPECTIVES DU SECTEUR

Les huit prochaines années verront sept des plus importantes compagnies minières sur les 55 qui ont bénéficié d'un permis d'exploitation, injecter plus de 52 millions de dollars dans le secteur minier burkinabè. L'engouement pour ce secteur laisse prévoir un bel avenir. De plus, la politique annuelle de renforcement des capacités en infrastructures des villes moyennes du Burkina viendrait en soutien au sous-secteur des BTP, qui se traduirait par des contributions à la valeur ajoutée de 1,21% en 2010 à 7,72% en 2012.

L'OR

En plus des quatre mines d'or déjà en activité en 2009, d'autres mines ferons leurs apparitions dont l'entrée en production de la plus grande mine d'or (Essakane) au cours de la période 2010-2012. Avec la levée du conten-

ÉNERGIE & MINES

tieux judiciaire, Poura connaîtra le démarrage de ces activités courant 2010.

Dans une perspective de recul du cours de l'or et d'une attitude prudente des investisseurs miniers au Burkina Faso, la production d'or pourrait être en dessous des projections des potentialités attendues des sociétés minières. Le cours de l'or est projeté à 750 $ l'once sur toute la période de projection.

	2009	2010	2011	2012
Production annuelle d'or (kg)	5375	9016	11516	11516
Prix moyen du l'once d'or ($)	750	750	700	700

Source : Ministère de l'Energie et des Mines

Mines Planifiées :

INATA
Entreprise: WEGA Mining
Réserves estimées: 22.5 tonnes
Date officielle du lancement de la construction: 28 Avril 2008

GUILO-BAYILDIAGA
Entreprise: Stremco
Réserves estimées: 1.26 tonnes
Date officielle du lancement de la construction: Pendant 2009

ESSAKANE
Entreprise: Iamgold
Réserves estimées: 100 tonnes
Date officielle du lancement de la construction: 19 Mars 2009

BISSA-ZANDKOM
Entreprise: High River Gold
Réserves estimées: 75 tonnes
Etude de faisabilité commencée en 2009

KIAKA
Entreprise: Randgold Resources
Réserves estimées: 65 tonnes
Etude de faisabilité commencée en 2009

LE MANGANÈSE

Estimé à plus de 19 millions de tonnes, le manganèse de Tambao est l'un des plus importants gisements connus dans le monde. Cependant, ce gisement reste inexploité dû au problème de transport du matériau, en raison de l'éloignement, voire de l'enclavement du site. La société minière britannique Weatherly International PLC en partenariat avec Wadi Al Rawda Industrial Investments des Emirats Arabes Unis, entend relever le défi de mettre le manganèse burkinabè sur le marché dans un délai de deux ans si le gouvernement lui accorde un permis d'exploitation. Ils ont pour projet de transporter 400 000 tonnes de manganèse par an de Tambao à Kaya par voie routière et un million de tonnes par an une fois le chemin de fer construit.

En attendant, Burkina Manganèse SARL, une filiale d'un consortium australo-américain fera l'extraction de ce minerai à Kiéré, village situé à 25 kilomètres au nord de la commune de Houndé.

Mines planifiées :

KIERE
Entreprise: Burkina Manganèse SARL
Réserves estimées: 600,000 tonnes
Date officielle du lancement de la construction: 15 Décembre 2008-

TAMBAO
Entreprise: Wadi Al Rawda
Réserves estimées: 19 million tonnes

LE ZINC

En ce qui concerne le zinc, la seule mine planifiée est celle de Perkoa qui détient des réserves estimées à 6 millions de tonnes de minerai et permettra au pays d'être un des rares pays africains producteurs de zinc, et générera pour l'Etat d'importantes recettes de l'ordre de 130 milliards de francs CFA. Malgré la crise économique de 2009, les travaux de construction de la mine se sont poursuivis et celle-ci devrait être fonctionnelle en 2010.

Crédit IAMGOLD-Essakane SA

PERKOA

Entreprise: Blackthorn (anciennement AIM) Resources Limites - Nantou Mining

Réserves estimées: 6 million de tonnes à 14.5% de zinc

Estimation du coût de l'investissement : 120 milliard de FCFA ($156.1 million)

Date officielle du lancement de la construction: 26 Mars 2007

UN IMPACT INDENIABLE AU NIVEAU SOCIO ECONOMIQUE

En 2009, plus de 100 milliards de francs CFA de recettes seront encaissées par l'Etat burkinabè, qui devront se chiffrer à plus de 150 milliards à l'horizon 2015 selon les estimations du ministère des mines et de l'énergie du Burkina Faso. Cela devrait permettre selon les prévisions, la création de 4000 emplois, dont 2000 permanents. Il y aura aussi la construction d'infrastructures, telles que les retenues d'eau (barrages) et les routes; l'impact au niveau commercial, de l'hôtellerie, des télécoms, de l'immobilier, des transports etc. Autant d'entrée de devises potentielles pour les recettes de l'Etat. En outre, la relance de la production aurifère a permis la création de 13 comptoirs agréés d'achats et d'exportation d'or et de 36 agréments de fabrication et de vente d'ouvrage en or.

CONCLUSION

Le Burkina Faso est à l'aube du développement des mines industrielles. Il dispose d'un cadre légal et institutionnel favorable aux investissements. Le gouvernement prend les dispositions nécessaires non seulement pour éviter les différentes difficultés observées ailleurs, mais aussi pour accompagner un développement harmonieux des mines qui peuvent être des pôles de développement au regard des infrastructures et des opportunités qu'elles offrent.

PRINCIPALES ENTREPRISES

ÉNERGIE

LIBYA OIL BURKINA SA

Hazem M. Zohdi
Administrateur Général
06 BP 9146, Ouagadougou 06
Tél : +226-50-335168/69
Fax : +226-50-307764
Email : hzohdi@libyaoil.bf
Website : www.libyaoil.bf

Activité : Compagnie pétrolière
Date de création : 2000
Chiffre d'affaires : 14 milliards FCFA
Nombre d'employés : 21

Libya Oil Burkina S.A fait partie d'un groupe pétrolier présent dans de nombreux pays à travers ses filiales au Tchad, Niger, Mali, Zimbabwe, Ouganda, Kenya, Erythrée, Nigeria, Côte d'Ivoire, Sénégal, et Gabon. Après le rachat d'Exxon Mobilen Tunisie et au Maroc en janvier 2008, le groupe LOHL ajoute à son ensemble les réseaux de Shell en Ethiopie, Djibouti et Soudan. Ces acquisitions permettent au groupe d'être présent dans seize pays africains avec 3000 stations services opérationnelles.

L'aventure au Burkina Faso commence en 2000 avec le rachat de 5 stations essence de l'entreprise locale Tagi. Aujourd'hui, Libya Oil Burkina S.A occupe une place importante parmi les compagnies pétrolières actives sur le marché. Son activité se divise principalement en trois catégories : les Carburants, les Lubrifiants et l'Aviation.

Les activités carburants et lubrifiants se répartissent sur deux principaux canaux de vente: un réseau de 17 station services, dont la majorité est basée à Ougadougou et à Bobo-Dioulasso; et le secteur hors-réseau qui commercialise les produits destinés aux revendeurs/grossistes, consommateurs finaux, industries,et services publics.

A travers ses « Blending » du Cameron, de Dakar (Sénégal), de Gène (Italy) et de la Tunisie, le Groupe Libya Oil démontre une grande expérience dans la fabrication des lubrifiants avec une gamme variée utilisable par les automobiles, les gros porters, les usines, etc.

Dans le domaine de l'aviation, qui représente 50% des activités de la firme, Libya Oil Burkina S.A est actionnaire à part égale avec Total Burkina sur les installations des aéroports internationaux de Ouagadougou et Bobo-Dioulasso.

Atteindre un haut niveau de performance et occuper une place de tout premier plan sur le marché burkinabè sont les objectifs affichés du groupe, mais la croissance doit être accompagnée d'une gestion efficace et rentable, dans le respect des normes internationales du Group.

En effet, la nécessité de communiquer sur les questions relatives à l'environnement afin de préserver le fragile équilibre entre les hommes et les ressources naturelles constitue une priorité pour le groupe : l'accent est mis sur la sécurité et la santé des employés ainsi que des partenaires, la qualité des produits, la sensibilisation du consommateur final et les actions sociales en faveur de l'environnement.

« Le Burkina Faso dispose d'un environnement intéressant et d'un contexte favorable pour la création d'entreprises. Cependant, réaliser une étude préalable afin d'identifier les réels besoins du marché me semble une démarche indispensable. »
Hazem M. Zohdi, Administrateur Général

ONEA (OFFICE NATIONAL DE L'EAU ET DE L'ASSAINISSEMENT)

Monsieur Yamba Harouna OUIBIGA
Directeur Général
220, Avenue de l'ONEA, Secteur 17 (Pissy),
01 BP 170, Ouagadougou 01
Tél : +226-50-431900 à 08
Fax : +226-50-431911
Email : oneadg@fasonet.bf
Website : www.oneabf.com

Activité : Approvisionnement en eau et assainissement des eaux usées
Date de création : 22 juillet 1985
Nombre d'employés : 700
Capital : 23 Milliards de FCFA

L'Office national de l'eau et de l'assainissement (ONEA) du Burkina Faso a été créé le 22 juillet 1985, sous la forme d'un établissement public de l'Etat à caractère industriel et commercial (EPIC). Société d'Etat depuis le 2 novembre 1994, l'ONEA a un capital social de 3 080 000 000 de FCFA. Cependant, le droit exclusif d'exploitation des réseaux d'eau, jadis conféré à l'ONEA, a été levé par les lois portant sur la décentralisation. Elle a pour mission la production et la distribution de l'eau potable et l'assainissement dans les villes de plus de 10 000 habitants.

Pour atteindre les objectifs du millénaire pour le développement (OMD) relatif à l'accès des populations à l'eau potable et à l'assainissement, l'Etat a défini un programme national d'approvisionnement en eau potable et d'assainissement (PN-AEPA) à l'horizon 2015 dans lequel l'ONEA est responsable du volet urbain. Ce plan vise à satisfaire la moitié de la population n'ayant pas accès à l'eau et à l'assainissement à l'horizon 2015. Le coût total du PN-AEPA volet urbain est de 137,8 milliards de FCFA.

L'ONEA produit et distribue, sur l'ensemble de son réseau, une eau potable, conformément aux normes de qualité recommandées par l'OMS. La qualité des eaux distribuées sur l'ensemble des réseaux ONEA est quotidiennement suivie par un dispositif comprenant un laboratoire central basé à Ouagadougou, des laboratoires régionaux (Banfora, Bobo-Dioulasso, Koudougou, Ouahigouya et Pouytenga) et des responsables de centres d'exploitation. Ainsi, l'office s'assure à travers les différents échantillons prélevés par jour de la conformité de la qualité de ses eaux avant et pendant la distribution. Le Laboratoire National de Santé Publique procède au contrôle régulier de la qualité de l'eau distribuée aux consommateurs.

L'ONEA s'est engagé en 2004 dans le management de la qualité afin de rechercher l'amélioration continue de la

OiLibya

Feel Africa's energy !

06 BP 9146, Ouagadougou 06
Tél : +226-50-335168/69
Fax : +226-50-307764

hzohdi@libyaoil.bf
www.libyaoil.bf

Le plan de l'ONEA vise à satisfaire la moitié de la population n'ayant pas accès à l'eau et à l'assainissement à l'horizon 2015

qualité de ses services pour la satisfaction de l'ensemble de ses clients. Concrètement, il s'agit d'instaurer une culture d'entreprise « société de services » où le client est véritablement « roi » et où la recherche de l'amélioration continue est un véritablement credo. Suite à l'audit qui s'est déroulé le lundi 10 novembre 2008, l'ONEA a été déclaré certifié à la norme ISO 9001 version 2000 par le Comité de Certification de l'Association Française de Normalisation (AFNOR). Cette certification couvre les périmètres suivants : gestion de la clientèle en abonnement d'eau potable et prestation en assainissement y compris les processus de management et supports associés pour l'ensemble des centres ONEA.

« Il faut que les investisseurs s'intéressent à notre pays et qu'ils viennent avec leur savoir-faire et leur expertise technique pour réaliser les gros ouvrages dont nous avons besoin. »
Monsieur Yamba Harouna OUIBIGA, Directeur Général

SONABEL (SOCIÉTÉ NATIONALE D'ELECTRICITÉ DU BURKINA)

Salif L. Kabore
Directeur Général
55 Avenue de la Nation (Siège Social)
01 BP 54, Ouagadougou
Tél : +226-50-306100
Fax : +226-50-310340
Email : info@sonabel.bf
Website : www.sonabel.bf

Activité : Production et distribution d'électricité
Date de Création : 1984
Chiffre d'affaire : 74 813 000 000 CFA
Nombre d'employés : 1420

Avant de devenir en 1976 un des Etablissement Public à Caractère Industriel et Commercial (EPIC), la SONABEL a connu de nombreuses transformations tant au niveau de sa structure financière (capital) que de sa dénomination. Elle fut appelée successivement Energie de l'Afrique Occidentale Française ('ENERGIE AOF), ensuite Société Africaine d'Electricité (SAFELEC), puis Société Voltaïque d'Electricité (VOLTELEC) :

La Société Nationale d'Electricité du Burkina (SONABEL) est une Société d'Etat depuis le 14 avril 1995. Son capital est de 46 milliards de francs CFA.

Chargée de la production, de la gestion du réseau et de la distribution de l'électricité au Burkina, la SONABEL

Depuis 2008, à l'image des grandes entreprises modernes, la SONABEL s'est dotée d'une vision qui lui servira de repère dans son évolution jusqu'à l'horizon 2013, « Cap 2013 ».

Cette vision voudrait faire de la SONABEL, l'acteur majeur de la transformation du sous-secteur de l'électricité au Burkina Faso, focalisé sur l'approvisionnement et la sécurité de la fourniture d'énergie électrique au meilleur coût, avec pour objectif permanent :

L'amélioration de l'accès à l'électricité des burkinabè notamment en portant le taux d'électrification à 40% ; mais aussi de délivrer des services de qualité à ses clients; ou encore accompagner le développement économique.

SONABHY (SOCIÉTÉ NATIONALE BURKINABÈ D'HYDROCARBURES)

Jean-Hubert Yameogo
Directeur Général
01 BP 4394, Ouagadougou 01
Tél : +226-50-430001
Fax : +226-50-430174
Email : yhubert@sonabhy.bf
Website : www.sonabhy.bf

Activité : Approvisionnement d'hydrocarbures
Date de création : 1985
Nombre d'employés : 225 permanents

Créée en octobre 1985, la Société Nationale Burkinabè d'Hydrocarbures (Sonabhy) est une société d'état au capital social de 3 milliards de FCFA, placée sous la tutelle technique du Ministère du Commerce.

L'énergie hydroélectrique représente 18% de la production électrique globale.

ÉNERGIE & MINES

La Sonabhy a pour mission l'importation, le transport, le stockage, le conditionnement et la commercialisation des hydrocarbures liquides et gazeux, la construction d'infrastructures de stockage et l'appui à la recherche d'énergies de substitution.

La Sonabhy dispose de deux dépôts dont l'un à Bobo-Dioulasso et l'autre à Bingo d'une capacité respective de 25.000 et 40.000 m3 d'hydrocarbures liquides ainsi que 200 et 3 200 tonnes de gaz butane. Chacun des deux sites est conforme aux normes internationales en matière de sécurité et de lutte contre l'incendie. Le dépôt de Bingo dispose d'un laboratoire moderne qui assure le contrôle qualité des produits stockés. Pour des raisons de sécurité, celui de Bobo-Dioulasso situé en pleine zone industrielle, sera progressivement délocalisé à Péni, à 30km de la ville, en commençant par l'activité gaz.

La distribution des produits est assurée par des opérateurs privés locaux et internationaux. Certains de ces opérateurs sont spécialisés dans la distribution de gaz butane. Le transport des hydrocarbures depuis les côtes vers l'intérieur du pays s'effectue par camions-citernes ou par train.

L'impact des activités de la Sonabhy sur la société burkinabè se répercute positivement à plusieurs niveaux : réduction de la facture pétrolière du pays, augmentation des ressources financières de l'Etat, soit 70 à 75 milliards de FCFA par an, la sécurité énergétique, mais également une contribution sociale qui se traduit par de nombreuses réalisations telles que construction d'infrastructures scolaires, sportives et culturelles.

« Nous rassurons les consommateurs burkinabè que la Sonabhy continue à jouer convenablement son rôle d'approvisionnement du pays en hydrocarbures de qualité au moindre coût. Nous invitons par ailleurs les investisseurs à ne pas s'attarder sur les résultats négatifs de 2008 dont la raison principale est le blocage des prix des hydrocarbures en faveur des consommateurs quand les prix étaient trop élevés. Avec l'appui de l'Etat, nous repartons sur de bonnes bases et le résultat de 2009 sera probablement positif. »

Jean-Hubert Yameogo, Directeur Général

MINES

CLUFF MINING / KALSAKA

NANA Djeneba
Représentante Résidente
Secteur 08 BP 11197 Ouagadougou 08
Tél : +226-50-361080
Fax : +226-50-360243
Email : zanga@liptinfor.bf

Activité : Mine d'or
Nombre d'employés : 500

Cluff Mining (Afrique de l'Ouest) Limited est l'opérateur d'un projet créé par une coentreprise. Une partie du projet est couverte par un décret d'exploitation appartenant à la Compagnie d'Exploitation Kalsaka. Le décret couvre une région d'environs 25km^2 pour un terme initial de vingt ans. L'autre partie du projet est issue d'une coentreprise, avec IMAR-B. Conformément à l'accord de coentreprise, Cluff Mining est tenu de financer 100 % de frais d'exploration.

Le projet est localisé à environ 150 kms au nord ouest de Ouagadougou et contient une ressource minérale d'or qui a été déjà démontrée, par une étude de faisabilité, pour être techniquement responsable de l'exploitation minière de la fosse ouverte et du traitement via le lessivage de tas.

La Compagnie a actualisé l'étude de faisabilité financière du projet de Kalsaka afin de refléter le capital actuel et les frais d'exploitation, un prix d'or de 525 US$ par once avec une estimation de ressource de 790 000 onces et le projet a une réserve de projet JORC-conciliante de 323 000 onces d'or. L'économie du projet montre un plus haut prix d'or que supposé dans les études précédentes. Ce prix plus élevé permettra de compenser pour le capital et les frais d'exploitation qui ont augmenté du essentiellement au prix élevé du combustible, de la construction et des matériaux. Le forage qui permettra d'augmenter les réserves sera entrepris par la suite.

L'entreprise a aussi pour projet de compléter l'exploration de la zone du permis d'Yako qui a une ressource initiale estimé à 150 000 onces d'or.

La première coulée d'or s'est produite en novembre 2008 avec la production estimée arriver à 600 000 onces d'or sur un taux annualisé vers la fin de 2008.

ETRUSCAN RESOURCES INC / BURKINA MINING COMPANY SA (BMC)

Dr Boubakar Bila Zanga
Directeur Général de BMC
08 BP 11197, Ouagadougou 08
Tél : +226-50-361080
Fax : +226-50-360243
Email : bbzanga@etruscan.com
Website : www.etruscan.com

Activité : Mine d'or
Nombre d'employés : 500

Etruscan Resources Inc est une compagnie d'exploitation minière canadienne qui explore de l'or et des diamants en Afrique depuis plus de 14 ans. Aujourd'hui, Etruscan possède une des plus grandes positions de terrains stratégiques dans l'Afrique de l'Ouest recouvrant une superficie de 14 000 km² dans les ceintures prolifiques d'or au Mali, Niger, Burkina Faso, Côte d'Ivoire et Ghana. La compagnie est aussi active dans l'exploration de diamants en Afrique du Sud et l'exploration d'éléments rares de terres en Namibie.

Etruscan a acquis des positions stratégiques de terres dans trois ceintures importantes de pierre verte du Burkina Faso : la ceinture d'or de Youga, celle de Banfora ainsi que celle de Boromo. Ce paquet de terre stratégique couvre environ 3 200 km².

Etruscan possède 90% de Burkina Mining Company (BMC) à travers sa filiale Cayman Burkina Mines Ltd, détentrice du permis d'exploitation du dépôt d'or de Youga. Les 10% restants de BMC sont détenus par le gouvernement du Burkina Faso.

La mine d'or de Youga est localisée à environ quatre kilomètres au nord de la frontière ghanéenne et à 180 kilomètres au sud-est de Ouagadougou. L'étude de faisabilité du dépôt d'or de Youga a été accomplie en janvier 2005 par RSG Global (Pty) Ltd. et MDM Ferroman (Pty) Ltd et conclut que la mine produira une moyenne de 88 000 onces d'or par an sur ses 6,6 ans de durée de vie.

BMC a commencé sa production en février de 2008 et suite à l'achèvement substantiel de la construction de la mine de Youga, a démarré sa commercialisation en juillet 2008. La production d'or pour 2008 qui comprend les cinq mois de production commerciale est agrégée à 29 305 onces. On estime que la production d'or pour 2009 se situera entre 80 000 et 90 000 onces.

« Le Burkina est un pays stable avec des institutions efficaces. Le pays possède un bon cadre juridique et institutionnel mais surtouts des habitants accueillants, ouverts et travailleurs. »
Dr Boubakar Bila Zanga, Directeur Général de BMC

HIGH RIVER GOLD MINES LTD. / SOMITA SA

Marco Kelly
Directeur Général
Blvd. Tânsoba Silzaédre,
01 BP 2509, 1628, Ouagadougou 01.
Tél : +226-40-468701/02/03/04
Fax : +226-40-468705
Email : mkelly@somitasa.com
Website : www.hrg.ca

Activité : Mine d'or

La mine d'or de Taparko-Bouroum est située dans la province de Namantenga de Burkina Faso en Afrique occidentale à approximativement 200 kilomètres de nord-est de la ville de Ouagadougou. La découverte de Taparko a été faite en 1980 par le Ministère de la Géologie et des Mines du Burkina Faso (BUMIGEB). High River et une société affiliée ont conclu une entente de coentreprise pour la propriété de Taparko en août 1993 et un permis d'exploration leur a été délivré en février 1996.

Crédit IAMGOLD-Essakane SA

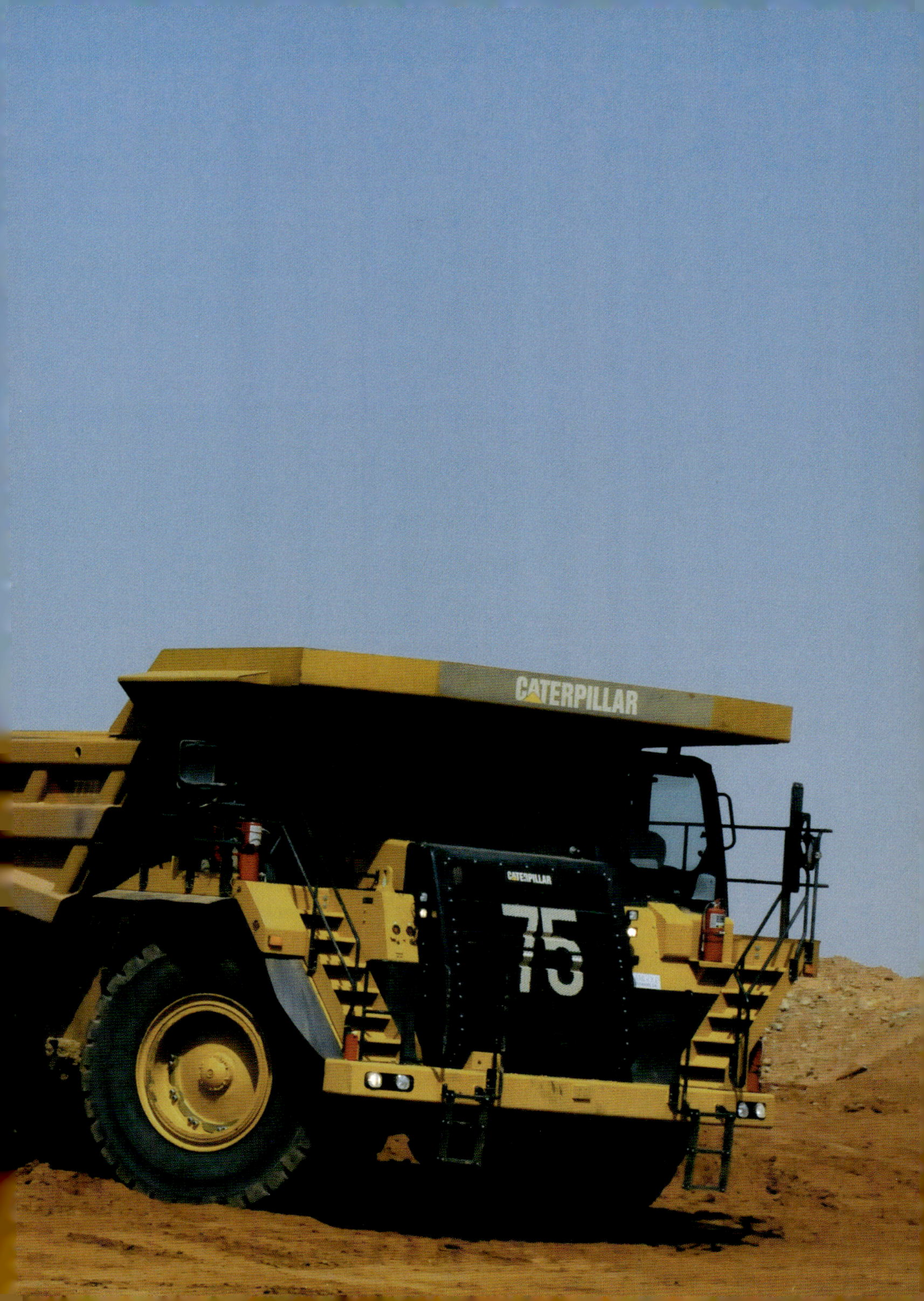
CATERPILLAR
CATERPILLAR
75

Des études de faisabilité environnementales ont été entreprises en octobre 2003. Le résultat préliminaire a montré une réservation exploitable de 7.6 millions de tonnes à une catégorie de 2.91 g/t avec un taux de traitement annuel d'un million de tonnes de minerai produisant 2.600 kilogrammes d'or et projetant une durée de vie de mine de 7.6 ans.

L'extraction industrielle de l'emplacement de Taparko a été accordée en août 2004 à la SOMITA SA « SOCIETE DES MINES DE TAPARKO » dont le capital possédé à 90% par High River Gold Mining Ltd et à 10% par le gouvernement du Burkina Faso.

Le début de la production commerciale a été déclaré le 1er octobre 2007. La mise en marche de la mine d'or de Taparko-Bouroum a marqué la renaissance d'une industrie moderne d'extraction de l'or dans le pays des hommes intègres. C'était la première mine d'or commerciale en fonctionnement depuis la fermeture en 1999 de la mine de Poura gérée par l'Etat burkinabé.

Tous les gisements de minerai de Taparko et Bouroum sont à ciel ouvert. Le taux quotidien d'extraction est de 3.000 tonnes de minerai avec une moyenne de 17.000 tonnes de perte. SOMITA devrait produire 100 000 onces d'or en 2009 et prévoit d'améliorer cette performance en 2010 grâce à la mise en place d'un second broyeur.

Une étude environnementale a été entreprise pour estimer les effets du projet sur l'environnement local et les personnes vivant dans le secteur. Les principales questions sociales et environnementales du projet ont été identifiées et des mesures de réduction ou de compensation ont été proposées. L'identification et l'évaluation des incidences sur l'environnement ont été faites selon les normes de la Banque Africaine de Développement et ceux de la Banque Mondiale.

L'autre projet de High River Gold est le projet Bissa pour lequel une bonne partie de l'exploration ainsi que l'étude de préfaisabilité ont été menées. La mine devrait être plus grande que celle de Taparko, et sa durée de vie, dépasser les 10 ans.

« Le Burkina connaît un véritable boom minier rendu possible par la nouvelle approche du Gouvernement qui a ouvert le secteur en facilitant l'investissement, et en offrant un régime douanier plus ouvert. »
Marco Kelly, Directeur Général

RIVERSTONE RESOURCES INC

Cyriaque Ki
Country Manager
Paul G. Anderson
Exploration Manager
Villa VMAP, Petit Paris Secteur 8
01 BP 1324 Ouagadougou 01
Tél : +226-50-346297
Email : ngk@riverstone.bf
panderson@riverstoneresources.com
Website : www.riverstoneresources.com

Activité : Mining
Date de Création : 2004

L'histoire a commencé en 2003 quand Riverstone Resources Inc a fait ses premiers pas au Burkina Faso avec l'acquisition d'une propriété simple. Depuis, la compagnie a investi dans l'acquisition et l'exploration de perspectives prometteuses d'or sur six projets comprenant 13 permis d'exploration séparés. Riverstone a ouvert un bureau d'exploration dans le pays en 2004 et emploie maintenant du personnel technique et administratif Burkinabe à temps plein. La compagnie est dirigée de Vancouver, au Canada, par un groupe de professionnels d'exploitation minière aguerris avec beaucoup d'années d'expérience en Afrique.

Le projet le plus avancé est Karma, à environ 150 kms au nord-ouest d'Ouagadougou et 5 kms à l'est d'Ouahigouya. Quatre permis contigus sont tenus au Karma : Rambo, Kao, Goulagou et Rounga – couvrant 887km2. Le projet de Karma a accompli une estimation de ressource NI43-101 initiale d'or estimées à 820,500 onces et des ressources déduites de plus de 320,300 onces.

Les six autres projets contiennent des marques d'or qui ont été évaluées à la foreuse, mais cela exige davantage de travail, en incluant Yaramoko et Bissa Est. Ces deux projets sont contigus à la production de la mine d'or de Mana exploitée par Semafo et le développement du dépôt d'or de Colline de Bissa possédé par High River Gold Mines.

« Le Burkina Faso est un pays inexploré dans notre secteur. Il se trouve entre 2 pays qui produisent de l'or, il y a donc sûrement un potentiel réel. Le pays a beaucoup de force, comme un gouvernement ferme ou des ressources humaines expérimentées. Avec plus que soixante nouveaux géologues qui terminent leurs études à l'Université de Ouagadougou chaque année, on peut imaginer un bel avenir dans ce secteur. »
Cyriaque Ki, Country Manager

SEMAFO BURKINA FASO SA / MANA MINÉRAL SA

Elie Justin Ouedraogo
Directeur Général Burkina Faso
Sector 13 Babanguida Avenue, Rue Benda
01 BP 390, Ouagadougou
Tél : +226-50-369592
Fax : +226-50-369587
Email : info@semafobf.com
Website : www.semafo.com

Activité : Mine d'or
Nombre d'employés : 314 employés permanents, 120 indirects

Semafo est une société minière canadienne qui a des activités de production et d'exploration en Afrique de l'Ouest. La compagnie exploite présentement trois mines d'or au Burkina Faso, au Niger et en Guinée. Semafo s'est engagée à évoluer de façon consciencieuse afin de devenir un agent de développement durable majeur dans sa région géographique d'intérêt, tout en respectant les valeurs et en renforçant les relations afin d'accroître la valeur pour ses actionnaires. 2008 est l'année la plus fructueuse de l'histoire de Semafo avec une production de plus de 195 000 onces d'or.

Au Burkina Faso, la mine d'or de Mana se trouve dans la province des Balé, à environ 300 km à l'ouest de Ouagadougou. Entre 1996 et 2005, la Semafo a investi environ 6 milliards de francs CFA dans le cadre de la recherche géologique et minière au Burkina Faso. En 2008, une série de réalisations ont été menées à bien dans le cadre du projet Mana, avec la mise en service de l'usine le 15 février et le début de la production commerciale le 1er avril après une période de mise en service sans heurt. La mise en service du broyeur d'une capacité de 4 000 tonnes par jour pendant le troisième trimestre qui remplace celui de 2 000 tonnes on permis de réaliser une production totale de 74 000 onces d'or en 2008.

Pour 2009, grâce au fonctionnement très satisfaisant des installations industrielles, Semafo prévoit de produire entre 121,000 et 132,000 onces d'or. Une augmentation des capacités de production de l'ordre de 40% est envisagée avec la mise en fonctionnement en série des deux broyeurs. Le potentiel géologique de la concession est énorme, il est semblable à la province aurifère d'Abatibi ; l'existence de nouveaux gisements a déjà été mise en évidence dont une mine souterraine et la probabilité de découvrir trois mines semblables à Mana est très forte.

La Fondation Semafo prend en charge la mission humanitaire de Semafo dont les volets environnement et développement durable de l'entreprise en collaboration avec les PTF et différentes ONG qui ont une meilleure connaissance des actions à mener pour le développement des villages.

« Le gouvernement du Burkina a fait beaucoup d'efforts pour améliorer l'investissement dans le pays. De nombreuses réformes pour faciliter l'investissement privé ont été mises en place. Ces efforts ce sont traduits par un renouveau dans le secteur des mines. L'exemple de Semafo prouve qu'en investissant dans le secteur minier, on peut aboutir à une véritable success story. »
Elie Justin Ouedraogo, Directeur Général Burkina Faso

Crédit IAMGOLD-Essakane SA

FINANCE

Sauterelle par sauterelle, on remplit la calebasse
Proverbe du Burkina Faso

MARCHÉ FINANCIER RÉGIONAL

La mise en place d'un marché financier organisé a été prévue par le traité du 14 novembre 1973 constituant l'union monétaire ouest-africaine (UMOA) avec 7 pays (Bénin, Burkina Faso, Côte d'Ivoire, Mali, Niger, Sénégal, Togo). L'union s'est récemment enrichie de l'adhésion d'un 8e pays (Guinée-Bissau). En 1991, les autorités monétaires ont entamé des réflexions en vue de la mise en place d'un marché financier unique et efficace pour l'ensemble des pays de l'Union. En effet, la libéralisation de plus en plus poussée des économies de la zone monétaire ouest-africaine exigeait une adaptation des mécanismes de régulation de l'économie, notamment le recours aux instruments indirects de gestion de la monnaie et de mobilisation de l'épargne. En outre, la création d'un espace financier commun à l'ensemble des pays de la sous-région de l'UMOA apparaissait comme un moyen de renforcer l'intégration régionale pour un développement des échanges commerciaux entre les pays membres. Dès lors, au-delà des divers chantiers d'intégration dans la zone (assurances, prévoyance sociale, droit des affaires) l'existence d'une banque centrale commune (BCEAO), d'une commission bancaire commune et désormais d'un marché financier commun (y compris une bourse) paraissait l'option la plus appropriée sans minimiser sa dimension symbolique qu'elle confère au projet et aux économies d'échelle. À partir de cette date, plusieurs expertises ont été faites, notamment par la France, les États-Unis d'Amérique, le Canada et la Banque mondiale pour réaliser la phase conceptuelle du projet. Aussi le Conseil des ministres de l'Union a-t-il décidé en décembre 1993 la création d'un marché financier régional et donné à cet effet un mandat à la banque centrale des États de l'Afrique de l'Ouest (BCEAO) pour conduire le projet.

ORGANISATION

Les structures du marché financier régional sont classées en deux grands ensembles: un pôle public, constitué du conseil régional de l'épargne publique et des marchés financiers (CREPMF) qui représente l'intérêt général et garantit la sécurité du marché. Et un pôle privé, composé de la bourse régionale des valeurs mobilières (BRVM) et du dépositaire central/banque de règlement (DC/BR) qui sont statutairement des sociétés privées, mais sont investies d'une mission de service public. Le pôle privé comprend également les intervenants commerciaux : les sociétés de gestion et d'intermédiation (SGI), les sociétés de gestion de patrimoine (SGP), les apporteurs d'affaires, les sociétés de conseil en investissement boursier et les démarcheurs.

MISSIONS

Outre sa principale mission de renforcement de l'intégration des économies des États membres et d'accompagnement de la politique économique libérale amorcée dans la zone, le marché financier régional s'est fixé trois objectifs: le relèvement du taux d'épargne, grâce à la diversification des produits financiers susceptibles de créer les conditions pour la mobilisation accrue de l'épargne intérieure et de capitaux extérieurs ; le renforcement de la structure financière des entreprises qui pourront mobiliser des capitaux à long terme ; la réduction des coûts d'intermédiation financière par la mise en relation directe des offres et demande de capitaux.

FONCTIONNEMENT

La BRVM est un marché au comptant, centralisé et dirigé par les ordres. Elle organise trois séances de cotation par semaine : les lundi, mercredi et vendredi. La cotation des valeurs se fait au " fixing " qui évoluera vers la cotation en continu. Pour permettre aux titres "non cotés " et /ou "réservés " lors du premier " fixing" de la séance de bourse de transiger éventuellement, un deuxième "fixing" est institué avant la fin de la séance de bourse.

La BRVM est dotée d'un système électronique et dispose d'un réseau satellite qui permet aux sociétés de gestion et d'intermédiation (SGI) de transmettre les ordres de bourse des différents pays de l'Union vers le site central situé à Abidjan. Au démarrage de ses activités, la BRVM dispose de deux compartiments pour les actions et d'un compartiment pour les obligations : le premier compartiment des actions est réservé aux sociétés justifiant d'au moins cinq comptes annuels certifiés, d'une capitalisation

BIB
membre de **UBA**

L' assurance d'un nouvel élan

La Banque Internationale du Burkina (BIB) est désormais membre du groupe United Bank for Africa (UBA). Cette appartenance au groupe UBA fait de la BIB une banque encore plus forte à la pointe de la technologie, pour mieux répondre aux attentes de sa clientèle.

Le Groupe UBA est aujourd'hui sans aucun doute le groupe financier le plus dynamique et le plus puissant de la Sous-Région.

Avec une présence active dans 10 pays Africains et ambitionnant couvrir 25 pays à court terme, UBA est aussi présent à New York, Londres et Paris.

Le partenariat BIB-UBA est donc une occasion pour le géant bancaire Burkinabé (Banque la plus capitalisée du Faso) d'intégrer le groupe UBA pour devenir encore plus puissant et plus performant pour ses clients.

United Bank for Africa Plc est l'un des leaders Africains dans le domaine des services financiers, offrant des solutions bancaires aux standards internationaux à plus de sept (7) millions de clients à travers ses sept cent cinquante (750) agences, dans dix neuf (19) pays d'Afrique. Avec un total de bilan supérieur a dix neuf (19) milliards de dollars, UBA est aussi présent à New York, Londres et Paris. UBA est le partenaire financier idéal pour tous les Africains et pour toute activité économique ou financière liée à l'Afrique.

■ Africa   ■ London   ■ New York   ■ Paris

50 30 00 00   Email: bib.ouaga@fasonet.bf   web: www.ubagroup.com   Africa's global bank

boursière de plus de 500 millions de FCFA et d'une part de capital diffusé dans le public d'au moins 20 % ; le second compartiment des actions est accessible aux sociétés de taille moyenne présentant une capitalisation boursière d'au moins 200 millions de FCFA ainsi que deux années de comptes certifiés, et s'engageant à diffuser au moins 20 % de leur capital dans le public dans un délai de deux ans ou 15 % en cas d'introduction par augmentation de capital ; le compartiment obligataire est accessible aux emprunts obligataires dont le nombre total de titres à l'émission est supérieur à 25 000 et le montant nominal de l'émission au moins égal à 500 millions de FCFA.

LE SECTEUR BANCAIRE

Le secteur bancaire burkinabé, grâce à la libéralisation s'est beaucoup amélioré. Plusieurs agences offrent une gamme variée de services et de produits, à travers leurs filiales nationales et étrangères. En 2005, trois nouveaux acteurs sont apparus sur un total précédant de huit banques : la Banque Atlantique (filiale de la Banque Atlantique de Côte d'Ivoire), la Banque de l'habitat qui démarrera ses activités en 2006 et la Banque de la solidarité du Burkina (BRSB), émanation de la BCEAO, qui a ouvert ses guichets en novembre 2005. L'élargissement de la concurrence a été favorable aux usagers par la réduction des coûts qu'elle entraîne. La BRSB, inspirée par la Banque régionale de solidarité (BRS) de Tunisie et par la Grameen Bank, s'oriente vers le crédit aux projets individuels et le financement de micro- entreprises. Elle répond à l'engorgement des institutions de micro-crédit débordées par l'ampleur de la demande. Première banque de ce type au Burkina Faso, elle devrait favoriser les activités génératrices de revenus et la hausse du taux de bancarisation qui est seulement 4% à l'heure actuelle.

Le secteur bancaire burkinabè a ensuite connu une profonde mutation en 2009 avec les changements intervenus ou annoncés dans la structure du capital de plusieurs banques, ce qui va exacerber la concurrence dans ce secteur entre les 12 opérateurs. Les principaux changements sont l'absorption de la Banque Agricole et Commerciale du Burkina (BACB) par le groupe Ecobank, le rachat de la Banque Internationale du Burkina (BIB) par OPA amicale d'united Bank of Africa (UBA) et l'arrivée remarquée de Coris bank International (CBI) qui se déploie déjà dans la capitale et à l'intérieur du pays à travers cinq agences.

Les principales banques du pays sont :
• Au niveau national : Coris banque International (CBI), Banque de l'Habitat (BHBF), Banque de la solidarité du Burkina (BRSB)
• Au niveau régional : Ecobank, Banque Internationale du Burkina - United Bank for Africa (BIB-UBA) la Bank Of Africa (BOA), Banque atlantique, La Banque sahélo-saharienne pour l'investissement et le commerce (BSIC), La Banque Commerciale du Burkina (BCB)
• Au niveau international : BICIA-B (du groupe BNP), SGBB (du groupe Société Générale)

Les derniers chiffres en date du 30 juin 2008, font ressortir pour la BACB un total de ressources de 62,1 milliards de fcfa, avec une part de marché de 7,52 %. Quant à Ecobank, elle possède un total de ressources de

Répartition des emplois - Ressources Clientèle Au 31 decembre 2008
(En millions de francs CFA et en pourcentage)

BANQUES	Montant	%	Montant	%
BABF	26.960	3,97	34.597	4,19
BACB	63.348	9,33	62.136	7,52
BCB	60.770	8,96	60.179	7,28
BHBF	4.149	0,61	3.439	0,42
BIB	102.964	15,17	155.344	18,80
BICIA-B	85.009	12,53	120.512	14,58
BOA	85.451	12,59	128.022	15,49
BRS	9.692	1,43	10.129	1,23
BSIC	16.198	2,39	18.254	2,21
CBI	30.999	4,57	27.790	3,36
ECOBANK	95.646	14,09	108.175	13,09
SGBB	97.478	14,36	97.717	11,83
TOTAUX	678.664	100	826.294	100

Source : L'Association Professionnelle des Banques et Etablissements Financiers (APBEF)

La BIB, première banque du Burkina en 2008, a été rachetée par UBA, premier groupe bancaire du Nigéria et première institution financière de la sous région Ouest africaine.

108,175 milliards de fcfa avec une part de marché de 13,09%. Cette absorption fera donc passer Ecobank à la tête des banques du pays.

Après l'opération Ecobank-BACB, c'est le rachat de la Banque internationale du Burkina (avec un bilan de plus de 200 miliards de FCFA) qui était encore en 2008 la première banque du Burkina, par l'OPA amicale d'UBA, Premier groupe bancaire du Nigeria et première institution financière de la sous région Ouest africaine. Elle possède un bilan total de 19 milliards de dollars (environ 9000 milliards de fcfa) et est présente dans huit pays d'Afrique.

Concernant Coris Bank, dernière arrivée sur la place financière de Ouagadougou, elle possède déjà cinq agences et ambitionne de devenir un des premiers établissements du pays. La création de Coris Bank International s'est faite afin d'apporter des réponses concrètes aux besoins grandissants de financement des clients de l'ex-financière du Burkina, établissement financier qui était spécialisé dans l'octroi de crédits à la consommation des particuliers et dans le financement des PME.

LE SECTEUR DE L'ASSURANCE

Le secteur de l'assurance au Burkina Faso est un marché étroit, avec seulement 10 assureurs dont 4 sont actifs dans la branche VIE et 6 dans la branche IARDT (Incendie, Accidents, Risques, Divers et Transport). Malgré la baisse du taux de croissance du pays, qui est passé de 5,6 % en 2006 à 4,2 % en 2007, le secteur a connu une progression de 24,33 % en 2007 avec un chiffre d'affaires de 25,033 milliards de fcfa contre 20,134 milliards de fcfa en 2006.

Les courtiers à eux seuls ont réalisé plus de 40 % de ce chiffre d'affaires, soit une part estimée à 10 milliards de fcfa. Le courtage, devenu en quelques années le fer de lance de l'assurance au Burkina Faso, est dominé par deux courtiers étrangers, filiales de grands groupes français et américain, GRAS SAVOYE et MARSH, qui concentrent à eux deux 70 % de parts de marché du courtage. Cette concentration s'explique par le fait que le tissu économique est très marqué par les capitaux étrangers.

On note également dans le secteur ces dernières années, parmi les services, une forte progression de la branche Vie qui a enregistré 8,298 milliards de fcfa en 2007 contre 5 milliards en 2006, soit une hausse de 65,69 %. UAB-Vie détient à lui seul 33% de part de marché dans cette branche.

Comparativement à ses voisins de la sous région Ouest africaine, le marché burkinabè de l'assurance ne pèse pas lourd au sein de la zone de la conférence interafricaine des marchés d'assurance (CIMA), qui, en 2008 a réalisé un chiffre d'affaires de 150 milliards de fcfa (229 millions d'euros), contre 137,5 milliards en 2007.

Parmi les problèmes que connaissent les assureurs burkinabè, on note essentiellement la défaillance des courtiers qui connaissent souvent des problèmes financiers, notamment de trésorerie. Cette situation souvent précaire a entraîné avec elle, la montée du phénomène qui consiste à ne plus encaisser véritablement les primes. L'une des préoccupations des assureurs burkinabè est également le problème de non assurance des engins à deux roues, dont le taux de non assurance est passé de 30% en 2002 à 40 % en 2007. Depuis un certain temps, l'association professionnelle des sociétés d'assurance du Burkina (APSAB) dénonce ce phénomène en appelant les autorités à faire de l'obligation de s'assurer une réalité au Burkina Faso. On pourrait cependant, malgré l'inexpérience de certains acteurs burkinabè dans ce marché, pronostiquer un bel avenir pour ce secteur.

Les principales compagnies d'assurance sont :
- Au niveau national : SONAR, UAB (Union des Assurances du Burkina Faso), Générale des Assurances, Raynal
- Au niveau régional : Colina
- Au niveau international : Allianz (anciennement AGF)

PRINCIPALES ENTREPRISES

ALLIANZ

Joseph Baro (VIE) / Philippe Audoin (IARD)
Directeurs Généraux
99, avenue de l'UEMOA
Tél : +226-50-328200
Fax : +226-50-310153
Email : joseph.baro@agf-bf.com / philippe.audoin@agf-bf.com
Website : www.agf-bf.com

	BABFM	BACB	BCB	BHBF	BIB	BICIA	BOA	BRS	BSIC	CBI	ECOBANK	SGBB	TOTAL
Total de l'actif (million fcfa)	45.235	92.121	85.306	9.527	226.134	146.865	146.961	NC	23.849	52.300	148.152	144.804	1.121.254

Source : L'Association Professionnelle des Banques et Etablissements Financiers (APBEF)

Siège de l'assureur AGF, renommé Allianz en 2010.

Activité : Assurance
Date de création : 1997
Nombre d'employés : 85
Chiffre d'affaires : 7,3 milliards FCFA

Allianz est le seul acteur international dans le domaine des assurances au Burkina Faso. Fort d'un réseau présent dans plus de 70 pays sur tous les continents et d'un portefeuille de 75 millions de clients à travers le monde, le groupe s'est investi dans une importante politique de développement et devrait pénétrer prochainement les marchés de l'Afrique anglophone. Succesivement connu localement sous les enseignes Athena, Fonci Volta, Foncias puis AGF (aquise par le groupe en 1997), Allianz est le leader mondial en matière d'assurance.

Au sein du groupe et parmi les entités africaines, la filiale Burkina Faso se classe 4° en terme de nombres de clients (après le Cameroun, le Sénégal et l'Egypte).

La moitié du CA d'IARD est réalisée par l'activité Auto, point d'entrée stratégique de l'activité assurance, tandis que la branche Vie se distingue par deux catégories de produits : d'une part les assurances de couverture en cas de décès et d'autre part, une gamme diversifiée de produits de capitalisation tels que les retraites complémentaires ou les assurances indemnités de fin de carrière. Ces produits de capitalisation représentaient 60% du CA de la branche Vie en 2008.

Avec un CA global de 7,3 Mds FCFA en 2008 (4,1 Mds FCFA pour IARD et 3,2 Mds FCFA pour Vie), le groupe Allianz s'octroie une part de marché avoisinant les 30%, au coude à coude avec la Sonar, leader historique au Burkina Faso. Néanmoins, l'excellence de ses prestations, sa forte attache aux règles d'éthique et sa solide réputation à l'échelle internationale pourraient bien lui assurer le leadership dans les années à venir.

« Le Burkina Faso est avant tout la capitale économique de l'UEMOA qui est une zone où l'intégration est une réalité. Nous avons le FCFA et le français. Nos législations sont tout à fait comparables et l'UEMOA travaille à les harmoniser. En venant s'installer au Burkina Faso,

l'entreprise est au cœur de cette zone à partir de laquelle elle peut rayonner. Mais au-delà de cette idée, le Burkina est un pays où règne la paix. De plus, l'entrepreneur pourra s'appuyer sur des collaborateurs burkinabè travailleurs et loyaux qui l'aideront à faire prospérer ses affaires. »
Joseph Baro, Directeur Général

« Le secteur de l'assurance a divers impacts positifs sur l'économie du pays : taxes, salaires, distribution de dividendes,… mais nous allons aussi plus loin en capitalisant notre savoir-faire. La présence d'un groupe international dans le domaine des assurances devrait rassurer les investisseurs : c'est la preuve que le marché est favorable aux affaires. »
Philippe Audoin, Directeur Général

BANK OF AFRICA (BOA- BURKINA FASO)

Laurent R. Basque
Directeur Général
770 Avenue du Président Sangoulé Lamizana

01 BP 1319, Ouagadougou 01
Tél : +226-50-308870 à 73
Fax : +226-50-308874
Email : boadg@fasonet.bf
Website : www.boaburkinafaso.com

Activité : Banque
Date de création : 1998
Nombre d'employés : 155
Total Bilan : 150 milliards FCFA

Le Groupe Bank cf Africa, dont la première implantation date de 1982, compte aujourd'hui environ 2 000 collaborateurs au sein de ses neuf banques commerciales basées au Bénin, Burkina Faso, Côte d'Ivoire, Kenya, Madagascar, Mali, Niger, Sénégal et Ouganda. L'objectif à court terme est de relier l'est à l'ouest par la création de filiales en Afrique Centrale ainsi que dans la zone UEMOA.

Pour élargir son éventail de services, le groupe possède également trois sociétés de crédit-bail, deux sociétés

Agence de la BOA à Bobo-Dioulasso

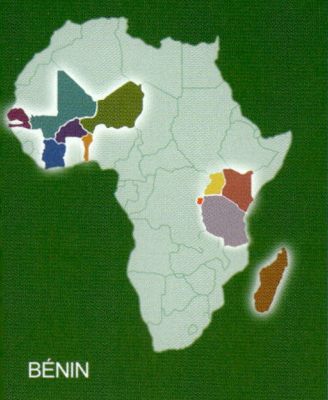

BÉNIN
BURKINA FASO
BURUNDI
CÔTE D'IVOIRE
KENYA
MADAGASCAR
MALI
NIGER
OUGANDA
SÉNÉGAL
TANZANIE

AGENCES DE LA BOA - BURKINA FASO

Heures d'ouverture
du lundi au vendredi
7h15 à 11h30
15h15 à 17h15
samedi 8h à 11h

OUAGADOUGOU - AGENCE CENTRALE
Tél. : (226) 50 30 88 70 à 73 - Fax : (226) 50 30 88 74
Swift : AFRIBFBF
Email : information@boaburkinafaso.com

OUAGADOUGOU - AGENCE ELITE
Tél. : (226) 50 49 79 08 - Fax : (226) 50 30 88 74

OUAGADOUGOU - KWAME N'KRUMAH
Tél. : (226) 50 30 19 88 / 89 - Fax : (226) 50 30 19 93

OUAGADOUGOU - GOUNGHIN
Tél. : (226) 50 34 50 00 - Fax : (226) 50 34 43 14

OUAGADOUGOU - ZOGONA
Tél. : (226) 50 36 85 27 - Fax : (226) 50 36 85 28

OUAGA 2000
Tél. : (226) 50 37 69 68 - Fax : (226) 50 37 69 76

OUAGADOUGOU - TAMPOUY
Tél. : (226) 50 49 79 28 - Fax : (226) 50 35 34 00

Maison de l'Entreprise
Tél. : (226) 50 37 69 68 - Fax :(226) 50 37 69 76

BOBO-DIOULASSO
Tél. : (226) 20 97 39 15
Fax. : (226) 20 97 39 16

KOUPELA
Tél. : (226) 40 70 04 44
Fax. : (226) 40 70 04 33

POUYTENGA
Tél. : (226) 40 70 66 66
Fax. : (226) 40 70 60 66

FADA
Tél. : (226) 40 77 17 74
Fax. : (226) 40 77 17 75

KOUDOUGOU
Tél. : (226) 50 44 07 45
Fax. : (226) 50 44 07 46

ESSAKANE
Tél. : (226) 40 46 80 94
Fax. : (226) 40 46 80 95

BANK OF AFRICA
BURKINA FASO

GROUPE BANK OF AFRICA

La force d'un groupe
La proximité d'un partenaire

www.boaburkinafaso.com
www.bank-of-africa.net

VISA   SESAME   WESTERN UNION

d'assurance-vie, deux sociétés d'investissement, une société de bourse, un bureau de représentation à Paris et une filiale informatique.

Le 23 mars 1998, Bank of Africa - Burkina Faso (BOA-Burkina Faso) cinquième unité du Groupe, ouvrait ses portes à Ouagadougou. Enracinée dans le tissu économique du pays par l'intégration d'opérateurs locaux dans son actionnariat, elle développe une image de banque de détail. Son important développement ces dernières années a induit la nécessité de renforcer ses fonds propres : son capital est passé de 1 250 000 000 FCFA en 1998 à 2 500 000 000 FCFA au 30 juin 2007.

Dans un premier temps, l'activité a été centrée sur la capitale Ouagadougou à travers une offre de services et de produits adaptés tant aux entreprises qu'aux organisations internationales, établissements publics, projets et ONGs, ainsi que vers les particuliers. La BOA - Burkina Faso ambitionne de promouvoir un ensemble de produits et services innovants et modernes tels que le service en ligne « B-WEB ».

La BOA occupe actuellement la troisième place du marché bancaire burkinabè et compte maintenir et conforter sa place : avec ses 13 points de vente, elle peut désormais proposer ses services à ses clients dans les principaux centres névralgiques de la capitale et poursuivra son extension dans les autres villes grâce à l'ouverture de 7 agences en moyenne par an.

« Le Burkina Faso est un pays qui jouit d'une stabilité politique, de ressources humaines compétentes, d'un environnement sécurisé et d'un taux de croissance non négligeable. La BOA croit en l'avenir du pays et est en pleine phase d'investissement. Nous espérons vous accueillir prochainement dans notre futur siège à la Zaca. »
Laurent R. Basque, Directeur Général

B.I.B (BANQUE INTERNATIONALE DU BURKINA)

Une filiale d'UBA (United Bank For Africa)

Alphonse Kadjo
Directeur Général
1340 Avenue Dimdolobson
01 BP 362, Ouagadougou 01
Tél : +226-50-300000
Fax : +226-50-310094
Email : bibcontacts@ubagroup.com
Website : www.ubagroup.com

Activité : Banque
Date de création : 1945
Nombre d'employés : environ 350 employés permanents

L'histoire de la Banque Internationale du Burkina commence dès le début de la colonisation de l'Afrique pour accompagner les besoins des français en ressources nécessaires pour l'exploitation des matières premières. C'est ainsi qu'une banque commerciale fut créée en 1853 à Dakar, « la Banque du Sénégal » qui prendra la dénomination de Banque de l'Afrique de l'Ouest (BAO). En 1945, une agence de la BAO est installée à Bobo Dioulasso, la capitale économique de la Haute-Volta. Par la suite, la banque fut connue sous les dénominations suivantes : Banque Internationale de l'Afrique de l'Ouest (BIAO) en 1965, Banque Internationale des Voltas (BIV) en 1974, BIB (Banque Internationale du Burkina) en 1984 puis Meridien Biao en 1990 avant de redevenir BIB en 1996.

Le 24 novembre 2008, la Banque Internationale du Burkina (BIB) a intégré le groupe United Bank for Africa (UBA), quatrième groupe bancaire du Nigeria et de l'Afrique de l'Ouest C'est aussi le premier groupe bancaire africain présent aux USA (UBA New York) depuis 1984 et à Londres (UBA Capital Europe). UBA compte aujourd'hui plus de 17.000 employés et offre une très large gamme de produits financiers à plus de 7 millions de clients à travers un réseau de plus de 750 agences. En moins de deux ans, UBA a étendu son réseau Africain à 9 filiales en activité (Ghana, Cameroun, Ouganda, Côte d'Ivoire, Sierra Leone, Libéria, Sénégal, Bénin et le

Burkina Faso) et projette de couvrir toutes les régions du continent sur un très court terme. Cette expansion stratégique traduit la force du groupe UBA et sa volonté de mettre à la portée des économies et des populations africaines, des produits et services répondant aux normes internationales et réellement adaptés aux réalités économiques, sociales et culturelles des marchés africains.

Les effets positifs de ce rachat sont nombreux. Il devrait permettre d'améliorer la monétique locale et de renforcer les marchés en permettant aux principales sociétés du pays d'accéder à la Bourse de Lagos. Il encouragera également la syndication de crédits, qui n'existe pas actuellement dans le pays, tout en redimensionnant le secteur de la micro finance sur lequel les banques locales sont encore peu présentes. UBA devrait enfin entrer rapidement en concurrence avec les pôles bancaires - notamment européens - pour le financement des campagnes agricoles et cotonnières. A titre d'exemple, en mars 2009, la SOFITEX a obtenu un financement substantielle du pool de banques sur le plan national, dont la BIB est le chef de file.

UBA entend poursuivre le développement de la banque par une politique commerciale orientée vers la satisfaction de la clientèle, par la qualité de service et l'accessibilité de la banque à toutes les franges de la population burkinabé. La BIB veut ainsi démocratiser la banque en se rapprochant davantage de la population grâce à l'ouverture de nouvelles agences de proximité à Ouagadougou et à l'intérieur du pays. Le nombre d'agences devrait doubler à l'horizon 2011.

Ce rapprochement entre la banque et sa clientèle se traduira aussi par la recherche et le développement de nouvelles offres répondant aux besoins spécifiques des différents acteurs de l'économie du Burkina, allant des particuliers aux grandes entreprises multinationales et locales, au Secteur Public et au Gouvernement, aux organisations internationales, aux institutions financières mais aussi aux

Entrée du siège de la BIB-UBA

PME-PMI. En intégrant le groupe UBA, la BIB accroît ainsi son ouverture sur le marché sous-régional et international. Afin de conserver son leadership sur ce marché très concurrentiel, UBA prévoit d'intégrer de nouveaux services technologiques tels que la carte Visa prépayée « Africards », l'Internet Banking ou encore le Mobile Banking qui permettra aux clients d'être informés de leurs transactions en temps réel.

« Lorsque les investisseurs prospectent en Afrique, ils tendent à se diriger vers les pays côtiers. Malgré son enclavement, le Burkina Faso offre de belles opportunités en plein coeur de l'Afrique de l'Ouest car il occupe une position stratégique cohérente pour une banque ou toute autre entreprise. C'est un pays vierge où bon nombre de business models d'autre pays peuvent y être répliqués et adaptés. »
Alphonse Kadjo, Directeur Général

BSIC (BANQUE SAHÉLO-SAHARIENNE POUR L'INVESTISSEMENT ET LE COMMERCE)

Oumar KY
Directeur Général Adjoint
Avenue Kwamé N'Krumah
10 BP 13701, Ouagadougou 10
Tél : +226-50-328401 à 05
Fax : +226-50-302122
Email : oumar_ky@yahoo.fr

Activité : Banque
Date de création : 2004
Nombre d'employés : 80

La BSIC est née de la vision pan-africaine des Leaders et Chefs d'Etats des pays membres de la CEN-SAD. Cet instrument moderne est un exemple éloquent de l'intégration économique de l'espace du Sahel et du Sahara, étape incontournable vers la concrétisation de l'Union Africaine. Le réseau gagne en ampleur et s'étend progressivement vers les pays d'Afrique Centrale. "Synergie sous-régionale" et "développement intégré" sont deux idées-clé qui illustrent l'ambition de la BSIC.

Créée le 9 janvier 2004 avec un capital de 2,907 milliards de FCFA, la BSIC-Burkina fait partie d'un réseau qui s'étend sur plus de 12 pays avec des correspondants partout dans le monde. La BSIC met surtout l'accent sur le financement de l'investissement dans tous les secteurs porteurs tels que l'informel, le génie civil, le bâtiment, les marchés publics et l'accompagnement des PME-PMI. La banque s'est cependant spécialisée dans l'investissement agricole : elle est intervenue entre autres dans le secteur du coton avec la rénovation d'outils de production de la SOFITEX et la création d'une usine d'égrenage. Elle a également financé l'achat de tracteurs agricoles et la modernisation d'une unité de production de savon et de produits cosmétiques.

En dehors de son siège basé sur l'avenue Kwamé N'Krumah, la BSIC dispose de 4 agences à Ouaga 2000, Bobo-Dioulasso, Ouahigouya et Pouytenga. Afin de couvrir au maximum la capitale la banque dispose aussi de quatre points de vente pour des opérations de versements et de retrait à Larlè, Charles de Gaulle, au Samandin et au centre commercial Ouatam.

Avec 5% de part de marché, la BSIC se défend grâce à un solide réseau bancaire et trois pôles majeurs qui font sa force : le volet banque de développement, le volet banque commerciale ainsi que le pôle finance pour lutter contre la pauvreté.

« La banque a été créée pour accompagner et appuyer les investisseurs dans leurs projets. C'est une banque 100% africaine experte sur son marché. »
Oumar KY, Directeur Général Adjoint

CABINET PIERRE ABADIE (EXPERT COMPTABLE)

Pierre Abadie
Expert Comptable
522 Avenue de la Nation
01 BP 3913, Ouagadougou 01
Tél : +226-50-301521
Fax : +226-50-301522
Email : pierre@abadie.bf
Website : www.pierreabadie.com

Activité : Expert comptable, Commissaire au compte, Conseil Juridique et Fiscal
Date de création : 1985
Nombre d'employés : 5

Pierre Abadie a commencé sa carrière en 1985 à Paris en tant qu'expert comptable. Il réside aujourd'hui au Burkina Faso où il exerce la même profession depuis 1998. Il est inscrit à l'ordre des experts comptables en France (www.oec-paris.fr) et au Burkina Faso (www.onecca.bf). Pierre Abadie a la nationalité française et burkinabè.

L'expertise du Cabinet Pierre Abadie (CPA) est particulièrement reconnue en matière juridique et fiscale.

Il est le partenaire pour le Burkina Faso de Droit Afrique (www.droit.afrique.com) et le consultant des plus grands cabinets d'avocats internationaux (Deloitte France, Francis Lefebvre, Fidal, ..)
Pierre Abadie a réalisé la mise à jour du Code des Impôts du Burkina Faso.

L'organisation du cabinet repose sur la constitution de groupes d'experts spécialisés qui permettent de proposer un service personnalisé et de qualité.

C'est ainsi que les plus grandes institutions du pays telles que le Ministère des Finances pour lequel il a réalisé le logiciel de comptabilité matière du Burkina Faso, le Ministère de la Justice en tant qu'expert judiciaire et des institutions internationales comme le CILSS, lui font régulièrement confiance.

Il compte également parmi ses clients de prestigieuses sociétés du secteur privé tels Mabucig ou Dafani.

« Le Burkina Faso est un pays stable où il fait bon vivre. L'environnement des affaires, grâce au rythme accéléré des réformes est en nette amélioration. Du fait des démarches engagées, notamment en matière fiscale, le meilleur est sans doute à venir. Géographiquement, le Burkina est situé au cœur de l'UEMOA. Avec un réseau routier relativement satisfaisant, un port sec à Bobo Dioulasso et un aéroport en construction à Ouaga, le Burkina Faso est appelé à jouer un rôle de plaque tournante de la sous-région. Les qualités d'accueil du peuple burkinabè, la structure hôtelière de Ouaga et son rapport qualité-prix font déjà du Burkina Faso, une destination privilégiée pour les réunions internationales.
Pierre Abadie, Expert Comptable

CORIS BANK INTERNATIONAL

Idrissa Nassa
Président Directeur Général
1242 av. Dr Kwamé N'Krumah
01 BP 6585, Ouagadougou 01
Tél : +226-50-306814 / 312323
Fax : +226-50-335237
Email : corisbank@corisbank.bf
Website : www.corisbank.bf

Activité : Banque
Actionnaires : SONAPOST, CNSS, UAB-VIE, privés burkinabè
Total Bilan : 52 milliards FCFA
Date de création : 2008
Nombre d'employés : 90

Coris Bank International (CBI) a ouvert ses portes au public le 7 Janvier 2008. C'est une société anonyme de droit burkinabè avec Conseil d'Administration au capital social de 5 000 000 000 FCFA.

CBI a vu le jour suite à la transformation de l'établissement financier la Financière du Burkina (FIB-SA) en une banque universelle.

CBI se veut être le partenaire privilégié des secteurs du commerce et de l'industrie, avec une nette orientation vers les particuliers et les PME-PMI, acteurs incontournables de la croissance économique du Burkina Faso. Cette jeune banque cherche à se démarquer de ses nombreux concurrents par sa connaissance approfondie du marché burkinabè et un service de proximité auprès de ses clients auxquels elle accorde une attention toute particulière. CBI fut la première banque à prendre l'initiative d'ouvrir ses portes 7 jours sur 7.

Le développement des activités bancaires online fait partie des services que CBI souhaite offrir très prochainement à ses clients.

Avec 11 agences réparties sur Ouagadougou: Siège, Yennenga, Cissin, Sankaryaar, Gounghin, Tampouiy, Zogona, Bobo Dioulasso, Kaya, Koudougou et Pouytenga.

Au titre de l'exercice 2008, CBI s'est classée 5° banque en termes de rentabilité et 8° en termes de volume d'affaires.

CBI compte renforcer son réseau sur le plan national et dans la sous-région. Elle possède 3 guichets au sein des agences de la BFA en Côte d'Ivoire et y prévoit l'ouverture d'une succursale en propre à l'horizon 2010. Ses alliances stratégiques avec la BST et la BDM-SA, première banque malienne et la quatrième dans l'espace UEMOA, préfigurent une rapide expansion dans la sous-région (Mali, Togo et Niger).

« Le Burkina Faso occupe une situation stratégique au cœur de l'Afrique de l'Ouest. C'est un pays accueillant qui jouit d'une stabilité politique légendaire et présente de nombreux atouts parmi lesquels notre force de travail. C'est le meilleur choix pour tout homme d'affaires désireux de s'établir en Afrique de l'Ouest. »
Idrissa Nassa, Président Directeur Général

ECOBANK - BURKINA

Roger Dah-Achinanon
Administrateur Directeur Général
Av. Kwamé N'Kruma
Tél : +226-50-335322/24
Fax : +226-50-335327
Email : rdah@ecobank.com
Website : www.ecobank.com

Activité : Toutes opérations de banques
Date de création : 1996
Nombre d'employés : 500

Le Groupe ECOBANK, créé en 1985, est né de la volonté de privés ouest-africains : sociétés d'assurances et de sécurité sociale d'Afrique de l'Ouest, la Banque d'Investissement et de Développement de la CEDEAO (BIDC), son altesse le prince AL Walid d'Arabie Saoudite, soucieux de l'avenir du continent dans le domaine financier. Suite à la création de la première agence au Togo en 1988, le Groupe ECOBANK s'est développé à l'Ouest avant de confirmer sa présence panafricaine au Centre et à l'Est du continent et est aujourd'hui présente dans 27 pays.

Dans les années 1990, afin de conforter la position de la banque en Afrique de l'Ouest, le groupe décide de mettre un pied dans le Sahel, action concrétisée par la création de la filiale burkinabè du groupe en 1996. L'activité de la banque commence en 1997 avec l'ouverture du siège et d'une première agence à Ouagadougou. Ecobank s'est rapidement développé avec une agence à Bobo-Dioulasso l'année suivante et totalise à ce jour 17 agences dans le pays.

Ecobank a véritablement révolutionné le secteur bancaire burkinabè, par ses horaires d'ouvertures incluant le samedi et en dynamisant le secteur par une approche plus personnalisée de ses clients.

En août 2008, le groupe Ecobank a racheté la Banque Agricole et Commerciale du Burkina (BACB) à hauteur de 90% du capital, soit 8,55 milliards de FCFA, afin de répondre à la stratégie du groupe qui est de grandir tant en interne que par acquisition. Cette fusion va permettre à Ecobank de multiplier par 2 son nombre d'agences et de passer de la 4ème à la 1ère place dans le classement des banques du Burkina Faso en terme de bilan et de rentabilité. La BACB est orientée micro finance, et finance notamment les activités des cotonculteurs et autres agriculteurs, ce qui permettra à Ecobank de diversifier sa clientèle jusqu'alors très fortement représentée par les entreprises.

« A tout investisseur venant au Burkina Faso : venez au guichet d'Ecobank où tous les services vous seront offerts »
Roger Dah-Achinanon, Administrateur Directeur Général

Le Groupe Ecobank a absorbé Banque Agricole et Commerciale du Burkina (BACB).

SOCIÉTÉ BURKINABÈ D'INTERMÉDIATION FINANCIÈRE (S.B.I.F)

M. Alexis Lourgo
Directeur Général
Immeuble CGP.
01 BP. 5394, Ouagadougou 01,
Tél : +226-50-330491/92
Fax : +226-50-330490
Email : sbif@fasonet.bf
Website : www.sbifbourse.bf

Activité : Bourse
Nombre d'employés : 8

La Société Burkinabè d'Intermédiation Financière (S.B.I.F), est actuellement la première et la seule Société de Gestion et d'Intermédiation (SGI) de la place du Burkina. C'est un instrument de mise en œuvre des activités de la Bourse Régionale des Valeurs Mobilières (BRVM) au Burkina Faso.

Avec un capital de XOF 225 000 000, la S.B.I.F est, à ce jour, constituée d'un groupe d'actionnaires représentant des Banques pour soixante pour cent, des Etablissements Financiers et d'autres Opérateurs Economiques (sociétés et particuliers) pour quarante pour cent.

FINANCE

La S.B.I.F permet à l'Etat, aux entreprises publiques et privées, aux particuliers, de bénéficier de multiples opportunités offertes par le marché financier sous-régional dans le domaine du financement des projets d'investissements publics et privés.

Elle leur offre des services financiers et boursiers spécialisés : Courtage en bourse (achat et vente de titre), recherche et montage de financements moins onéreux dans la zone UEMOA pour les investissements par émissions d'obligations, placements rentables des liquidités des entreprises et des particuliers, formation sur la bourse.

La S.B.I.F gère, à l'heure actuelle, un portefeuille titres de près de FCFA 60 Milliards représentant ses placements, ceux des sociétés et des personnes physiques sur le marché financier et monétaire de l'UEMOA.

« Le BF est un pays en devenir au potentiel non exploité. Je pense que les meilleures opportunités d'investissement sont en agrobusiness et mine. »
M. Alexis Lourgo, Directeur Général

SOCIÉTÉ GÉNÉRALE DE BANQUES AU BURKINA (SGBB)

Patrick Delaille
Administrateur Directeur Général
248, rue de l'hôtel de Ville,
01 BP 585, Ouagadougou 01
Tél : +226-50-325401
Fax : +226-50-310561
Email : patrick.delaille@socgen.com
Website : www.sgbb.bf

Activité : Toutes opérations de banques de Détail.
Date de création : 1998
Nombre d'employés : 200

La Société Générale de Banques au Burkina est une filiale du réseau international du Groupe Société Générale présent dans 82 pays et mobilise un large éventail de compétences et d'expertises à travers le monde. En ce qui concerne le continent africain, le groupe compte plusieurs implantations en Côte d'Ivoire, Cameroun, Sénégal, Guinée Conakry, Bénin, Guinée Equatoriale, Ghana et forme d'autres projets de développement dans la zone.

Dans le cadre de cette expansion en Afrique, la SGBB a ouvert ses portes le 29 mai 1998 après le rachat de la BFCI-B (Banque pour le Financement du Commerce et des Investissements au Burkina) Le capital de l'entreprise s'élève à 6,4 milliards de FCFA et est réparti entre la Société Générale (47,53%), l'Etat Burkinabè (15%), le Groupe Castel (15%), la SGBCI (5%) et des privés qui se partagent les 17,50 restants.

Après un fort investissement du groupe, la banque est maintenant classée troisième dans le très concurrentiel paysage bancaire burkinabè composé d'une douzaine de banques. La SGBB bénéficie d'un nom prestigieux, d'un réseau international très étoffé et d'une large gamme de produits et de services innovants, adaptés aux besoins tant des particuliers, professions libérales, ONGs, associations et institutions que des entreprises qui constituent 80% de son chiffre d'affaire.

La SGBB est une banque engagée pour le développement socio-économique du Burkina Faso et s'illustre par divers financements de l'activité économique et des actions de développement durable. Elle soutient entre autres l'association « Enfants du Noma » qui invite chaque année une équipe de chirurgiens venant de France pour opérer 150 enfants et assurer la continuité de leur action en formant les chirurgiens locaux.

« Nous venons de Fêter les 10 ans de la SGBB. Le chemin est encore long et ne sera pas forcément facile. Mais je connais l'esprit de conquête et de motivation des équipes qui fera qu'ensemble nous réussirons de très belles choses. Le meilleur reste à venir ! »
Patrick Delaille, Administrateur Directeur Général

SONAR

André B. Bayala
Directeur Général
284, Avenue de Loudun
01 BP 406, Ouagadougou 01
Tél : +226-50-496930
Fax : +226-50-308975
Email : iard@sonar.bf
Website : www.sonar.bf

Activité : Assureur / Réassureur
Date de création : 1974
Capital : 2.440.000.000 F.CFA
Chiffre d'affaires : environ 8 milliards de FCFA au 31 décembre 2008
Nombre d'employés : 111

La Société Nationale d'Assurances et de Réassurances (SONAR) a vu le jour au Burkina Faso à l'instigation de la CNUCED (Conférence des Nations Unies pour le Commerce, les Échanges et le Développement) qui recommandait aux États en développement la création de Sociétés d'Assurances de droit national. L'entreprise est née du transfert du portefeuille du Groupement Français d'Assurances (GFA) en 1974, puis enrichi de ceux de l'Union des Assurances de Paris (UAP), des Mutuelles du Mans, des AGF (Assurances Générales de France) et des MGF Accidents (Mutuelles Générales Françaises Accidents) en 1978.

La Sonar disposait à sa création d'un capital de 80 M FCFA. En 1999, pour se conformer aux dispositions de la Conférence Interafricaine des Marchés d'Assurances (CIMA), la SONAR s'est scindée en deux sociétés : SONAR-IARD, spécialisée en assurances dommages avec un capital de 720 M FCFA et SONAR-VIE, spécialisée en assurance vie, avec un capital de 500 M FCFA.
Le 9 juillet 2008, le capital des deux sociétés a été doublé pour atteindre respectivement 1,44 milliard FCFA pour SONAR-IARD et 1 milliard FCFA pour SONAR-VIE.

A l'origine, la Société Nationale d'Assurances et de Réassurances était une société d'économie mixte avec une participation majoritaire de l'État. Suite au vaste programme de privatisation de 1994 et à d'autres changements d'actionnaires, le capital de la SONAR est aujourd'hui réparti entre les privés burkinabè (64%), les sociétés étrangères (11%), le personnel SONAR (3%) et l'État (22%).

Avec environ 10 acteurs majeurs, le secteur de l'assurance et réassurance est très concurrentiel. En 2008, sur les 25 milliards de FCFA de CA généré par cette activité, la SONAR se fait la part belle avec 32% de part de marché, soit 8 milliards de FCFA (IARD : 5,4 milliards vs. Vie : 2,6 milliards). Malgré sa position de leader, le Groupe SONAR continue à innover et propose des produits sur mesure et avantageux pour les particuliers et pour les entreprises qui représentent 80% de son CA.

Le Groupe SONAR est depuis le 1er avril 2000 membre du réseau International de AXA Corporate Solutions, leader mondial dans le domaine des assurances. Avec plus de 35 années d'existence, SONAR bénéficie d'une solide expérience, d'un personnel hautement qualifié, d'un savoir-faire et du plus important portefeuille dans le secteur des assurances au Burkina Faso. Tout un ensemble de facteurs qui ont construit sa notoriété et confirmé son leadership dans le secteur des assurances au Burkina Faso.

« Le Burkina Faso est un pays pauvre en ressources naturelles. Cependant, il existe une forte volonté de transparence de la part des acteurs du marché de l'assurance. Par ailleurs, l'institution d'un dialogue pertinent entre les autorités et les acteurs économiques permet de travailler à trouver constamment des solutions pour agiliser notre activité. »
André B. Bayala, Directeur Général

FINANCE

BANQUE INTER. BURKINA		
COURS	CHEQUES	DEVISE
DEV.	ACHAT	VENTE
USD	463	483
CAD	411	427
GBP	761	787
CHF	427	444

TECHNOLOGIES DE L'INFORMATION ET DE LA COMMUNICATION

On ne peut que croire au poisson qui dit que l'oeil du crocodile est pourri
*** Proverbe du Burkina Faso***

TECHNOLOGIES DE L'INFORMATION
ET DE LA COMMUNICATION

CONTEXTE

La période allant de 1968 à 1986 a été consacrée à la naissance d'un secteur de télécommunications modernes au Burkina Faso. En effet, en 1968 fut créé l'Office national des postes et télécommunications (OPT), Etablissement public à caractère industriel et commercial (EPIC) doté d'une autonomie financière et de gestion et chargé, d'une part, de fournir sous monopole les services publics de télécommunications jadis confinés dans les départements ministériels et, d'autre part, de l'application de la réglementation, du contrôle et de la gestion du spectre des fréquences.

En 1987, les bailleurs de fonds intervenant dans le financement des projets de télécommunications voulant s'entourer de toutes les garanties de remboursement des prêts consentis exigeaient que l'Etat prenne en charge les déficits de la branche postale. Cette exigence des bailleurs de fonds, qui du reste est demandée aux pays de la sous-région, a amené l'Etat à séparer en 1987 les deux branches d'activités de l'OPT en deux entités distinctes avec le statut d'EPIC: l'Office national des télécommunications (ONATEL) et l'Office national des postes (ONP).

En novembre 1994, l'ONATEL a été transformé en société d'Etat. En terme quantitatif, on note une croissance des équipements de communication, une extension et une numérisation du réseau, une vulgarisation de l'accès aux services téléphoniques par l'implantation de 165 cabines téléphoniques publiques en 1997.

C'est aussi en 1994 que l'ONP sera transformé en société d'Etat sous la dénomination de la Société Nationale des Postes (SONAPOST).

Avant la création de l'Autorité Nationale de Régulation des Télécommunications (ARTEL) en 1998, le spectre des fréquences était géré par l'ONATEL. (Voir profil de l'ARTEL dans les « Principales Entreprises »)

En 1994 l'Office National de Postes (ONP) a été transformé en société d'Etat sous la dénomination de la Société Nationale des Postes (SONAPOST)

LE MARCHÉ DE LA TÉLÉPHONIE FIXE

L'ONATEL est à ce jour le seul opérateur autorisé à offrir ses prestations sur ce marché. L'opérateur historique ONATEL suite à sa privatisation partielle en décembre 2006 dispose d'une autorisation assortie d'un cahier des charges. Le cahier des charges prévoit l'extension du réseau fixe à 85 chefs lieux de communes au plus tard en décembre 2009. Par ailleurs le même cahier des charges prévoit en 2007, un objectif de raccordement de vingt cinq mille (25 000) nouveaux abonnés et un parc total d'abonnés de cent quarante mille (140 000).

La poursuite de l'extension de son réseau fixe aussi bien dans les zones urbaines que rurales notamment sur la base de la Boucle Locale Radio et du CDMA, permet d'enregistrer au 31 Décembre 2007, un parc d'abonnés d'environ 116 746, quatre nouvelles localités couvertes, environ 21 989 nouveaux raccordements.

Il se dégage donc une télédensité fixe de 0,85 LP/100 habitants pour une population estimée à 13 730 258 d'habitants au 31 décembre 2006.

Le parc d'abonnés fixes, comparé à celui de décembre 2006 connaît une croissance de 21,20% au cours de l'année 2007. Le parc de lignes numérique enregistre une décroissance de 77,32% sur la même période.

L'ONATEL est à ce jour le seul opérateur autorisé à offrir ses prestations sur le marché de la téléphonie fixe

Le nombre de villes et localités couvertes connaît une progression de 3,72% au cours de 2007.

Au 31 décembre 2007, on enregistre plus de 395 millions de minutes pour des recettes générées de plus de 37 milliards de FCFA. Toutefois, il se dégage des données exploitées que 45,12% des recettes proviennent des communications fixes en locale et en interurbain contre 15,26% pour les communications internationales, les 42,62% restant étant les appels vers un mobile.

LE MARCHÉ DE LA TÉLÉPHONIE MOBILE

Depuis 2000, après la libéralisation du secteur, trois opérateurs mobiles GSM (Telmob, Celtel et Telecel) se partagent ce marché qui connaît une croissance soutenue. Il se caractérise par son important dynamisme favorisé par une rude concurrence avec des offres de plus en plus diversifiées.

Le parc d'abonnés à la date du 31 décembre 2007 est d'environ 925 134. Il se dégage une télédensité de 6,74 téléphones pour 100 habitants.

Les trois opérateurs mobiles totalisent à la date du 31 Décembre 2007, un parc d'abonnés de 1 858 039 ; ce qui donne une télédensité mobile de 13,53 téléphones pour 100 habitants sur la base d'une population estimée à 13 730 258 d'habitants au 31 Décembre 2007.

Téléphonie fixe	Décembre 2006	Décembre 2007
Parc total	94 758	116 746
Parc de lignes analogiques	93 043	104 816
Parc CDMA	—	11 541
Parc de lignes numériques	1 715	389
Villes et localités couvertes		269
Croissance en % des localités couvertes		14,50%

Source : L'Autorité Nationale de Régulation des Télécommunications (ARTEL)

Parc d'abonnés des 3 grands opérateurs mobile

	CELTEL	TELMOB	TELECEL
Dec 2006	517550	365682	127101
Dec 2007	925134	625705	307705

Source : L'Autorité Nationale de Régulation des Télécommunications (ARTEL)

Les données ci-dessus montrent dans l'ensemble l'extension des réseaux des opérateurs par l'élargissement des zones de couverture et l'évolution des parcs d'abonnés desdits opérateurs. Cependant les obligations de déploiement des réseaux par chacun des opérateurs n'ont pas été entièrement exécutées conformément aux dispositions du cahier des charges. La plus part des axes routiers restent à desservir intégralement.

En regardant le parc d'abonnés de chacun des trois opérateurs, on observe 49,80 % de part de marché pour Celtel contre 16,53 % pour Telecel et 33,67 % pour Telmob.

Les recettes des communications mobiles représentent au 31 décembre 2007, presque le double des recettes totales de l'année 2006. Au vu de ces données on peut dire que la tendance d'évolution des recettes issues des communications mobiles est respectée.

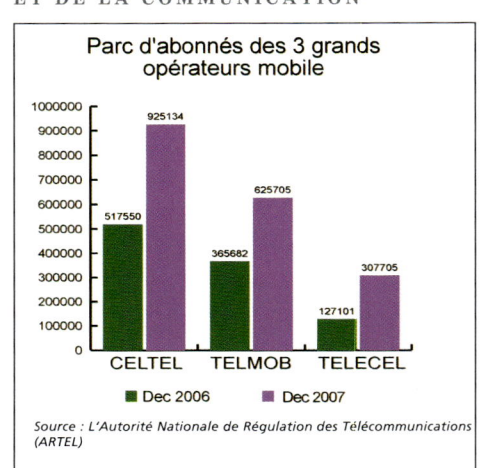

	Dec 2006	Dec 2007	(%)
Recettes globales des communications mobiles (FCFA)	54.558.884.248	91.100.360.677	66,98

Source: L'Autorité Nationale de Régulation des Télécommunications (ARTEL)

LE MARCHÉ DE L'INTERNET

Au 31 décembre 2007, l'ARTEL enregistre une trentaine de fournisseurs d'accès Internet (FAI) déclarés sur le marché de l'Internet. Une quinzaine de ces FAI sont actifs dont Fasonet, la division Internet de l'ONATEL, qui occupe une position dominante sur ce marché.

Le nombre des Fournisseurs d'accès Internet est passé de 25 en fin décembre 2006 à 30 au 31 décembre 2007 comme le montre le tableau ci-après.

Années	Décembre 2006	Décembre 2007
Nombre de FAI	25	30
Evolution		20 %

Source : L'Autorité Nationale de Régulation des Télécommunications (ARTEL)

	Parc au 31 Décembre 2006	Répartition du parc au 31 décembre 2006	Parc au 31 Décembre 2007	Répartition du parc au 31 décembre 2007	Croissance en %
Internet bas débit	7.272	79%	4812	69,49%	8,07%
dont RTC/RNIS	7.272	79%	812	69,49%	
dont autres bas débit	NC	0%	NC	0%	
Internet haut débit	1.926	21%	3.451	30,51%	79,18%
dont ADSL	1.715	19%	6412	22,24%	
dont Câbles (LL)	211	2%	320	8,27%	
BLR + CDMA			559		
Total	9.198	100%	11.310	100%	22,96%

Source : L'Autorité Nationale de Régulation des Télécommunications (ARTEL)

Les opérateurs mobiles font beaucoup de promotion afin de se différentier.

Le nombre de FAI a connu une croissance de 12 % en six mois. Cette situation se justifie entre autres par l'ouverture totale du secteur à la concurrence, permettant des connexions par VSAT et de la baisse significative des tarifs des liaisons louées et de la connexion ADSL de l'ONATEL. Les principaux fournisseurs sont l'Onatel, IPSystem, ALink et Connecteo qui a fait son entrée en 2009.

Le parc d'abonnés Internet bas débit est passé de 7 272 en fin décembre 2006 à 7 859 en fin octobre 2007 ; soit une augmentation d'environ 8,07% en six mois. Le nombre d'abonnés haut débit enregistre une croissance de 79,18% sur la même période dont environ 73% représente les abonnés Internet ADSL et environ 6% les accès Internet par Liaisons Louées.

CONCLUSION

Le secteur des télécommunications a enregistré au cours de l'année 2007 des avancées significatives en dépit des insuffisances liées notamment au cadre juridique.

En effet, il en ressort les données disponibles :
• la poursuite de la couverture du territoire national aussi bien par le réseau fixe que par les réseaux mobiles;
• le nombre d'abonnés fixes et mobiles de 1974 785, soit une télédensité de 14,38%;
• une demande de plus en plus forte du spectre des fréquences radioélectriques pour l'utilisation de divers systèmes de radiocommunications. Cependant la quantité des bandes de fréquences radioélectriques disponibles ne permet pas de satisfaire toutes les demandes de fréquences pour la mise en oeuvre de ces réseaux. Un appel à concurrence devrait être lancé en vue d'attribuer les fréquences aux opérateurs qualifiés.

TECHNOLOGIES DE L'INFORMATION ET DE LA COMMUNICATION

PRINCIPALES ENTREPRISES

ARTEL (AUTORITÉ NATIONALE DE RÉGULATION DES TÉLÉCOMMUNICATIONS)

Eléazar Lankoande
Directeur Général
Ouaga 2000, Imm. BAD,
01 BP 6437, Ouagadougou 01
Tél : +226-50-375360/61/62
Fax : +226-50-375264
Email : secretariat@artel.bf

Activité : Régulation des Télécommunications
Création : 1998
Nombre d'employés : 31

L'histoire de l'ARTEL est très étroitement liée à celle de la réforme du secteur des télécommunications au Burkina Faso qui a suivi un cheminement classique. La mise en place d'un organe de régulation est l'une des réformes adoptées par le gouvernement pour atteindre ses objectifs de privatisation du secteur.

Suite au projet de loi proposé par l'UIT (Union Internationale des télécommunications), sur rapport du Ministre de la Communication, le Conseil des Ministres a adopté le projet de loi le 24 juin 1998, pour créer l'Autorité Nationale de Régulation des Télécommunications. C'est un établissement public à caractère administratif doté de la personnalité juridique et de l'Autonomie financière et placé sous la tutelle technique du Ministère chargé des télécommunications.

L'Autorité a pour mission de faire appliquer la réglementation en matière des télécommunications ; de veiller au respect des dispositions de l'acte de concession et du cahier des charges entre concessionnaire des droits exclusifs de l'Etat ; de délivrer les autorisations d'exploitation des services de télécommunication et de veiller au respect de leurs dispositions ; d'accorder les agréments des équipements terminaux et de veiller au respect de leurs dispositions ; d'assurer la gestion et le contrôle du spectre des fréquences radioélectriques ; de veiller au respect des engagements internationaux du Burkina Faso dans le domaine des télécommunications.

Elle a aussi pour devoir de contribuer à l'exercice des missions de l'Etat en matière de télécommunication. Pour ce faire, elle travaille en étroite collaboration avec les administrations de l'Etat concernées par la réglementation et la gestion des télécommunications ainsi qu'avec le concessionnaire des droits exclusifs de l'Etat et les fournisseurs de services de télécommunication en vue d'un meilleur accomplissement de sa mission. Elle doit aussi assurer la publication de l'annuaire des données ou d'en confier la responsabilité au concessionnaire et assurer avant tout recours arbitral ou juridictionnel, la conciliation et l'arbitrage des litiges nés entre les exploitants des télécommunications et entre ceux -ci et les consommateurs.

« Le Burkina Faso est un pays remplit de potentialités insoupçonnées La population est jeune et veut réellement travailler pour faire avancer le pays »
Eléazar Lankoande, Directeur Général

IP SYSTEMS SA

Patrick Pons de Vincent
Directeur Général
Avenue Kwame N'Krumah, Imm. Obouf,
Ouagadougou 01
Tél : +226-50-305500
Fax: +226-50-305500
Email : patrick@mail-bf.com
Website : www.ipsys-bf.com/

Activité : Fournisseur Internet
Création : 2005
Nombre d'employés : 20

IPSystems a été créé en 2005 avec pour mission d'offrir une solution alternative à celle de l'opérateur national : l'Onatel. L'entreprise a aujourd'hui une infrastructure évoluée et capable d'offrir une connexion sur toute la capitale burkinabè. IPSYS TELECOM offre une palette de services complète : depuis l'accès à l'Internet par ligne téléphonique à la mise en place et la gestion de liaisons louées à haut débit, en passant par des solutions de connexion ADSL.

L'ensemble de leurs fournisseurs et partenaires ont été choisis suivant les mêmes critères de rigueur et de professionnalisme. Chacun de leurs liens qui les relie à l'Internet, ainsi que tous leurs serveurs sont au moins doublés et leur capacité instantanée est toujours largement supérieure à la demande.

Grâce à un réseau constitué en grande partie par un maillage de fibre optique, leur évolution est permanente et pratiquement sans limite. L'ensemble de l'infrastructure technique est surveillée 24 heures sur 24 par des techniciens hautement qualifiés et capables d'intervenir en moins de 30 minutes afin d'assurer une qualité de service exemplaire.

Ce professionnalisme a permis à IP Systems de se hisser à la deuxième place du marché avec près de 18% de PDM et un CA de plus d'1,5 million d'euros. Elu meilleur ISP par le NTIC Awards 2008, IP Systems a pour objectif à court terme de revendre sa structure à un opérateur souhaitant investir dans le pays.

> « Le Burkina Faso offre de nombreux atouts aux investisseurs : un peuple travailleur, un système sécurisé où la corruption n'est pas de mise et un gouvernement qui investit énormément dans ses infrastructures. Dans le domaine des télécommunications, il y a encore beaucoup d'opportunités. »
> Patrick Pons de Vincent, Directeur Général

ONATEL - TELMOB

Bouraïma Ouedraogo
Responsable Communication Institutionnelle
01 BP 10 000, Ouagadougou 01
Tél : +226-50-335889
Fax : +226-50-310231
Email : dcrp@onatel.bf
Website : www.onatel.bf

Ipsys est le second fournisseur internet après l'Onatel

Activité : Opérateur Télécom
Chiffre d'affaires : 18 milliards FCFA
Nombre d'employés : 1 300

L'Onatel, opérateur global leader dans le secteur des télécommunications au Burkina Faso, est depuis le 29 décembre une société anonyme détenu à 51% par Maroc Telecom. Les métiers de base de l'ONATEL concernent les produits et services de la Téléphonie Fixe, de la Téléphonie Mobile (Telmob) et de l'Internet.

Le Fixe reste la technologie de base pour la promotion des TIC. L'accent est mis sur le repositionnement et l'augmentation du taux de pénétration à travers diverses stratégies de commercialisations (cartes prépayées Phone cash, Liberté et Dounia, l'implémentation des technologies sans fil (BLR et CDMA), la promotion des télécentres et le lancement des offres promotionnelles régulières.

Quant à l'activité Mobile, l'offensive de couverture amorcée en 2007 a permis à Telmob d'offrir ses services au plus grand nombre. Sa présence dans plus de 1 000 localités urbaines, périurbaines et rurales ainsi que sur les principaux axes routiers le hisse à la tête des réseaux

TECHNOLOGIES DE L'INFORMATION ET DE LA COMMUNICATION

La priorité de Telecel a été donnée à l'extension de son réseau : en 2009, le nombre de sites a presque triplé pour atteindre 150 sites.

mobiles en termes de couverture. Le parc d'abonnés a connu une croissance record en 2007 (+71%) et en 2008 (+91%). En 2009, Telmob devrait conforter davantage sa position d'opérateur global et de leader des télécommunications au Burkina Faso. Les actions de développement en 2009 prévoient la densification du réseau avec plus de 100 nouveaux sites à couvrir, un accroissement notable des accords de roaming ainsi que l'implémentation de nouveaux services.

Enfin, l'Onatel travaille à la diversification de son offre Internet en développant les liaisons spécialisées, les lignes téléphoniques (RTC), l'Internet sans fil (CDMA), le déploiement de l'ADSL, l'augmentation des bandes passantes à l'international et l'implémentation de nouveaux services et de services à valeur ajoutée (GPRS, MMS etc.).

Le développement de l'Onatel se fait à travers la réalisation de grands projets : le renforcement de la couverture du Mobile et du Fixe; l'extension, la fiabilisation et la sécurisation des infrastructures de transmission ; l'accroissement des offres avec de nouvelles technologies. Pour 2008, 33 milliards FCFA d'investissements ont été engagés, en plus des 41,45 milliards de 2007.

La privatisation de l'Onatel et de son activité mobile Telmob ouvre ainsi une ère nouvelle non seulement au secteur des TICs mais également au Burkina Faso. Le rattachement au groupe Vivendi avec son expérience met l'Onatel dans un grand réseau mondial de partenaires lui permettant d'accélérer sa stratégie de croissance.

TELECEL FASO

Moussa Sanfo
Directeur Général
Telecel 396, Avenue de la Nation
08 BP 11059, Ouagadougou 08
Tél : +226-50-333556
Fax: +226-50-331390
Email : msanfo@telecelfaso.bf

Activité : Télécommunications
Date de création : 2000
Capital : 2 500 000 000 FCFA
Actionnaires: Planor Afrique
Nombre d'employés:155

En 1987, l'homme d'affaires congolais Miko Rwayitare fut à l'origine de la création de Telecel, une société de télécommunication basée en Afrique du Sud. Très vite, l'opérateur s'implante dans plusieurs pays d'Afrique, en privilégiant la zone subsaharienne. En 1999, l'Etat burkinabé met fin au monopole sur le secteur des télécoms et lance un appel d'offres international sur deux licences GSM.

En 2000, TÉLECEL FASO fut ainsi créée et s'érige en leader de 2000 à 2002.

A partir de 2005, l'entreprise traversa une période difficile due aux incompréhensions entre les principaux actionnaires. Après avoir remporté le procès contre Atlantique Telecom et Etisalat, Planor Afrique prend le contrôle de Telecel Faso en septembre 2008 et en devient l'actionnaire majoritaire.

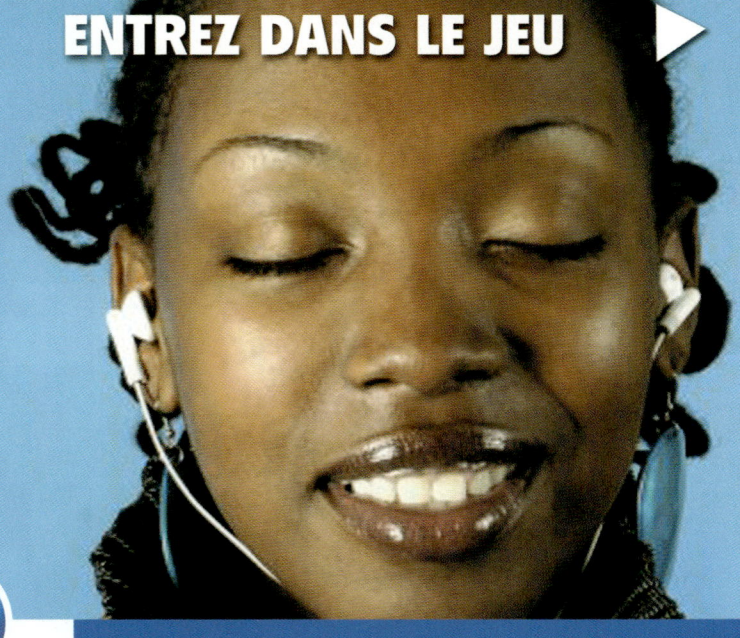

La nouvelle direction doit alors relever plusieurs challenges, l'entreprise a perdu beaucoup de part de marché. Tout d'abord, en interne, il a fallu remobiliser le personnel afin de recréer un véritable esprit d'entreprise. Une nouvelle stratégie commerciale orientée satisfaction client d'où le nouveau slogan « offrir plus…. » , une nouvelle campagne institutionnelle, le maintien du tarif flat à 150 F/mns en national et 250 F/mns en international (vers plus de 500 destinations) et une communication directe aux utilisateurs par SMS sont autant d'actions de communication qui furent entreprises afin de redorer son blason.

Enfin, pour remédier à son principal handicap face aux concurrents sur la question du taux de couverture, la priorité a été donnée à l'extension de son réseau : en 2009, le nombre de sites a presque triplé pour atteindre 150 sites. L'entreprise a pour ambition de rattraper son retard et d'être pleinement compétitive en 2010 et devrait prochainement offrir à ses utilisateurs la technologie 3G.

« Avec le meilleur réseau en terme de rapport qualité-prix, Telecel dispose d'une grande marge de développement.»
Moussa Sanfo, Directeur Général

ZAIN MARQUE DE CELTEL BURKINA FASO S.A

Ibrahim Hema
PR Coordinator
771, Avenue du Général Aboubacar Sangoulé Lamizana,
01 BP 6622, Ouagadougou
Tél : +226-50-331400/01/02
Fax : +226-50-331406
Email : ibrahim.hema@zain.com

Activité : Télécommunications

Celtel Burkina Faso S.A à l'instar de toutes les opérations Celtel en Afrique a adopté la marque commerciale Zain depuis août 2008, affichant ainsi son appartenance à un groupe de classe mondiale. Zain est le 4e opérateur de télécommunication mobile au monde et ambitionne de figurer parmi les 10 meilleures compagnies de télécommunication au monde en 2011.

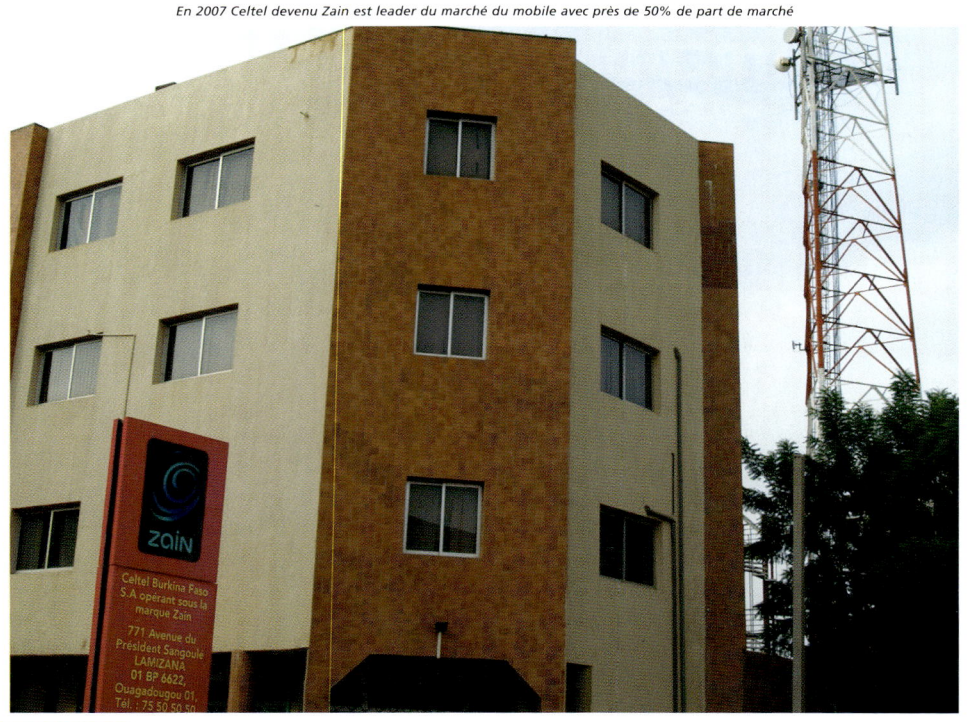

En 2007 Celtel devenu Zain est leader du marché du mobile avec près de 50% de part de marché

Celtel Burkina Faso S.A opérant sous la marque Zain se positionne aujourd'hui comme le leader de la téléphonie mobile tant en nombre d'abonnés qu'en Chiffre d'affaires. Avec 94 % de la population couverte en réseau GSM (téléphonie) et GPRS (internet mobile, transfert de données), près de 1 500 000 abonnés, Zain, toujours à la pointe de la technologie et fidèle à son engagement d'innovation permanente, est le premier opérateur à introduire au Burkina Faso des services innovants tels que : le partage de crédit appelé « CpourToi », la facturation à la seconde, la recharge électronique appelée Sap.Sap, le Réseau Unique, Internet mobile, le BlackBerry, le tout dernier né de ses produits Mam Zik dont le lancement a eu lieu ce jour 26 mai 2009 pou ne citer que ceux là.

Cité parmi les 5 premiers contributeurs fiscaux du pays, Zain a apporté en 8 ans d'existence plus de 74 milliards de francs au trésor public à travers les différentes taxes et impôts payés. Entre 2000 et 2008, Celtel Burkina Faso S.A cumule un investissement de 96 milliards de FCFA dans l'économie du Burkina Faso, principalement dans la modernisation et l'élargissement de son réseau et également pour soutenir le lancement de nouveaux produits et services à valeur ajoutée.

Au delà des solutions novatrices introduites sur le marché burkinabè, Zain poursuit sa mission d'entreprise citoyenne en investissant chaque année au Burkina une partie de son bénéfice dans des actions sociales, principalement dans les domaines de la culture de la santé et de l'éducation. A ce titre, peuvent être cités : la 21e édition du FESPACO, la XIe édition du SIAO, les 7e, 8e et 9e éditions des Kundé (les trophées de la musique burkinabè), etc. Dans le domaine de l'éducation, Zain a offert des milliers de bourses d'étude et de formations aux métiers à des enfants issus de milieux sociaux précaires. De plus, à travers son programme de mise à disposition de téléphones à prix social au profit des populations urbaines et rurales à faible pouvoir d'achat, Zain permet de connecter les zones les plus enclavées du pays.

Rapide
Disponible
Proximité

e-ticket
crédit mobile

01 BP 1945 Ouagadougou 01
tél +266 76 00 06 02 / 78 03 10 00
www.e-ticketsa.com

TECHNOLOGIES DE L'INFORMATION ET DE LA COMMUNICATION

TOURISME

Quand l'antilope court, son petit ne traîne pas la patte
Proverbe du Burkina Faso

GÉNÉRALITÉS

Le Burkina Faso est un pays sahélien situé au cœur de l'Afrique de l'Ouest et s'étendant sur une superficie de 274 200 Km2. Le tourisme en tant qu'industrie de prestation de service intéressant le déplacement et le séjour des personnes en dehors de leurs lieux de résidence habituelle, a été pris en compte dans le paysage institutionnel de la Haute Volta en 1966 à travers le Ministère de l'Agriculture, de l'Elevage, des Eaux et Forêts et du Tourisme. Le caractère transversal du tourisme incitera par la suite son rattachement successif aux Ministères de l'Environnement, des Transports, et de la Culture.

L'encadrement institutionnel actuel du secteur du tourisme au Burkina Faso est géré par le décret n°2002-205/PRES/PM du 10 juin 2002 qui consacre la création du Ministère de la Culture, des Arts et du Tourisme.

L'option politique est de faire du patrimoine culturel, l'un des éléments essentiels des attraits touristiques du Burkina Faso, pays sahélien dépourvu de façade maritime.

Avec le décret n° 2002-354/PRES/PM/MCAT du 12 septembre 2002 portant sur l'organisation du Ministère de la Culture, des Arts et du Tourisme, la politique touristique a commencé à prendre corps avec l'élection de la Direction du Patrimoine Touristique, la Direction des Infrastructures Touristiques, de l'Hôtellerie et de l'Art Culinaire (DITHAC) et de l'Office National du Tourisme Burkinabè (ONTB) qui avait été créé en 1989, avec pour mission principale, la promotion et la diffusion de l'image de marque du Burkina Faso comme destination touristique tant au plan national qu'international.

Depuis, il y a eu une constante évolution du secteur du tourisme privilégiant la compétitivité et le professionnalisme qui conduit à une adaptation conséquente du cadre juridique de l'activité touristique.

PERFORMANCES DU SECTEUR

NOMBRE DE TOURISTES

Le pays occupe une place encore modeste parmi les pays à vocation touristique. Les statistiques indiquent que le nombre des arrivées dans les établissements d'hébergement touristiques en 2007 (Tableau N°1) étaient de 374 265 visiteurs plaçant le Burkina Faso au cinquième (5è) rang des destinations les plus visitées en Afrique de l'Ouest et en 19è rang au niveau africain.

PROVENANCE DES TOURISTES

Les touristes en provenance d'Amérique sont les plus nombreux car ils représentent 45% des arrivées, et leur nombre a presque triplé entre 2000 et 2007 pour atteindre 204 473 visiteurs. Viennent ensuite les européens et les africains qui se sont déplacés au Burkina

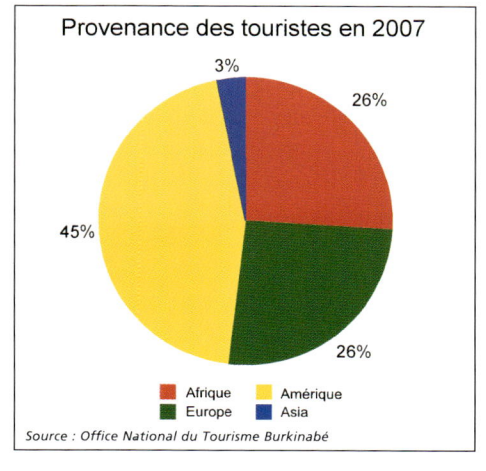

Nombre des touristes arrivés au Burkina Faso

Année	Nombre
2000	165.328
2001	184.289
2002	198.376
2003	216.653
2004	290.005
2005	324.342
2006	358.683
2007	374.265

Source : Office National du Tourisme Burkinabé

Provenance des touristes en 2007

- Afrique : 26%
- Amérique : 45%
- Europe : 26%
- Asia : 3%

Source : Office National du Tourisme Burkinabé

pour le tourisme au nombre de 121 174 chacun. A cause de la non ouverture du territoire Burkinabé à la Chine, au profit des accords avec Taiwan, le nombre de touristes asiatiques reste très faible avec seulement 13 629 arrivés en 2007.

LES PRODUITS TOURIS-TIQUES DU BURKINA FASO

Trois produits touristiques caractérisent le tourisme burkinabé :

Le produit découverte

Avec près d'une soixantaine d'ethnies aux us et coûtumes encore intacts, le pays offre à ceux qui viennent à sa découverte, une approche de cultures originales.

Les Mossis, les Gourmantchés, les peulhs, les bobos, Sénoufos, Gourounsis, Bissas etc... font du pays un espace magnifique et fascinant d'authenticité et d'hospitalité qui offre une aventure sereine, colorée et inoubliable.

Le Sahel Burkinabé

Aux portes du désert, zone par excellence des populations nomades, le sahel burkinabè se caractérise par de grandes plaines, de nombreux sites naturels et historiques.

Indicateurs des flux de tourisme à destination du Burkina Faso enregistrés dans les établissements d'hébergement touristique								
Années	2000	2001	2002	2003	2004	2005	2006	2007
Arrivées	165 328	184289	198376	216 653	290 005	324 342	358 683	374 265
Nuitées	466937	534788	638513	671298	767246	961662	998610	1110756
Recettes milliards (CFA)	22	25	26	28	30	28	33	43
Durée moyenne (en jours)	2, 82	2,77	3,22	3,05	2,5	2,9	2,78	2,96
Taux d'occupation en %	58,8	59,96	59,93	59,10	63,95	69	64,79	58,82

Provenance des arrivées des touristes de 2000 à 2007 enregistrés dans les établissements d'hébergement touristique								
Années	2000	2001	2002	2003	2004	2005	2006	2007
Afrique	47208	50241	55144	65456	96385	100674	108019	121174
Europe	62978	63182	73076	76743	99742	113496	108019	121174
Amérique	7539	8041	9840	10025	12991	14724	15814	204473
Asie	4192	3288	4336	4718	6532	8802	8409	13629
Résidents burkinabè à l'étranger	3782	4009	6508	6178	6551	7032	8310	7175
Non résidents	125699	128761	148904	163123	222201	237696	255668	288965
Résidents	39629	55528	49472	53530	67804	76614	94705	85300
Arrivées globales	165328	184289	198376	216653	290005	324342	358683	374265

Source : Office National du Tourisme Burkinabé

Le tourisme cynégétique

Les parcs du Burkina Faso sont parmi les plus giboyeux de l'Afrique de l'Ouest. On y trouve toutes les espèces de l'Afrique de l'Ouest (buffles, lions, éléphants, antilopes, oiseaux etc.…) ; ce qui fait du Burkina Faso, un pays de tourisme cynégétique par excellence (safari, chasse, vision). La chasse se pratique de décembre à mai.

A ces différents produits, il convient d'ajouter les grandes manifestations socioculturelles qui, de par leur envergure, sont devenues des éléments de référence du continent. Ce sont :
• le FESPACO (Festival Panafricain du Cinéma et de la Télévision de Ouagadougou) qui se tient en février-mars, tous les 2 ans.
• Le SIAO (Salon International de l'Artisanat de Ouagadougou) qui est à sa dixième édition et qui s'impose comme le rendez-vous unique de l'artisanat en Afrique. Le SIAO se tient tous les deux (2) ans également de façon alternée avec le FESPACO (années paires), entre le mois d'octobre et novembre ;
• La FILO (Foire International du Livre de Ouagadougou)
• Le SITHO (Salon International du Tourisme et de l'Hôtellerie de Ouagadougou).

A ces manifestations de portée internationale, il faut encore ajouter la SNC(Semaine Nationale de la Culture) qui se tient la même année que le SIAO, en mars-avril.

Une mention spéciale doit être faite pour l'art, l'artisanat burkinabè. Les burkinabè sont d'admirables artistes. Ils excellent dans le bronze, la poterie, les cuirs et peaux, les masques, la vannerie, etc…

Le FESPACO (Festival Panafricain du Cinéma et de la Télévision de Ouagadougou) se tient tous les 2 ans.

En 2007 on dénombre 293 unités d'hébergement dont 158 hôtels.

LES ACTEURS DU TOURISME

Les principaux acteurs du tourisme sont les hôteliers et restaurateurs, les agents de voyage, les centres de formations, les concessionnaires de chasse, les guides de tourisme, les «car-renting», les autocaristes, etc.

En ce qui concerne l'activité hôtelière, on dénombre en 2007, 293 unités d'hébergement dont 158 hôtels, 93 auberges, 18 campements touristiques, 10 résidences touristiques, 8 pensions, 3 motels de tourisme, 2 relais touristiques, et 1 camping. Ces unités offrent une capacité globale de 5771 chambres et 10 113 places-lits. Il faut ajouter à ces chiffres, le fort taux d'unités d'hébergement non homologuées, environ 96 hôtels offrant une capacité de 1494 chambres de 2519 places-lits.

Les agences de voyages en tant que maillons essentiels de la chaîne touristique, ont été recensées à 52 au Burkina Faso en 2006. La plupart s'adonne à l'activité de billetterie sans disposer toujours de moyens et d'équipements adéquats.

Les principaux centres de formation de ressources humaines sont le Centre de Formation en Tourisme et Hôtellerie (CFTH) créé en 1989, l'Ecole supérieure du Tourisme et de l'Hôtellerie (ESTH) créée en 1999, l'Ecole nationale d'Administration et de Magistrature, l'Ecole Nationale des Eaux et Forêts basée à Dindéresso et les Universités de Ouagadougou et de Koudougou qui ont ouvert en 2007 et en 2008 des filières de formation de niveau supérieur en tourisme et hôtellerie. L'offre de formation formelle est faible par rapport aux ambitions du sous-secteur.

EMPLOIS ET INVESTISSEMENTS

En 2002, le nombre d'emplois directs dans le secteur était estimé à 41155, représentant 1,7% du total des emplois du pays (World Travel and Tourism Council). Le sous-secteur hôtelier compte 15 000 employés dont la plupart ont été formés sur le tas. En conséquence, le besoin en formation continue ou en recyclage se fait ressentir fortement.

Le financement de l'activité touristique au Burkina Faso est assuré par les pouvoirs publics et le secteur privé. Sur la période 2003-2007, l'Etat burkinabé a investi environ 2 131 604 000 F CFA (hors salaires des agents) sous forme de dotations au Fonds de développement touristique, aux investissements touristiques, au financement du fonctionnement des structures d'administration du tourisme et aux cotisations dans les organisations internationales.

Les investissements du secteur privé sont destinés à la réalisation d'infrastructures d'accueil et aux aménagements touristiques. On estime à 2 125 000 000 F CFA, en moyenne, le montant annuel des investissements destinés à l'extension et à la réalisation de nouveaux établissements hôteliers sur les cinq dernières années.

POLITIQUE DE DÉVELOPPEMENT TOURISTIQUE

Le Gouvernement a conduit une étude nationale prospective dénommée ''Burkina 2025'' qui a permis de formuler une vision consensuelle ou projet de société à l'horizon d'une génération. L'étude a retenu que le « secteur des services » a un fort potentiel de développement.

En effet, l'analyse du ''système Burkina'' a montré qu'il devrait s'orienter, dans son ensemble, vers des progrès au niveau sectoriel avec un appui particulier sur l'informel et le tourisme.

C'est ainsi que le département ministériel en charge du tourisme a procédé en novembre 2008 à une relecture de la Politique Nationale de Développement du Tourisme (PNDT) qui devait aboutir à l'élaboration d'un Plan décennal d'Actions National de Développement du Tourisme.

Ce plan d'action se veut glissant dans sa stratégie de mise en œuvre à travers des plans triennaux d'actions. Il prend en compte :
• le cadre stratégique de mise en œuvre de la décentralisation (CSMOD) ;
• la politique nationale de communication pour le développement ;
• la politique nationale de développement culturel ;
• la politique nationale en matière d'environnement ;
• les autres politiques transversales et sectorielles nationales.

PERSPECTIVES

Le tourisme offre d'énormes opportunités pour la croissance et le développement économique et social. Pays enclavé, peu doté de ressources naturelles et soumis à une pluviométrie capricieuse, le Burkina Faso devrait faire reposer son développement sur les secteurs de services, en particulier le tourisme.

Les opportunités et forces du tourisme burkinabè sont les suivantes :
• La stabilité politique et la paix, la liberté d'expression de presse, de création, de manifestation et d'entreprise ;
• Les attraits touristiques importants et diversifiés ;
• L'amélioration du climat des affaires ;
• Le dynamisme des opérateurs privés du secteur du tourisme ;
• La tradition d'hospitalité des populations;
• Une volonté politique de plus en plus affirmée de promouvoir le secteur des services, notamment le tourisme ;

• Une offre touristique originale constituée de nombreux sites naturels, culturels et historiques relativement bien préservés et en phase avec la demande touristique internationale actuelle ;
• Une offre touristique dérivée constituée de réceptifs de plus en plus nombreux et de structures de prestations de services dans toutes les branches (organisateurs de voyages, unités d'hébergement, de restauration, de guidage, etc.) ;
• Une offre cynégétique structurée et organisée par le ministère en charge de l'environnement qui constitue un atout considérable et un avantage comparatif ;
• De nombreuses manifestations culturelles qui valorisent la diversité des identités et expressions culturelles ;
• L'organisation et l'accueil de multiples rencontres et congrès internationaux qui contribuent à développer le tourisme d'affaires ;
• La position géographique au cœur de l'Afrique de l'Ouest offrant un accès facile à six (6) pays limitrophes ;
• L'organisation régulière du Salon international du Tourisme et de l'Hôtellerie de Ouagadougou (SITHO) institué en 2004 qui est le plus grand rendez-vous des professionnels du tourisme de la sous - région ;
• Des structures de formation diplômante et continue.

PRINCIPALES ENTREPRISES

HÔTEL AZALAÏ INDÉPENDANCE (GROUPE AZALAÏ HÔTEL)

Mohamed Ag Alhousseini
Directeur Général
01 BP 127, Ouagadougou 01
Tél : +226-50-306063
Fax : +226-50-30 67 67
Email : independance@azalaihotels.com
Website : www.azalaihotels.com

Activité : Hôtellerie
Date de création : 1961

Le Burkina Faso offre de nombreux attraits touristiques

En plein centre de Ouagadougou et à seulement 10 minutes de l'aéroport, l'hôtel Indépendance a ouvert ses portes en 1961. Propriété de l'Etat, l'hôtel comptait à l'origine 160 chambres. En août 2004, suite à un appel d'offres international pour la privatisation de l'établissement, l'hôtel devient propriété du Groupe Azalaï par acquisition d'un contrat de bail pour 15 ans.

Le Groupe créé en 1994 est propriétaire et autogestionnaire de quatre autres établissements présents au Mali et en Guinée Bissau. Le Groupe Azalaï Hôtels ambitionne d'être présent dans tout l'espace UEMOA et entend contribuer, en tant qu'entreprise citoyenne et responsable, à l'intégration et au développement des pays de la sous-région.

Lors de l'acquisition de l'hôtel Indépendance, le Groupe Azalaï Hôtels a investi 6,5 milliards FCFA dans les travaux de rénovation. Le financement a été fait sur fonds propres à hauteur de 57% et le reliquat a été mobilisé grâce au soutien de la SFI (Filiale de la Banque mondiale), de la BOAD et de la BIDC.

Le résultat est probant : l'Azalaï Hôtel Indépendance est aujourd'hui un magnifique hôtel 4 étoiles, un établissement moderne avec une architecture d'influence soudano-sahélienne qui comprend 176 chambres dont 18 suites entièrement rénovées. L'hôtel dispose de sept salles de conférences équipées, avec traduction simultanée, dont la salle « Dimaako », entièrement refaite, avec une capacité de plus de 1000 places dans une pièce modulable.

Au bord de la piscine, le restaurant Tan Bô propose chaque soir des grillades sur fond d'animations musicales et organise un buffet tous les dimanches. L'Azalaï Hôtel Indépendance possède également un restaurant gastronomique, une piscine à grand bassin, trois courts de tennis éclairés, un espace culturel, une galerie de boutiques dont une librairie, un business-center, un room-service, un service traiteur et une navette gratuite pour l'aéroport. L'ensemble du complexe hôtelier est équipé d'une connexion à Internet haut débit.

Avec 62% de taux d'occupation et plus de 18% de part de marché en à peine un an d'activité, l'Azalaï rattrape le retard causé par sa récente rénovation.

HÔTEL LAICO OUAGA 2000

Gérard Schraven
Directeur Général
01 BP 1603 Ouagadougou 01
Tél : +226-50-374902
Fax : +226-50-374901
Email : gerard.schraven@laicohotels.com
Website : www.laicohotels.com

Activité : Hôtellerie
Date de création   2005
Nombre d'employés : 180

Ce somptueux établissement construit suite à un accord entre la Libye et e Burkina Faso est le premier et actuellement l'unique hôtel 5 étoiles du pays. Initialement géré par le groupe Accor sous l'enseigne Sofitel, le groupe Laico en a repris la gestion fin 2008 à travers sa succursale Laico Hotels and Resorts basée en Tunisie. Situé au cœur du nouveau centre administratif de Ouagadougou, le Laico Ouaga 2000 est le lieu idéal pour abriter conventions et séminaires : business center et 5 salles modulables pouvant accueillir jusqu'à 800 personnes.

Une magnifique exposition permanente d'œuvres artisanales burkinabè s'ajoute au faste de l'impressionnant hall d'entrée. Personnel attentionné et prévenant, service impeccable, le Laico Ouaga 2000 est sans conteste la plus prestigieuse adresse de Ouagadougou.

L'hôtel dispose de 210 vastes chambres, 10 suites luxueuses, 10 superbes villas avec parking privé et patio et une fabuleuse suite présidentielle. Toutes les chambres sont équipées d'une connexion à Internet haut débit (ADSL).

Le restaurant "Tenakourou" d'une capacité de soixante couverts, sert une exquise cuisine gastronomique moderne. Au rez-de-chaussée, le restaurant "La Cascade" offre un savoureux buffet de cuisine internationale et afri-

Laico

لايكو

OUAGA 2000
OUAGADOUGOU ★★★★★
www.laico-ouaga2000.com

Laico Hotels, designed for Business Travellers

BUSINESS CENTER - SALLES DE REUNION - BANQUETS

amako | Bissau | Brazzaville | Djerba | Entebbe | Hammamet | Kigali | Libreville | Nairobi | Ouagadougou | Tunis

www.laicohotels.com

caine. Une restauration rapide est proposée au restaurant de la piscine. Le Coffe shop et le Bar Wande constituent un cadre idéal pour les rendez-vous d'affaires.

Les hôtes du Laico Ouaga 2000 peuvent également jouir d'une large gamme d'activités de loisirs : piscine, salle de fitness et centre de remise en forme (sauna, hammam, jacuzzi et salle de massage), deux courts de tennis ainsi qu'une discothèque (The Mask).

Par ailleurs, une galerie marchande située au rez-de-chaussée (épicerie fine, salon de beauté, parfumerie et salon de coiffure) ainsi que la proximité d'un centre commercial situé à deux pas de l'hôtel viennent compléter le large éventail de services. En effet, le groupe Laico a investi dans la construction d'un ensemble de commerces comprenant le supermarché Maria Market, un coffee shop, ainsi que plusieurs restaurants.

« Le Burkina Faso offre de très larges potentialités d'investissement. »
Gérard Schraven, Directeur Général

HÔTEL MERCURE SILMANDE

Emmanuel Pouce
Directeur Général
01 BP 4733 Ouagadougou 01
Tél : +226-50-356005
Fax : +226-50-356054
Email : H1325-GM@accor.com
Website : www.mercure.com

Activité : Hôtellerie
Date de création : 1983
Nombre d'employés : 250

Situé à 2km du centre-ville et de l'aéroport (navette), l'hôtel offre une vue superbe sur le lac et la forêt. Hôtel d'Etat créé en 1983, il fut d'abord géré par Frantel puis Poulman, avant avant d'être cédé au groupe Accor en 1990 sous la marque Sofitel. Suite à la prise de management de l'hôtel Laico à Ouaga 2000 par la même enseigne en 2005, le Silmande est actuellement géré par le groupe Mercure.

Comme à l'origine, l'hôtel se compose de 155 chambres et de 10 suites toutes équipées avec air conditionné, Internet wifi, télévision satellite,…

Cuisine française et spécialités africaines sont servies au "Samandin" qui offre un buffet international. Chaque dimanche, le tout Ouaga s'y réunit. Le restaurant « Le Beli » propose des grillades au bord de la piscine, pour des déjeuner légers et des encas. Le Bar climatisé "Le Wango" vous propose des cocktails exotiques dans une atmosphère détendue.

Le centre d'affaires, qui dispose de 3 salles de réunions peut accueillir jusqu'à 150 personnes.

Les loisirs proposes incluent tennis, jogging et VTT. Par ailleurs, un centre hippique, un golf et un centre de remise en forme se trouvent à proximité du Silmande.

L'hôtel de référence au Burkina Faso a pour projet d'être privatisé l'année prochaine et devrait être totalement rénové.

« Nous sommes l'hôtel de référence historique, une fois la rénovation achevée, nous redeviendrons le premier du marché. »
Emmanuel Pouce, Directeur Général

HÔTEL SPLENDID

M. Emmanuel Y. Zongo
Propriétaire/ Directeur Général
1108 Avenue du Dr. Kwamé N'Krumah
01 BP. 1715, Ouagadougou 01
Tél : +226-50-317278/79/82/86
Fax : +226-50-317291
Email : info@le-splendidhotel.com
Website : www.le-splendidhotel.com

Activité : Hôtellerie
Date de création : 1998
Nombre d'employés : 82

Le Splendid Hôtel est l'œuvre de M. Emmanuel Y. Zongo, un homme d'affaires burkinabé avisé et visionnaire qui a su anticiper les besoins grandissants dans le domaine hôtelier alors que le Burkina Faso était en passe de devenir le centre de rencontre de toute l'Afrique de l'Ouest. Le Splendid est le lieu idéal pour tenir conférences, séminaires, forums et événements culturels de grande envergure.

Situé sur l'avenue Kwame N'krumah à 3 minutes de l'aéroport International de Ouagadougou, l'établissement a ouvert ses portes en 1998 et comptait à l'origine 75 chambres. Le succès est alors immédiat, et à la faveur du sommet des chefs d'Etat de 2004, Mr Zongo initiera la construction du Splendid 2 pour répondre à une demande toujours croissante.

Cet hôtel quatre étoiles dispose de 146 chambres dont 18 suites. Toutes sont équipées d'Internet ADSL, d'air conditionné, de téléphones ouverts à l'international, de téléviseurs recevant plusieurs chaînes internationales, d'un mini-bar et de douches.

En plus de son restaurant gastronomique d'une capacité de 100 couverts, l'hôtel offre à ses clients une salle de banquet pour 180 personnes, un piano-bar et une piscine avec un restaurant en plein air capable d'accueillir jusqu'à 400 invités.

Afin de satisfaire les besoins liés à l'organisation de grands évènements, l'hôtel possède quatre grandes salles de réunions comptant chacune entre 100 et 350 places, ainsi que quatre autres salles de réunions de 20 places chacune permettant de réaliser des workshops.

Promoteur infatigable, homme d'affaires reconnu et admiré par ses pairs, E.Y. Zongo a généreusement investi pour améliorer les conditions de vie de son village Villy situé à Koudougou. Il est à l'origine de la construction d'une école primaire ainsi que d'une église qui peut accueillir jusqu'à 3000 personnes.

« Le Splendid est le meilleur hôtel de Ouaga. Nous sommes aux petits soins avec nos clients et faisons tout pour les satisfaire. Le cadre est familial et chaleureux. Nous vous attendons ! »
M. Emmanuel Y. Zongo, Propriétaire/ Directeur Général

L'Office National du Tourisme Burkinabé (ONTB) est en charge de promouvoir le pays en tant que destination touristique

ONTB (OFFICE NATIONAL DU TOURISME BURKINABÉ)

Soulémane Ouedraogo
Directeur Général
01 BP 1311, Ouagadougou 01
Tél : +226-50-311959/60
Fax : +226-50-314434
Email : ontb@cenatrin.bf
Website : www.ontb.bf

Activité : Office du tourisme
Date de création : 1989

Créé du temps où le tourisme était rattaché au Ministère de l'Environnement et du Tourisme, l'ancien office du tourisme avait pour mission principale la promotion du tourisme burkinabé ; il fut supprimé en 1980. Après des timides débuts dans les années 1981, le tourisme (avec 150 000 visiteurs étrangers au Burkina) n'a connu un véritable essor qu'avec l'arrivée du Point - Air, et le développement des infrastructures (de l'hôtellerie et des transports). La croissance des arrivées des visiteurs d'années en années a motivé les autorités à créer l'Office National du Tourisme Burkinabé (ONTB) en 1989 qui est aujourd'hui un établissement public à caractère administratif.

Il collabore avec les professionnels du tourisme, privés et publics pour protéger et valoriser le patrimoine touristique et culturel du Burkina Faso. L'Office a pour missions de faire du Burkina une destination touristique compétitive dans la sous-région et en Afrique. Il se charge donc de faire la promotion touristique en faisant découvrir et apprécier le Burkina Faso en tant que destination touristique. A cet effet, l'ONTB participe aux salons internationaux du tourisme, produit et diffuse des supports de promotion, organise des campagnes d'informations et des programmes de sensibilisation en direction des populations burkinabè. L'Office National du Tourisme Burkinabè doit proposer toutes mesures en vue de faciliter l'accès et le séjour des visiteurs au Burkina Faso.

L'ONTB joue aussi un rôle de conseiller en investissements dans les secteurs du tourisme et de l'hôtellerie en conseillant et orientant les opérateurs économiques dans la formation des ressources humaines, l'étude et la réalisation de projets touristiques: recherche d'investissements, études techniques...

L'office a aussi en charge l'aménagement touristique des sites. Après les avoir recenser, l'ONTB doit engager des actions pour améliorer l'environnement physique des sites pour en faciliter l'accès et en agrémenter la visite par la créations de petits "campements" hôteliers ou villageois, aires de camping, auberges/buvettes...

YERYANGA SAFARI, CAMPEMENT DU BUFFLE, PAMA

Maurice Bardet
Tél : +226-40-776017
Mobile Burkina Faso : +226-70-370809
Mobile France : +33-685160166
Email : maurice.bardet@yahoo.fr
Website : www.ysafari.com

Contact en France : Agence de Voyages Wild World
Contact France : MARION
ZA La Verdière II - BP 52 - 13880 Velaux
Tél : +33-442747171
Fax : +33-442747391
Email : contact@w-safari.com
Website : www.w-safari.com

A environ 4h de route de la capitale se trouve le Campement du Buffle, à l'entrée de la petite ville de Pama. Son accès simple, l'excellent état de la route depuis Ouagadougou et la qualité de ses installations en font le lieu idéal pour un week-end d'évasion ou de chasse.

En effet, le campement vous accueille dans la simplicité, le charme et le confort. Il dispose de 12 bungalows en dur climatisés, ventilés et agrémentés d'une terrasse individuelle couverte, d'une piscine pour les moments de détente entre les sorties dans le parc et d'un restaurant où vous seront proposés des plats délicieux et atypiques issus de la chasse, comme un rôti de phacochère ou encore du buffle en sauce.

A la frontière du Bénin et du Togo, sur une immense superficie de 52.000 hectares bordée par la rivière Singou au nord qui se jette dans la Pendjari, le Campement du Buffle constitue une base parfaite pour partir à la découverte de la zone où s'étendent une savane arbustive et de grandes plaines entrecoupées de petites montagnes. Plus de 330 km de pistes aménagées vous permettront de partir à la recherche des éléphants, des lions, des buffles, de magnifiques Hippotragues, Bubales, Cobs de Fassa, Cobs des Roseaux, Cobs de Buffon, Guibs harnachés, et encore des babouins.

Yeryanga Safari vous propose un service à la carte : Maurice et son équipe se chargeront de vous faire connaître la faune et la flore au plus près, au cours de ballades à pied, de sorties en Land Rover de vision ou encore lors de séances d'observation des points d'eaux depuis les différents miradors.

La sensation de surprendre un lion après un « kill » en train de dévorer sa proie ou d'assister en toute sécurité depuis le véhicule tout terrain à une charge d'éléphant font partie de l'éventail très particulier que vous offre le Burkina Faso en général et le Campement du Buffle en particulier.

Pour une visite ornithologique inoubliable, ne manquez pas la sortie en barque sur le magnifique lac de la Kompienga et de ses marais qui s'étendent sur 20 000 hectares. Laissez vous surprendre par les fabuleux couchers de soleil et partez à la rencontre de milliers d'espèces d'oiseaux parmi lesquels les canards (sarcelles, pilets, dendrocynes, casqués), les oies de Gambie, et des limicoles tels que bécassines, courlis, pluviers, vanneaux…

Par ailleurs, la gestion du campement s'inscrit dans une politique de tourisme durable, dans le plus pur respect de la déontologie et le souci de l'équilibre cynégétique et écologique afin de préserver le biotope.

Le safari et la chasse en Afrique de l'Ouest revêtent un caractère plus intimiste que dans d'autre zones comme l'Afrique de l'est, il s'agit ici de découverte animalière.

Accompagné par les pisteurs du campement, vous partirez à la découverte de cette faune magnifique et variée dans un décor grandiose afin d'observer les animaux dans leur rituels quotidiens, loin des nuées de touristes enduits de crème solaire parqués dans des camionnettes climatisées, qui observent à tour de rôle des animaux amorphes qui attendent que ces derniers quittent les lieux en fin de journée pour vaquer à leurs occupations.

Bref, que vous soyez chasseur ou simple observateur, nous vous recommandons vivement cette expérience unique, un rendez-vous immanquable pour tout séjour au Burkina Faso.

N'oubliez pas de bien réserver à l'avance !!

Burkina Faso
La destination à ne pas manquer

Au cœur de l'Afrique de l'Ouest, dans les profondeurs de la tradition africaine, un pays de rêves, le Burkina Faso !

Chaleur, sourire, hospitalité, partage, des richesses léguées par la nature et par les glorieux ancêtres. Cascades, raids, visions, coutumes à vous ressourcer et qui vous retiennent irrésistiblement.

Burkina Faso !! Où commence l'humanisme.

01 BP: 1311 Ouagadougou 01 / E-mail: ontb@cenatrin.bf
Tél: (+226) 50 31 19 59 / 50 31 19 60 Fax: (226) 50 31 44 34
web site : www.ontb.bf

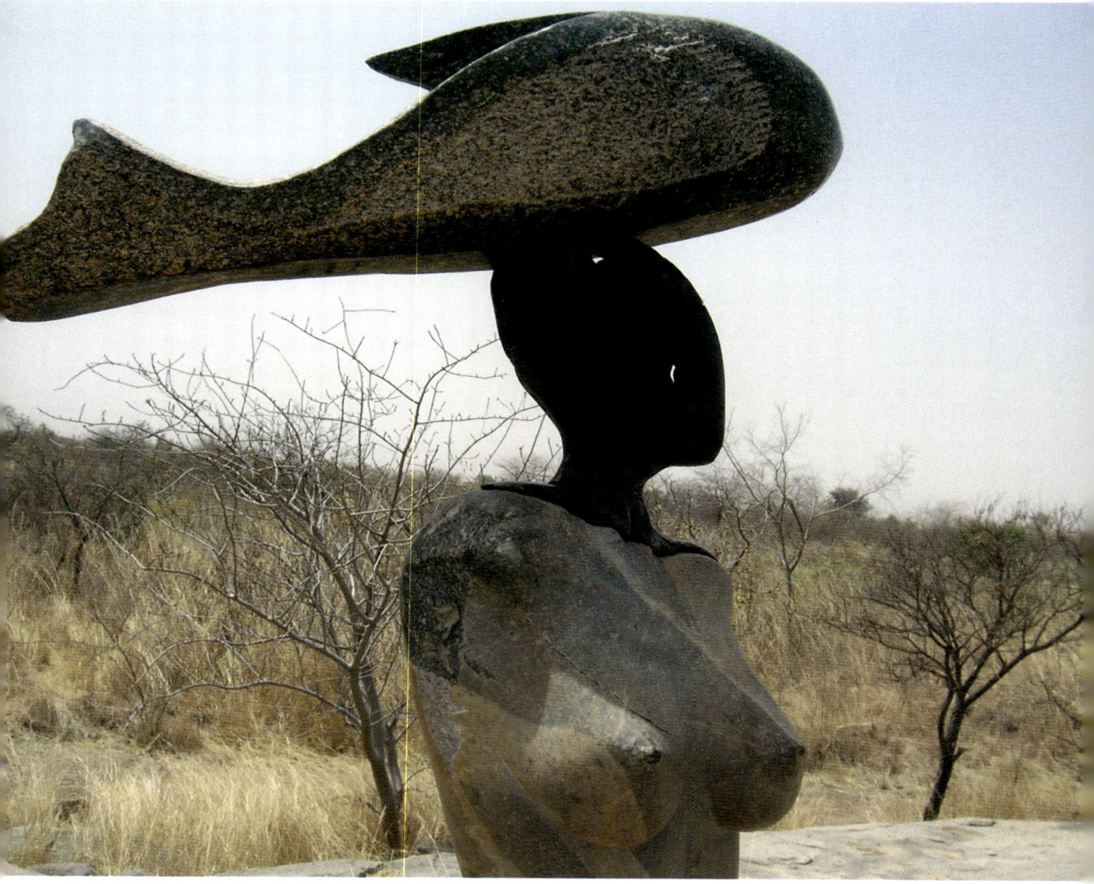

TRANSPORTS

Si l'ombre ne vient pas jusqu'à l'antilope, l'antilope ira jusqu'à l'ombre.
Proverbe du Burkina Faso

GÉNÉRALITÉS

Situé au centre de l'Afrique de l'Ouest, le Burkina Faso n'ayant pas d'accès à la mer se doit d'être doté d'un réseau routier, ferroviaire et aérien des plus performants afin de désenclaver le pays. Déjà de grands efforts ont été faits et les projets à venir permettront une meilleure connexion avec les pays voisins et un meilleur accès à la mer afin de faciliter importations et exportations.

TRANSPORT ROUTIER

CONTEXTE

Le réseau routier a progressé de 9495 Km en 2000 à 15272 Km en 2008. Ce réseau inclut des routes interurbaines principales et des routes d'accès pour les capitales des départements. Seulement dix des routes principales du réseau sont partiellement bitumées. Mais ces routes sont perturbées par les nids de poule dangereux, un manque de signalisation, peu de barrière de sécurité et une insuffisance des marquages de trottoir pour séparer la circulation venant de la direction opposée.

PERSPECTIVES

Le volet désenclavement du Millenium Challenge Account (MCA), lancé à Ouagadougou en juin 2007, sera consacré au bitumage des routes et à la construction de nombreuses pistes rurales. Au total 1257 km de routes seront bitumées, ainsi que 230 km de pistes rurales réalisées. Ces investissements coûteront près de 240 milliards de francs CFA et permettront le développement d'un commerce compétitif. L'enjeu est de taille, car le Burkina assure près de 70% du trafic international des contrées voisines comme le Niger et le Mali. Au Burkina près de 70% des importations et 80% des exportations s'effectuent par la route. Entre-temps, le pays a dépensé plus de 8 milliards de francs CFA pour goudronner 14 161 km en 2006. L'objectif pour 2015 est d'atteindre un ratio de 5km de route bitumée pour 1000 habitants.

Le réseau routier a progressé de 9495 Km en 2000 à 15272 Km en 2008

TRANSPORT FERROVIAIRE

CONTEXTE

Il y a 622 kilomètres de chemin de fer dans Burkina Faso, dont 517 kms entre Ouagadougou et Abidjan; et 105 kms de Ouagadougou à Kaya.

TRAFIC DE MARCHANDISES

Après une interruption de 8,5 mois suite à la crise ivoirienne de septembre 2002, la SITARAIL a repris le trafic international de marchandises le 18 septembre 2003. La circulation des trains a été normale tout au long des années 2006 et 2007 entre la Côte d'Ivoire et le Burkina Faso. Globalement, le trafic marchandises, qui est le trafic phare de la SITARAIL, s'est accru en 2006 passant à 800 000 tonnes, ce qui représente 79% de son meilleur niveau qui est celui de l'année 2001 (année de référence).

Les données agrégées disponibles du trafic marchandises sont les suivantes :

Désignation	2001 Année de référ.	2004 12 mois	2005 12 mois	2006 12 mois	Variation en %
Total (en tonnes)	1.016.264	569.244	759.957	800.000	5,27%

Source : Ministère du Transport

TRAFIC DE VOYAGEURS

La SITARAIL a continué de développer, au cours des années 2006 et 2007, l'affrètement des trains de voyageurs à un groupement d'opérateurs privés ivoiriens et burkinabé conformément à un plan de transport exceptionnel pour s'adapter à la situation de sortie de crise en Côte d'Ivoire.

Les données agrégées disponibles du trafic voyageur sont les suivantes :

Désignation	2001 Année de référ.	2004 12 mois
Nombre de voyageurs	399.501	116.569

Source : Ministère du Transport

Globalement, le premier semestre de l'année 2004 a été une reconquête du trafic voyageur perdu. En effet, le recul par rapport à l'année 2001 est seulement de 41,64% en volume tandis qu'il était en baisse de 84% en 2003 comparativement à l'année 2001 (année de référence de la SITARAIL).

PERSPECTIVES

Le Projet de construction d'un nouvel Aéroport à Ouagadougou, sur le site de Taabtenga (Département de Donsé), dégage une opportunité de desserte ferroviaire et de promotion du transport multimodal rail-route. En effet, l'étude de faisabilité technico-économique du chemin de fer Ouagadougou-Kumasi (Ghana), réalisée par le Bureau d'Ingénierie DESSAU-SOPRIN (Canada) en novembre 2006, prévoit un raccordement ferroviaire à voie métrique entre la nouvelle Gare de Ouagadougou (PK 857) et le nouvel Aéroport de Taabtenga (PK 879), soit sur une longueur de 22 km.

Dans le cadre du NEPAD, de la CEDEAO et de l'UEMOA, le suivi de la mise en œuvre des projets suivants, visant un meilleur désenclavement extérieur du pays et son raccordement à la côte maritime, sera assuré par la SOPAFER-B :
• la recherche du financement pour la réalisation des études techniques d'exécution du projet d'interconnexion Burkina-Ghana, selon le tracé Ouaga-Pô-Bolgatanga-Tamalé-Kumassi, sur 879 km dont 218 km au Burkina ;
• le suivi de l'exécution des Etudes Techniques Détaillées (APD) des meilleures liaisons ferroviaires de la CEDAO qui seront choisies à l'issue de l'Etude de faisabilité réalisée en 2007. Pour le Burkina, il s'agit des liaisons suivantes :

La gare ferroviaire Sitarail à Bobo-Dioulasso

- la liaison ferroviaire Kaya-Dori-Tamabo-Ansongo (Mali) sur 370 km dont 280 km au Burkina ;
- le projet AFRICARAIL d'interconnexion Burkina-Niger-Bénin selon le tracé Dori-Niamey-Dosso-Malanville-Parakou sur 925 km dont 46 km au Burkina ;
- le projet AFRICARAIL d'interconnexion Burkina-Togo selon le tracé Ouaga-Tenkodogo-Pama-Mango-Lama Kara-Sokodé-Blitta sur 768 km dont 341 km au Burkina ; la liaison ferroviaire Pama-Tansarga-Niamey sur 420 km dont 197 km au Burkina ;
- la liaison ferroviaire Bobo-Dioulasso/Sikasso sur 160 km dont 120 km au Burkina.

En tout, ce sont 984 km de chemin de fer qui font l'objet d'études de faisabilité et d'études techniques détaillées (APD) dans le cadre des projets d'interconnexion des Communautés Economiques Régionales (CEDEAO, UEMOA) qui intéressent le Burkina Faso.

TRANSPORT AÉRIEN

CONTEXTE

Il y a des aéroports internationaux à Ouagadougou et Bobo-Dioulasso et plus de 30 petits aérodromes non bitumés. Air Burkina, qui a été créé 1967, était dirigé par le gouvernement qui avait un monopole sur le service domestique. L'état burkinabè est actuellement minoritaire dans le capital de l'entreprise après sa privatisation par le groupe Célestair. En 2003, environ 55 000 passagers ont été transportés sur les vols intérieurs et extérieurs.

RENFORCEMENT DE LA DESSERTE AÉRIENNE AU BURKINA FASO

La desserte aérienne du Burkina Faso a été renforcée par l'augmentation des vols dans la Sous-Région par la Compagnie Aérienne AIR BURKINA avec des vols directs sur DAKAR, NIAMEY et la reprise des vols sur ACCRA.

L'intercontinental a connu l'augmentation des fréquences notamment par AIR FRANCE, la ROYAL AIR MAROC. La reprise de l'exploitation de la Compagnie ETHIOPIAN AIRLINES au Burkina Faso permet au pays d'être relié à l'Afrique du Centre et de l'Est.

PROJET D'EXTENSION ET DE RÉAMÉNAGEMENT DE L'AÉROPORT DE OUAGADOUGOU

Le projet comporte deux composantes dont la première, relative au génie civil et aux bâtiments, comprend une extension de 1 300 m2 de superficie côté ville. Cette composante permettra d'agrandir le hall grand public, la salle d'enregistrement et d'embarquement et la livraison des bagages. Le coût de cette réalisation est de 1,6 milliards de francs CFA.

La seconde composante concerne l'acquisition des équipements nécessaires au traitement, à l'assistance aux passagers et à la manutention des bagages. Le coût total de ces équipement est de 800 millions de francs CFA.

D'autres réalisations sont en cours afin d'offrir plus de services de meilleure qualité, de confort et de convivialité aux usagers. Ces réalisations concernent la construction d'une aérogare pèlerin, de l'automatisation du parking auto, de l'extension du salon ministériel, de l'aménagement d'une vue panoramique avec un restaurant au premier étage. Le coût de l'ensemble de ces travaux est estimé à environ 4 milliards de francs CFA.

PROJET DE DÉPLACEMENT DE L'AÉROPORT INTERNATIONAL DE OUAGADOUGOU

Contrairement à l'aéroport actuel qui se situe en plein centre de la capitale, le nouvel aéroport se trouvera à quelques kilomètres de Ouagadougou, ce qui permettra de mieux répondre aux normes de sécurité et de sûreté de l'Organisation de l'Aviation Civile Internationale (OACI). Il servira aussi à tirer avantage de la position géographique centrale du pays en oeuvrant à la création d'un hub en vue d'une desserte efficiente du Burkina et des autres pays de la sous région.

La stratégie d'exécution consiste en la mise en concession de l'actuel aéroport et en la construction du nouvel aéroport international de Ouagadougou/Donsin en deux phases (2009-2017 ; 2018-2032).

En raison de l'ampleur du programme d'investissement, qui ira de 150 à 200 milliards de francs CFA, le projet ne sera probablement pas exclusivement financé sur le marché des capitaux privés. Le gouvernement a donc opté pour la concession, un concept de partenariat public privé entre les années 2009 et 2032, avec une option de

Le projet d'extension et de réaménagement de l'aéroport de Ouagadougou

renouvellement. Aussi des groupes d'investisseurs de divers horizons ont manifesté un vif intérêt pour une participation active à la future société d'économie mixte qui sera chargée de la promotion et de la construction du nouvel aéroport international de Ouagadougou.

PRINCIPALES ENTREPRISES

AIR BURKINA

Ali Diallo
Directeur Marketing
29, Av. de la Nation, Immeuble Air Burkina
01 BP 1459, Ouagadougou 01
Tél : +226-50-492370
Fax : +226-50-314517
Email : resa@airburkina.bf
Website : www.air-burkina.com

Activité : Transport aérien
Date de création : 1967
Chiffre d'affaires : 15 milliards FCFA
Nombre d'employés : 260

Air Volta a vu le jour en 1967 et était à l'origine une société nationale avec un capital de 10 millions de FCFA. Au départ, la flotte était constituée de petits avions à hélices et les vols avaient pour mission essentielle d'effectuer le transport du courrier à l'intérieur du pays. Les vols de voisinage à destination de Lomé, Cotonou et Abidjan sont rapidement mis en place.

Le changement définitif de dénomination à Air Burkina intervient en 1983 et marque un première phase décisive dans l'envol de la compagnie à travers l'acquisition d'un avion de 85 places pour desservir tous les pays voisins.

En février 2001, l'état burkinabè cède 86% de ses parts au Consortium AKEFD/IPS (WA) du réseau Aga Khan de développement. A cette occasion, le capital a été porté à 3,5 milliards de FCFA.

L'acquisition d'un airbus A319 de 116 places en 2004 constitue un autre tournant décisif dans l'activité de Air Burkina qui a doublé son volume de passagers entre 2000 et 2008 (123.000 passagers en 2008). A l'international, la compagnie dessert Paris, Accra, Libreville, Dakar, Niamey, Pointe Noire, Bamako, Cotonou, Abidjan et Lomé.

Air Burkina enregistre une croissance à deux chiffres et est amenée à se développer de façon considérable grâce à l'ouverture prochaine de nouvelles lignes. Par ailleurs, la compagnie travaille à la standardisation de ses produits, à l'acquisition de FFP et de logiciels performants ainsi qu'au développement des services de réservation et d'achat de billets on-line.

« eBizguides doit être le livre de chevet des hommes d'affaires, c'est un document qui leur donnera une photographie précise du Burkina Faso et leur fera gagner du temps. »
Ali Diallo, Directeur Marketing

ASECNA (AGENCE POUR LA SÉCURITÉ DE LA NAVIGATION AÉRIENNE EN AFRIQUE ET À MADAGASCAR)

M. Louis Bakienon
Représentant auprès du Burkina Fas
Av. de l'Aéroport,
01 BP 63, Ouagadougou 01
Tél : +226-50-304902
Fax : +226-50-306507
Email : bakienonlou@asecna.org
Website : www.ais-asecna.org/fr/index.htm

Activité : Sécurité Aérienne

Le 12 décembre 1959 à Saint-Louis du Sénégal, les Chefs d'Etat et de Gouvernement des Etats autonomes issus des ex-Fédérations de l'AEF, de l'AOF et de Madagascar signent la Convention qui va donner naissance à l'ASECNA, laquelle comprend aujourd'hui 17 Etats membres africains et la France et ayant son siège à Dakar.

Conformément à l'article 2 de la Convention de Dakar, l'Agence est chargée de la conception, de la réalisation et de la gestion des installations et services ayant pour objet la transmission des messages techniques et de trafic, le guidage des aéronefs, le contrôle de la circulation aérienne, l'information en vol, la prévision et la transmission des informations dans le domaine météorologique, aussi bien pour la circulation en route que pour l'approche et l'atterrissage sur les aérodromes communautaires.

L'Agence a la charge d'un espace aérien étendu sur 16 100 000 km2 (1,5 fois la superficie de l'Europe) couvert par six régions d'information en vol : Antananarivo, Brazzaville, Dakar Océanique, Dakar Terrestre, Niamey et Ndjamena.

Aujourd'hui, à l'heure de la formation des agents aux technologies innovantes, l'esprit qui a présidé à la création de l'ASECNA en 1959 reste le même : placé sous le signe de l'efficacité, de la solidarité africaine et de la coopération, il ne vise qu'à l'entente cordiale avec les usagers et à leur sécurité optimale. Forte d'une expérience profondément enracinée dans l'histoire, l'ASECNA a donc tous les atouts en main pour aborder dans les meilleures conditions l'aviation civile du XXIème siècle avec toujours une exigence constante de qualité au service de la sécurité aérienne.

BURKINA TRANSPORT (FILIALE DU GROUPE PLANOR AFRIQUE)

Marius Yameogo
Directeur Général
01 BP 1871, Ouagadougou 01
Tél : +226-50-308469
Fax : +226-50-30 84 96
Email : marius_yameogo@yahoo.fr

Activité : Transport
(hydrocarbures liquides, gazeux et de marchandises solides)
Date de création : 1988
Nombre d'employés : 69

La liberté de partir plus loin, plus souvent.

Burkina Transport (BT) est une société créée par Apollinaire Compaoré en 1988. Elle fait aujourd'hui partie de la holding Planor qui a vu le jour en 2005.

BT est une société de transport d'hydrocarbures liquides et gazeux ainsi que de marchandises solides. Son activité démarre avec le transport d'hydrocarbures pour le compte de Shell. Elle est aujourd'hui l'un des principaux transporteurs de la Sonabhy, société d'Etat qui possède le monopole sur l'importation et le stockage de carburant au Burkina Faso. L'entreprise dispose d'une flotte de 30 camions et 22 wagons citernes qui lui permettent d'importer annuellement 9 millions de litres des pays limitrophes.

BT utilise aussi ses camions citernes pour approvisionner SKI (Sanam-Koom International), une autre entreprise du groupe Planor, qui distribue de l'hydrocarbure à travers 15 stations services sur le territoire burkinabè.

Le Groupe Planor est un des plus gros importateurs de marchandises du pays à travers sa Société Burkinabè d'Importation et d'Exportation. BT dispose ainsi de 10 camions de marchandise qui permettent de transférer, des ports de la sous région à Ouagadougou, les 15 conteneurs de 40 pieds qui sont importés chaque mois par la société.

L'entreprise prévcit de développer son activité chaque année et compte acheter plus de 10 nouveaux camions d'ici 2010.

« Le secteur du transport est très porteur mais il faut de l'expérience, de l'expertise et beaucoup d'organisation afin de gérer ses coûts. Nous sommes des professionnels à la tête d'une structure organisée avec pour principale référence la SONABHY »
Marius Yameogo, Directeur Général

CONSEIL BURKINABE DES CHARGEURS (CBC)

Ali Traoré
Directeur Général
Rond Point Batail du Rail, 01 BP 1771 Ouagadougou 01
Tél : +226-50-303932
Fax : +226-50-311815

Siège du Conseil Burkinabè des Chargeurs à Ouagadougou.

Email : traoreali@yahoo.bf
Website : www.cbcfaso.com

Date de création : 1978

Conformément aux recommandations de la CNUCED , de la Charte d'Abidjan et des différentes résolutions de la Conférence Ministérielle des Etats de l'Afrique de l'Ouest et du Centre sur les Transports Maritimes visant à promouvoir et encourager un programme de développement maritime intégré dans la sous-région , le Burkina Faso s'est doté d'un Conseil des Chargeurs le 06 janvier 1978.

Le Conseil Burkinabè des Chargeurs a été crée par décret n° 78/005/PRES/CODIM du 06/01/98 sous la forme d'un établissement public à caractère spécifique, doté de la personnalité juridique et de l'autonomie financière. Baptisée COVOC (Conseil Voltaïque des Chargeurs) à sa naissance, cette Institution est devenue avec l'évolution politique du pays, le Conseil Burkinabè des Chargeurs (CBC) en 1983.

Suite à une étude de restructuration financée par la Banque Mondiale, il a été convenu de transformer le Conseil Burkinabè des Chargeurs en établissement Public à caractère professionnel afin de recentrer ses activités, de désengager progressivement l'Etat au profit des opérateurs économiques du secteur privé.

Le Conseil Burkinabè des Chargeurs dès sa création a reçu pour mission de définir et de promouvoir une politique visant à protéger les intérêts des importateurs et exportateurs inhérents au transport international des marchandises.

Aussi, aux termes du décret concernant ses statuts le Conseil Burkinabè des Chargeurs a reçu en 1998 les missions suivantes :
• Défense des intérêts des chargeurs et partenaires de la chaîne des transports auprès des ports de transit.
• Formation des opérateurs du transport par le centre de formation créé en 1995
• Assistance aux chargeurs sur toute la chaîne de transport
• Mise en place d'une bourse nationale et sous-régionale de Frêt en 1999 afin d'implanter des points d'informations dans les différentes gares de frêt.
• Simplification , facilitation des procédures et formalités administratives par la mise en circulation la lettre de voiture qui vise à assurer une meilleure gestion et un meilleur suivi du trafic Burkinabè tout en simplifiant les documents , en améliorant la fiabilité des données statistiques réduisant les coûts des opérations de transport.
• Mise en place de l'Observatoire des Transports qui couvre 26 pays d'Afrique de l'Ouest et du Centre, il a pour fonction de collecter des informations pertinentes sur l'efficacité des chaînes de transports comme vecteurs essentiels des flux d'échanges commerciaux du Burkina.

DHL INTERNATIONAL BURKINA

Moussa Koné
Directeur Général
Av Du Président Aboubacar Sangoulé Lamizana, Imm. CGP
01 BP: 3095, Ouagadougou 01
Tél : +226-50-311947
Fax : +226-50-310590
Email : moussa.kone@dhl.com

Website : www.dhl.com
Activité : Courrier Express
Date de création : 1985

Fondée en 1969 aux USA, DHL est aujourd'hui le leader mondial de l'express et de la logistique. Le réseau international de DHL relie plus de 220 pays et territoires dans le monde.

Implantée pour la première fois en Afrique en 1978, DHL est aujourd'hui présente dans 55 pays.

La flotte actuelle de DHL Aviation compte plus de 250 avions dont une vingtaine dessert l'Afrique : d'ATR-42, de CESSNA-406's & 208's, de Boeing 727 et de Beechcraft desservant les liaisons intra Africaines et d'Airbus A300, de DC10 et de Boeing desservant les liaisons entre l'Afrique et le le reste du monde.

DHL Danzas Air & Océan était déjà leader mondial de la commission de Transport Aérien et Maritime et DHL

Solutions faisait partie du Top 5 des prestataires Logistiques Mondiaux.

En faisant l'acquisition du N° 1 mondial de la Logistique EXEL SUPPLY CHAIN, DHL se hisse ainsi à la première place mondiale sur le marché de la logistique.

DHL est ainsi capable de transporter plus de 170 tonnes en frêt express par jour à partir de et à travers l'Afrique.

Implantée pour la première fois au Burkina Faso en février 1985, DHL est présente dans les deux principales villes du pays : Ouaga et Bobo Dioulasso

> « La logistique en général et les modes de transport en Express ou Frêt en particulier, joue un rôle extrêmement important dans le succès des entreprises et des particuliers dans un environnement économique devenu de plus en plus compétitif. DHL place le succès et la satisfaction totale de ses clients au cœur de sa stratégie de croissance. »
> Moussa Koné, Directeur Général

EMS CHRONOPOST INTERNATIONAL BURKINA

Christophe B. Bassindia
Directeur Général
1561, Av. de l'Aéroport,
01 BP 2423, Ouagadougou 01
Tél : +226-50-306422
Fax : +226-50-313549
Email : emsbepi@fasonet.bf
Website : www.chronopost.com

Activité : Courrier Express
Date de création : juin 2000
Capital : 213 000 000 F CFA
Actionnaires : Sonapost (60%) et Géopost Intercontinental (40%)
Nombre d'employés : 27

EMS Burkina (Express Mail Service) était à l'origine un service de la Société Nationale des Postes (Sonapost) chargé de l'exploitation et de la gestion du courrier urgent dit «express».

Créé en 1987, EMS Burkina a commencé à perdre des parts de marché dès 1998. La décision fut alors prise par la Sonapost de trouver un partenaire international afin d'impulser son service express, renforcer sa structure et donner plus de souplesse à son fonctionnement.

La Société française de messagerie express Chronopost International SA, créée en 1985 par le groupe La Poste est décidée à investir au Burkina Faso à travers noua un partenariat avec la Sonapost.

C'est ainsi que naquit en juin 2000 la société anonyme de droit burkinabé EMS Chronopost International Burkina avec un capital de 213 000 000 F CFA apporté à hauteur de 60% par la Sonapost et 40% par Chronopost International SA.

EMS/CIB a effectivement lancé ses activités en propre le 1er février 2001.

Avec un chiffre d'affaires croissant en moyenne de 7% par an, l'entreprise est aujourd'hui le leader du courrier express dans le pays avec une part de marché estimée à 57%. Représentée par 2 agences situées à Ouagadougou et à Bobo-Dioulasso, EMS Chronopost International Burkina distribue ses colis à travers tout le pays via le réseau de la Sonapost et dans le monde entier par l'entremise des représentations de Géopost Intercontinental SAS situées dans plus de 220 pays et territoires sur les cinq continents.

En effet depuis 2007, les parts de Chronopost International SA dans le capital de EMS/CIB ont été reprises par GeoPost Intercontinental, une Holding de la Poste française qui fédère les grandes marques du groupe La Poste sur les marchés du colis et de l'express au niveau mondial.

Suite à ce nouveau partenariat, l'entreprise adhère à la charte de GeoPost et accorde une place importante à l'environnement et au développement durable.

À ce jour, l'engagement majeur de EMS/CIB dans ce cadre reste le parrainage » Kabeela », une association qui opère au profit des femmes et enfants de Ziniaré.

Cet engagement s'est concrétisé en 2008 par une plantation d'arbres, des dons de fournitures scolaires et de jouets pour enfants.

« Le courrier est constamment à la croisée des chemins face au développement technologique. Mais tant qu'il y aura besoin d'échanger, la Poste sera toujours là et Chronopost aussi pour accélérer le mouvement. Notre objectif est de travailler à devenir des intégrateurs pour offrir une gamme de services complète (transit, dédouanement...), instaurer en quelque sorte un « guichet unique » pour simplifier les démarches de nos clients à l'import comme à l'export. »
Christophe B. Bassindia, Directeur Général

SDV et SNTB font partis du groupe Bolloré Ouest Africa

STMB

Mahamadi Bangrin Ouedraogo
Administrateur Directeur Général
01 BP 1374, Ouagadougou 01
Tel : +226-50-300909
Fax : +226-50-305146
Email : madibangrin@yahoo.fr

Activité : Transport
Date de création : 1989

L'origine de la STMB remonte à 50 ans, lorsque l'activité des Etablissements Ouedraogo Amadé Bangrin se concentrait essentiellement sur le transport de marchandises et de personnes.

Depuis, cette entreprise familiale a fait du chemin et affiche une réussite flamboyante grâce à la diversification de ses activités.

Après une décennie de développement de l'activité transport de personnes en interurbain, l'année 2000 marque l'ouverture de lignes régulières vers les pays limitrophes (Niger, Mali, Bénin, Togo), ce qui a été rendu possible grâce au renouvellement de sa flotte (multipliée par 3 depuis 1992), soit un parc actuel de 50 bus. Cette activité représente 60% de son CA.

Par ailleurs, la STMB réalise 30% de son CA à travers son activité de transport de marchandises, en particulier les hydrocarbures (2,5 millions de litres par an) et les matériaux de construction (10 000 tonnes de clinker par mois), 60 camions sont dédiés à cette activité.

Parfaite illustration de la volonté de diversification du groupe vers le tourisme, STMB Tours (2004) et Europcar International (2005) représentent 10% du CA (parc de 20 véhicules haut de gamme). Le groupe souhaite fortement mettre en place des partenariats de qualité pour développer l'activité tourisme de découverte, un secteur en devenir.

A noter, en tant que partenaire officiel de la billeterie (IATA), la STMB possède son stand au sein du siège de l'UEMOA à Ouagadougou. Depuis 2007, la STMB s'est lancée dans le frêt aérien de passagers (Faso Flying Bird).

Au cœur de l'Afrique de l'Ouest, le Burkina Faso offre une infinité d'opportunités. Au « pays des hommes intègres », il existe des individus courageux et travailleurs, soucieux du développement économique de leur pays et qui souhaitent tisser des relations de partenariat et créer des occasions de rencontre pour partager des perspectives d'avenir. »
Mahamadi Bangrin Ouedraogo, Administrateur Directeur Général

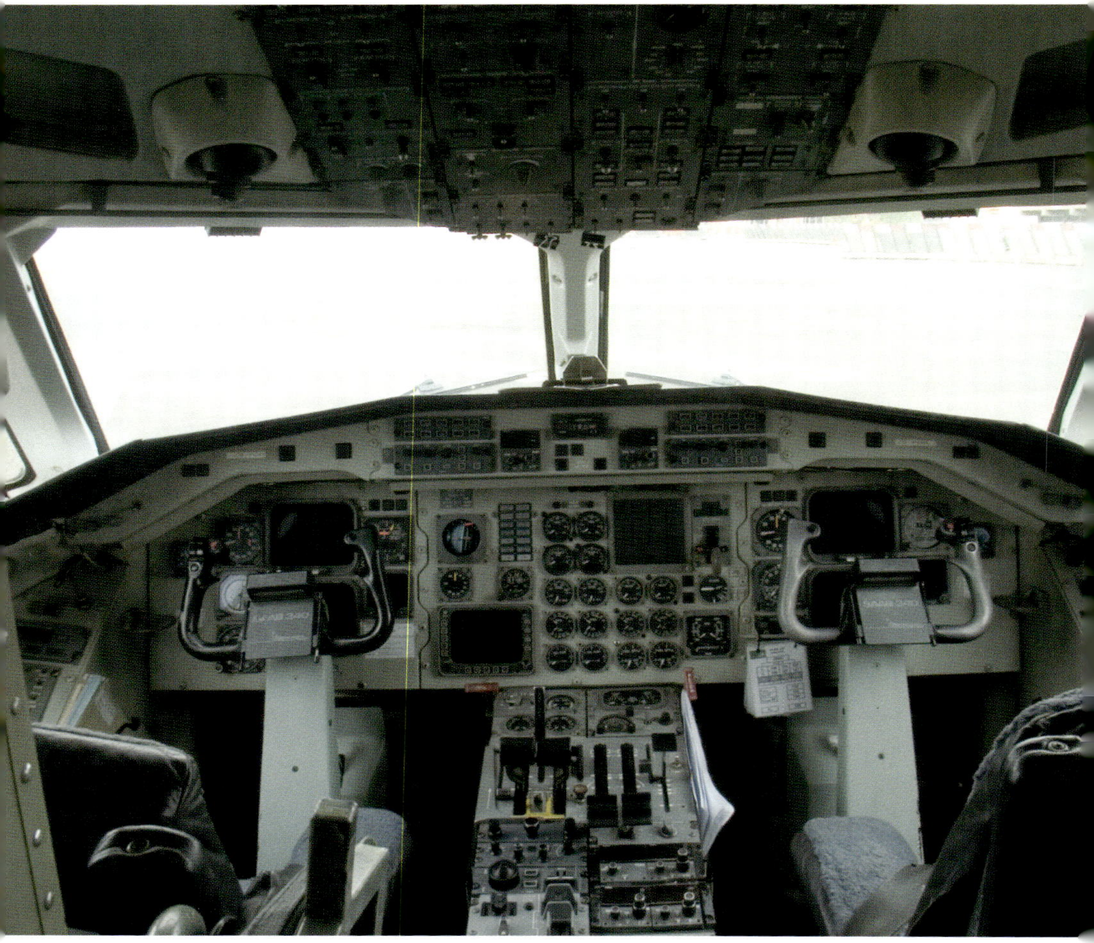

LOISIRS

On ne demande pas son chemin à un sourd
Proverbe du Burkina Faso

LOISIRS

Situé au cœur de l'Afrique de l'Ouest, le Burkina Faso est entouré de six pays : au nord et à l'ouest, le Mali ; au nord-est, le Niger ; au sud-est, le Bénin ; au sud, le Togo, le Ghana et la Côte-d'Ivoire.

Ce pays renferme d'énormes potentialités touristiques naturelles, culturelles et sociales ; que l'on regroupe en quatre zones touristiques. Celles du centre, du Sahel, de l'Est et de l'Ouest.

CUISINE

PLATS BURKINABÉ

Les plats burkinabé sont constitués en majorité de pâte et sont accompagnés de sauce, le tout à base des différentes céréales, feuilles et légumes récoltées ou cultivées dans pratiquement toutes les régions du pays. C'est ainsi que l'on retrouve des plats comme le tô de fonio au haricot, le couscous de maïs à la sauce soumbala, le couscous de fonio aux feuilles de haricot etc...

Les produits alimentaires peuvent être classés en trois groupes : énergétiques, constructeurs et protecteurs. Les céréales consommées en aliment de base apportent des glucides mais aussi un peu de protides végétales et certains minéraux et vitamines.

Nous vous recommandons les plats le tô de riz en boule à la sauce légumes, le Tô de riz de montagne à la sauce boulvaka, le couscous de fonio aux feuilles de haricot, en plats de résistance, comme plats légers, le couscous au lait.

LES BOISSONS

Vous trouverez bon nombre de boissons locales à découvrir au Burkina. Il y a celles que vous trouverez facilement dans les restaurants et maquis, telles que les bières de la Brasserie du Burkina avec la Brakina et la So.b.bra. En ce qui concerne les jus de fruits, une usine de transformation de fruit tropicaux appelée Dafani a fait sont ouverture en 2008. Elle propose environ quatre cocktails de fruits différents à consommer sans modération.

Les boissons plus locales que vous trouverez dans les villages et dans certains maquis sont le dolo, bière de mil et le zoom-koom, fait de mil, petit mil, sorgho rouge, de bissap et de sirops produits à base de fruits locaux. Le Burkina Faso dispose également de lait, de banjui et de gapal.

L'ARTISANAT

L'artisanat est donc, avec l'agriculture, une activité traditionnelle du Burkina Faso. On estime que 15 % du produit national brut viendrait de ce secteur, aussi s'est-il hissé au rang de véritable industrie, mais son potentiel est mal connu.

On distingue l'artisanat d'art (brodeurs, sculpteurs, bijoutiers et surtout les fondeurs Mossi) et l'artisanat utilitaire (maçons, tisserands, forgerons, tailleurs, électriciens...). L'artisanat utilitaire joue un rôle d'acteur économique. Les industries ne peuvent actuellement assurer la fabrication de toutes les pièces nécessaires aux besoins des diverses couches de la population. La qualité, les prix bon marché et le service après-vente des artisans en font un rouage indispensable au développement du pays.

Le Salon International de l'Artisanat de Ouagadougougou (SIAO) valorise et assure la promotion de l'artisanat du continent. L'importance que le Burkina Faso donne désormais à ce salon de l'artisanat s'est traduite dans le choix définitif d'un nouveau site - dont la construction a mobilisé plus de 3.500 ouvriers. Par ailleurs, un "Pavillon de la Créativité" spécialement conçu pour le marché international des pays industrialisés a été mis en place à la requête des acheteurs professionnels. Ces acheteurs proviennent aussi bien de pays africains que de pays européens, voire asiatiques et même des États-Unis ; néanmoins, le marché allemand reste le plus ouvert aux productions africaines. D'une manière générale, la demande des acheteurs porte sur des objets d'art, de décoration, des vêtements et des accessoires.

Le bronze est l'un des secteurs les plus traditionnels de l'artisanat d'art. Utilisant la technique dite "cire perdue", les maîtres bronziers de Nionghsin (Ouagadougou), tirent de leurs forges des pièces toujours uniques d'une rare beauté.

LE TÔ DE RIZ EN BOULE À LA SAUCE LÉGUMES

Ingrédients :
- riz, (Pour la sauce)
- viande
- pommes de terre
- choux, oignon, poivron, tomate fraîche et en boîte
- ail, fèfè, laurier
- sel
- huile

Préparation :

- Tô
Faire cuire le riz bien lavé jusqu'à obtention d'une pâte consistante. Faire des boules avec une petite louche

- Sauce
Faire bouillir les pommes de terre et les réduire en purée. Dans une marmite faire rissoler la viande découpée en morceaux, les oignons en rondelles puis la tomate. Saler. Bien remuer. Ajouter de l'eau puis les pommes de terre en purée, les poivrons et le chou en morceaux, le fèfè, l'ail et le laurier.

COUSCOUS DE FONIO AUX FEUILLES DE HARICOT

Ingrédients :
- fonio
- feuilles fraîches de haricot (niébé)
- tomates, poudre d'oignon, sel, poivre, laurier
- viande
- huile
- une poignée de haricots verts (facultatif)

Préparation :
Griller le fonio dans une poêle ou dans une marmite jusqu'à ce qu'il ait une couleur jaunâtre ;
Faire cuire les feuilles de haricots préalablement lavées dans un peu d'eau pendant 15 mn. ;
Retirer les feuilles puis les écraser dans un mortier, tout en laissant l'eau de cuisson dans la marmite ;
Ajouter dans l'eau de cuisson un peu d'huile, la poudre d'oignon, le soumbala, le laurier, le sel ;
Laisser mijoter puis ajouter le fonio et les feuilles de haricots écrasés
Laisser cuire pendant 15 mn
Servir chaud avec bouillon de viande au haricots verts.

LE TÔ DE RIZ DE MONTAGNE À LA SAUCE BOULVAKA

Ingrédients :
- Riz de montagne
- Boulvaka
- Poisson frais
- Viande
- Sel
- Piment (facultatif)
- Huile de palme
- Potasse

Préparation :

- Tô
Laver le riz, le faire torréfier et l'écraser.
Utiliser la farine pour la préparation du tô. Celui-ci est servi en boules.

- Sauce
Mettre un peu d'eau dans une casserole et la mettre au feu : y mettre la potasse et le boulvaka préalablement lavé (ne pas remuer ni couvrir)
Lorsque le mélange est en ébullition, remuer et laisser cuire quelques minutes.
Ajouter la viande bouillie et le poisson frais frit, l'huile de palme, le sel, quelques tranches d'oignon.
Remuer, laisser mijoter quelques minutes puis servir.

ZOOM-KOOM AU SORGHO ROUGE

Ingrédients
- Farine de sorgho rouge
- Ananas, papaye, mandarine, orange, wéda, pulpe de fruit de baobab,
- Epices (piment, gingembre, menthe, tamarin
- Sucre, sucre vanille, yaourt

Préparation :
Ecraser l'ananas et la papaye pour en extraire le jus,
Presser les oranges et les mandarines, filtrer le jus
Tamiser le yaourt
Malaxer la farine de sorgho rouge avec un peu d'eau, y ajouter les jus et le yaourt
Mélanger l'ensemble, y ajouter de l'eau et filtrer
Vérifier le goût, ajouter de la glace et servir.

Le village artisanal de Ouagadougou. On estime que 15 % du produit national brut viendrait de ce secteur.

Le travail du cuir et de la peau est également très répandu au Burkina Faso.

La Société Burkinabé de Manufacture recèle de très beaux articles en peaux pyrogravées (coffret, échiquier, jeu de dame, etc...).

La poterie, activité artisanale la plus répandue du pays, allie la résistance utilitaire à la finesse de la création artistique.

LES FÊTES TRADITIONNELLES

LE BASGA OU NABASGA

Selon les régions et les ethnies, plusieurs fêtes sont célébrées. La plus importante des fêtes célébrées en pays mossi reste le Basga ou Nabasga. Elle se déroule entre les mois de décembre et de février de chaque année.

Cette fête, en même temps qu'elle annonce la fin de la saison hivernale, célèbre les nouvelles récoltes. On raconte que par le passé, aucune famille ne pouvait commencer à consommer les nouvelles récoltes sans au préalable célébrer cette tradition. C'est pourquoi, selon les traditions, cette fête est organisée soit par les chefs de famille, les chefs de quartiers ou les chefs de villages.

A l'occasion, des offrandes sont faites aux ancêtres et aux mânes en des lieux précis pour les remercier de la protection dont les leurs ont bénéficié et pour faire les bénédictions pour l'année suivante.

Quand cette fête est célébrée chez les chefs de village, la contribution de tous est attendue pour avoir la plus belle fête.

On apporte chez le chef, des moutons, des bœufs, des poulets… tout ce qui peut agrémenter les plats à préparer. Aux sons des tam-tams, bendré ou lounga, on danse ; le dolo (bière de mil) est servi et on se réjouit ainsi pendant plusieurs jours.

LE DASSAN-DAGA (FÊTE DE LA JEUNESSE)

Le Dassan-daga dans certaines contrées vient suppléer l'absence du Basga ou Nabasga. Le Dassan-daga est dédié à la jeunesse (jeunes filles et jeunes garçons). La majorité des rencontres amoureuses prennent leurs sources à ces occasions. Sur la place publique du village, les jeunes gens se retrouve pour rivaliser sur divers plan : danse, magie, parure….

NAB YIKIOUGUIN

Fête célébrée par le Yatenga Naba de Ouahigouya. Cette fête a lieu chaque année après les récoltes. Elle intervient après une retraite d'environ une semaine du roi hors de son palais. Pendant ce séjour, divers sacrifices sont faits aux ancêtres. Nab Yikiouguin marque le retour du souverain dans son palais, ce qui donne lieu à plusieurs réjouissances sur l'ensemble du parcours de retour. La fête se poursuit pendant une semaine.

FÊTE DES IGNAMES À LÉO

La fête des ignames se tient annuellement à Léo (chef lieu de la province de la Sissili). Dans cette localité, la culture des ignames est une longue tradition.

FÊTE DE LA PATATE À KOMBISSIRI

Kombissiri (chef lieu de la province du Bazèga) se trouve à une quarantaine de kilomètres de Ouagadougou, sur l'axe Ouagadougou – Pô. Cette ville réputée, grande productrice de patate, célèbre annuellement cette fête afin de permettre un écoulement plus rapide de ce produit.

21 DE RÉO

Comme l'indique son nom, « le 21 de Réo » se tient tous les vingt et un jours à Réo, en pays gourounsi dans la province du Sanguié.

OUAGADOUGOU ET SA RÉGION

Ouagadougou fait partie de la zone du centre. Cette zone regroupe les provinces du Kadiogo, de l'Oubritenga, du Kourwéogo, du Ganzourgou, du Zoundwéogo, du Nahouri, du Bazèga, du Boulkièmdé, du Sanguié, la Sissili, le Ziro etc. Influencée par Ouagadougou la capitale politique et administrative, la zone du centre est par excellence celle du tourisme d'affaires et de congrès.

Nature et culture se conjuguent aux alentours de la capitale Ouagadougou pour offrir au visiteur une vision nou-

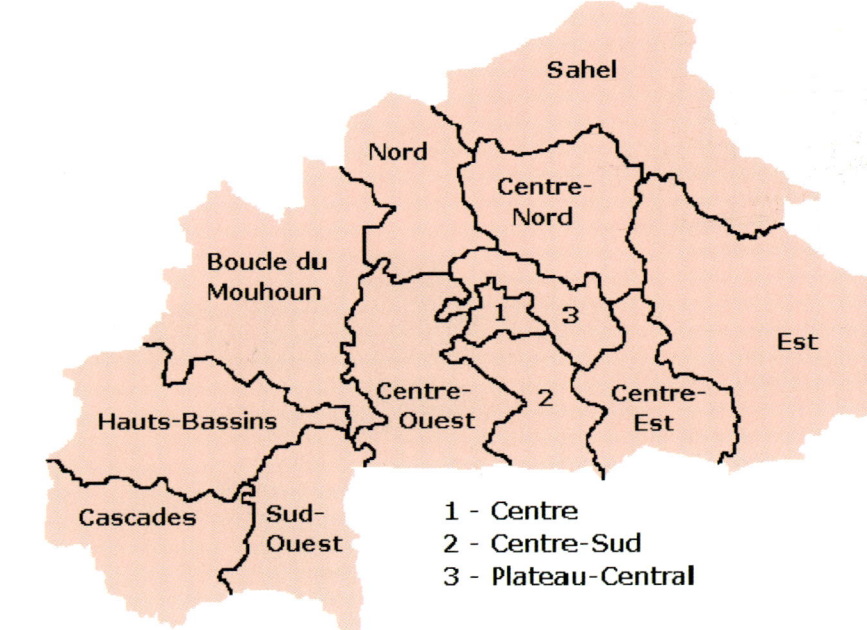

1 - Centre
2 - Centre-Sud
3 - Plateau-Central

velle de l'Afrique. Ne manquez pas de savourer ces sites magnifiques et les célèbres œuvres des artistes à Laongo.

OÙ DORMIR

Hôtel « Business Man »

Laico Ouaga 2000
01 BP 1603, Ouagadougou 01
Tél : +226-50-374902
Fax : +226-50-374901
Email : resa.ouaga@laicohotels.com
Website : www.laico-ouaga2000.com

Ce somptueux établissement est l'unique hôtel 5 étoiles du pays. Situé au cœur du nouveau centre administratif de Ouagadougou, le Laico Ouaga 2000 est le lieu idéal pour abriter conventions et séminaires : business center et 5 salles modulables pouvant accueillir jusqu'à 800 personnes. Personnel attentionné et prévenant, service impeccable, le Laico Ouaga 2000 est sans conteste la plus prestigieuse adresse de Ouagadougou. L'hôtel dispose de 210 vastes chambres, 10 suites luxueuses, 10 superbes villas avec parking privé et patio et une fabuleuse suite présidentielle. Toutes les chambres sont équipées d'une connexion à Internet haut débit (ADSL).
Voir Profil dans la partie « Tourisme »

Azalaï Hôtel Indépendance
Avenue de la résistance du 17 mai Secteur n°4
01 BP 127 Ouagadougou 01
Burkina Faso
Tél : +226-50-306063

Le superbe piscine de taille olympique de l'hôtel Laico Ouaga 2000

La Résidence Alice est le seul appart hôtel de la capitale, parfait pour les séjours de moyenne durée

Fax : +226-50-306767
Email : auguste@azalaihotels.com
A 5 minutes de l'aéroport international en plein centre ville, 131 chambres dont 18 suites entièrement rénovées en 2008.

Mercure Silmande
01 bp 4733, Ouagadougou
Tél : +226-50-356005
Fax : +226-50-356054
Email : H1325@accor.com
Situé à 2km du centre-ville et de l'aéroport (navette), l'hôtel offre une vue superbe sur le lac et la forêt. Il dispose de 155 chambres et 10 suites

Hôtel « Consultant »

Appart Hôtel – Résidence Alice
Avenue des Tansoba (Echangeur Ouaga 2000)
Tél : +226-50-372381
Fax : +226-50-372253
Email : residence.alice@liptinfor.bf

La Résidence Alice est le seul Appart Hôtel de Ouagadougou. Disposant de 08 appartements comprenant chacun 2 chambres avec salle de bain, une cuisine et un salon, c'est le lieu parfait pour les séjours de moyenne durée. La résidence propose aussi deux salles de conférence avec une capacité de 150 personnes et 75 personnes, une piscine et un restaurant.

Hôtel Yibi
2079, Av. Kwamé N'Krumah
10 BP.13976, Ouagadougou 10
Tél : +226-50-307323/70/71
Fax : +226-50-305900
Gsm : +226-78-812513
Email : yibi.hotel@fasonet.bf
Website : www.yibihotel.com

LOISIRS   eBizguides Burkina Faso

L'hôtel restaurant « Les Palmiers » est situé au coeur de la capitale, à 5mm de l'aéroport et des ambassades. Dans un cadre rénové, il dispose de 14 chambres confortables, d'une salle de séminaire, d'une piscine et de 2 restaurants. On trouve le Wi-fi haut débit dans tout l'établissement.

L'Hôtel Yibi dispose de 24 chambres disposant d'installations modernes: climatiseur, télévision, téléphone directement relié à l'extérieur, salle de bain privée. Un bar et un restaurant situé au bord de la piscine complète la liste des avantages offerts par l'hôtel Yibi de Ouagadougou qui a sûrement le meilleur rapport qualité prix de la capitale.

Hotel Amiso
Avenue Monseigneur-Thévenou
01 BP 1363, Ouagadougou 01
Tél : +226-50-308674/ 315080
Fax : +226-50-303678
Situé au dans le centre de Ouagadougou, cet hôtel offre 34 chambre doubles climatisé haut standing.

Les Palmiers
01 BP 6878, Ouagadougou 01
Tél : +226-50-333330 / 399191
Fax : +226-50-399192
Email : hotellespalmiers@yahoo.fr
Website : www.hotellespalmiers.net

RESTAURANTS

Tous proposent de la très bonne cuisine et une très bonne carte de vins dans des pièces climatisées.

Situé en plein centre ville, l'hôtel Yibi a sûrement le meilleur rapport qualité/prix de la capitale

Le Bistrot Lyonnais
Tél : +226-50-330165

Un peu caché en face de l'ambassade des Etats-Unis

Ouvert midi et soir/ Fermé le dimanche et lundi

Décor sobre mais moderne. Ce nouveau restaurant gastronomique français propose une très bonne cave et est très certainement l'une des meilleurs tables de Ouagadougou. Parfait pour un dîner d'affaire classique ou pour les nostalgiques de gastronomie française.

Le Gondwana
Tél : +226-50-361124

Zone du Bois,

rue Dr-Balla-Moussa-Traoré

Ouvert seulement le soir

Du salon mauritanien à la maison gourounsi, en passant par la tente touareg, toutes les pièces sont parsemées de sable, pour vous faire entrer dans ce magnifique décor. Excellente cuisine fine et originale, parfaite pour impressionner lors d'un dîner d'affaire. Ce restaurant incontournable fait aussi office de galerie d'art où tous les objets sont à vendre

Les Jardins du Sérail
Proche de l'ambassade des Etats-Unis.

Tél : +226-50-302581 / 76-570764

Fermé le dimanche Midi

Dépaysement assuré dans ce jardin et ces 2 salles climatisées où règne une ambiance féerique orientale. Très bonne cuisine française, marocaine ou encore des spécialités de brousse.

Le Tenakourou
Situé au 10ème étage de l'hotel Laico Ouaga 2000. Dans la lignée de l'excellence de l'hôtel 5 étoiles, c'est LE restaurant gastronomique de Ouagadougou.

Le Verdoyant
Av.Dimbolobso

Tél : +226-50-315407

A deux pas de la place du Rond point des Nations Unis. Fermé le mercredi.

Un peu moins prestigieux que les adresses de cette caté-

Le décor spectaculaire du restaurant « Gondwana »

gorie, la cuisine n'en reste pas moins très variée et d'excellente qualité.

Le Vert Galant
Tél : +226-50-306980

Situé sur le site de Ouaga 2000, décor très sobre, mais excellent cuisine. C'est le meilleur endroit pour déguster un bon pavé de bœuf ou encore des cuisses de grenouille.

La Villa Silkandra
Tél : +226-50-433099

Cissin, secteur 17, entre la route de Bobo et la patte d'oie. Difficile à trouver

Ouvert tous les soirs sauf mardi.

Très bonne cuisine, on retiendra particulièrement la terrasse sur le toit au style marocain. C'est aussi un véritable musée où toutes les pièces d'art et autres bijoux sont à vendre.

Snack/ Pâtisserie

Parfait pour un petit encas entre deux rendez vous ou avant de sortir le soir.

Pâtisserie Boulangerie de Koulouba
Tél Pâtisserie : +226-50-307717

Tél Boulangerie : +226-50-332037

Secteur N°4, 844 Av. Président Sangoulé Lamizana

Ouvert tout les jours sauf le dimanche après midi

6h à 12h et 16h à 19h30

LOISIRS

Le Showbiz
Av Kwamé N'Krumah
Ouvert tous les soirs
Pour un petit verre avant de sortir

Chez Simon
Av Kwamé N'Kruma
Ouvert midi et soir.
Pour le petit déjeuner, le déjeuner ou un verre le soir. Leurs shawarmas sont incontestablement les meilleurs de la capitale.

Le Moulin Rouge
Av Kwamé N'Kruma
Ouvert tous les soirs
Pour une pizza ou une bière pression avant de sortir.

Aziz Istambul
Av Kwamé N'Kruma
Ouvert le midi.
Pour faire une pause glace ou pâtisserie, on y propose aussi une cuisine rapide turque pour un déjeuner sur le pouce.

UN VERRE OU DEUX A OUAGADOUGOU

Le Loft
Rue Diabre, à l'angle de la rue Saye-Zerbo, en face de l'ambassade des Etats-Unis.
Tél : +226-50-312021
Bar haut standing. Situé dans une villa où la grande véranda du salon donne vue sur le jardin où il est aussi possible de boire de nombreux cocktails.

Le Bar à Tapas
Rue Kiendrebogo, Cité An III
Dans une courette, les statues en ferraille de récupération créent une atmosphère très atypique. Goûtez absolument aux rhums arrangés.

Le Golden Night Club
RECOMMENDED
Koulouba (côté Sud du château d'eau)
C'est le night club à la mode. Musique internationale dans ce cadre très européanisé. Sur 3 étages : le premier est préconisé pour les danseurs, le second pour les VIP, et enfin les troisième, où l'on peu aussi organiser des fêtes privés, est un peut plus intimiste.

The Mask Night Club
Hôtel Laico Ouaga 2000
Le club le plus huppé de la capitale. Le bar de l'entrée est aussi très sympathique en semaine pour y faire une partie de billard ou de Wii.

QUE FAIRE

La mare aux crocodiles de Bazoulé

Ce site est situé dans le village de Bazoulé à environ 25 km de Ouagadougou sur la route Nationale n°1 menant à Bobo Dioulasso. A la sortie de Tanghin Dassouri, prendre la piste à droite. Les habitants actuels du village de Bazoulé sont les descendants de Naba Kouda qui a régné de 1358 à 1400.

Les crocodiles seraient apparus il y a plus de 570 ans, venus du ciel après une pluie selon la légende.

La mare abrite plus d'une centaine de crocodiles très vénérés et protégés. Chaque année, des fêtes dénommées fêtes des crocodiles ou « kôo-m-lakré » sont organisées à l'occasion desquelles des sacrifices de coqs, boucs, et d'ânes sont faits par le Googhe Naaba, chargé des coutumes.

Les habitants de Bazoulé et des localités environnantes viennent demander aux crocodiles: santé, fertilité, fortune et protection contre les ennemis.

La mare aux crocodiles sacrés de Sabou

Ce site situé à environ 80 km de Ouagadougou, est en réalité une mare où vivent des dizaines de sauriens en

Venez caresser des crocodiles vivant à la mare aux crocodiles sacrés de Bazoulé

parfaite harmonie et familiarité avec les habitants. Très vénérés et très bien domptés, ces sauriens se laissent admirer et toucher par le biais d'un poulet offert en sacrifice. Les plus téméraires pourront s'accroupir sur le dos d'un crocodile pour une photo souvenir.

Pour l'histoire, sachez qu'il y a bien longtemps, un chasseur Mossi s'est égaré dans la brousse à quelques mètres de Sabou. Accablé par la chaleur et la soif, il s'est évanoui. Il du son secours à un crocodile, qui, passant par là, lui aurait humecté les lèvres d'un peu d'eau pour le ranimer et le conduit au marigot tout proche de Sabou. Depuis, les habitants de la région ne chassent plus les crocodiles, mais les vénèrent et les protègent.

Le Nayiri de Kokologo

Le palais de Kokologo est situé à une cinquantaine de kilomètres de Ouagadougou, sur l'axe Ouagadougou-Bobo Dioulasso. Il s'agit là d'une somptueuse construction traditionnelle en briques de banco soigneusement crépies. L'architecture d'ensemble s'apparente au style soudanien : toit terrasse avec balustrade ajoutée, ouvertures aux formes typiques. Ce palais a été construit par le père de l'actuel Chef, Naaba Kaongo, en 1942.

Avec ses annexes bien structurées, géré par une cour hiérarchisée, il est encore aujourd'hui le lieu privilégié des cérémonies coutumières et des réjouissances populaires qui ponctuent la vie d'une société totalement agraire.

Le parc animalier de Ziniaré

Ce parc zoologique est un espace d'observation et d'appréciation de la faune. Vous pourrez y voir girafes, zèbres, lions, éléphants, buffles, panthères, autruches, hippopotames etc. c'est un lieu de tourisme de vision à proximité de Ouagadougou (30km). Le parc fait partie du domaine de la résidence privée de l'actuel chef de l'Etat burkinabé, le Président Blaise COMPAORE.

Il est géré par la commune de Ziniaré. Pour le visiter, adressez une demande au Maire de la commune de Ziniaré une semaine avant la date de visite souhaitée.

Le tarif de visite est de 500 Fcfa pour les élèves et étudiants et de 1.000 Fcfa pour les adultes.

Les sculptures de granit de Laongo

Le village de Laongo est situé à 32 km au nord est de Ouagadougou, dans la province d'Oubritenga. Deux possibilités existent pour s'y rendre à partir de Ouagadougou : la première consiste à emprunter la route nationale n°3 (Kaya). Arrivé à Ziniaré, bifurquer à droite et prendre la piste jusqu'au site de Laongo. La seconde vous fera passer par la route nationale n°4, route de Koupélà.

En 1998, les artistes du Comité National des Arts Plastiques du Burkina, soumettaient au Secrétariat d'Etat à la culture un projet de manifestation internationale de sculptures sur granit sur le très beau site naturel de Laongo. Le projet qui suivait les préoccupations du gouvernement en matière de développement des arts du pays, fut accepté. C'est ainsi qu'est né le site de sculptures en plein air de Laongo devenu aujourd'hui un véritable musée à ciel ouvert où des œuvres de grande qualité, anthropomorphes, zoomorphes, figuratives ou abstraites, mais toujours intégrées à la beauté naturelle du site, s'offrent à l'admiration des visiteurs.

Après le premier symposium tenu en 1989 et qui a accueilli 18 artistes-sculpteurs venus de 13 pays d'Afrique, d'Asie, d'Europe et d'Amérique, d'autres suivront en 1991, 1996, 1998, 2000 et 2002.

Le site de Laongo est implanté dans une vaste zone constituée de massifs de granit gris rosé en affleurements discontinus, sous forme de dômes ou de boules et entourés d'un paysage sauvage incitant à la créativité.

Le musée de Manéga

La localité de Manéga est située à 55 km au Nord de Ouagadougou. Dans le musée, on trouve un véritable trésor ethnologique réunissant masques sacrés, fétiches, pierres tombales, instruments de musique...

La conception de ce musée, qui est très originale, offre la possibilité de découvrir, grandeur nature, les différentes sortes d'habitats du pays. C'est un lieu idéal pour vous initier aux rites burkinabé et plus particulièrement moaga.

Le musée de Manéga est aussi appelé musée de la bendrologie, terme qui se réfère au bendré, instrument de musique sacré et chargé de rappeler les hauts faits des dynasties et des vertus du peuple moaga.

Il est le plus grand musée privé d'Afrique! Il rassemble près de 500 masques, des dizaines de yakouga ou pierres tombales à effigie d'hommes, deux cent fusils à pierres d'avant l'époque coloniale, des répliques d'habitat traditionnel, des cases noires des mystiques Younyonsé, le pavillon de la mort. Ce musé privé est l'œuvre d'un célèbre avocat, Maître Pacéré par ailleurs très dévoué pour la culture.

L'une des nombreuses sculptures de granit de Laongo

Les habitats traditionnels de Tiébélé, Kampala, Tansasso, Tiakané

Les passionnés de civilisations anciennes et architecture traditionnelle seront littéralement subjugués par ce style architectural original et unique; et pour cause: elles sont généralement l'œuvre des femmes de la région, missions traditionnelles qu'elles assument depuis la nuit des temps avec un savoir faire inégalé.

Les cases réalisées par ces artistes s'imbriquent les unes dans les autres avec des escaliers extérieurs menant aux terrasses, le tout décoré de peintures en formes géométriques.

Le pic du Nahouri à Songo

C'est un site pittoresque situé à une quinzaine de kilomètres de Pô dans le village de Songo. Le pic est l'une des plus grandes élévations du pays avec 447m d'altitude. Après une bonne escalade, une magnifique vue panoramique vous fait découvrir le village

LA ZONE DE L'OUEST

L'ouest, le rendez-vous des espaces verts et de la culture!

Les zones de l'Ouest et du Sud Ouest sont les zones de prédilection pour le tourisme au Burkina Faso. Tourisme de villégiature et de découverte se conjuguent dans cette partie du Faso. Bobo-Dioulasso, Banfora, Gaoua sont les trois grandes villes de cette zone touristique.

BOBO-DIOULASSO ET SES ENVIRONS

Capitale économique du Burkina Faso, Bobo-Dioulasso est également retenue comme la capitale culturelle avec la Semaine Nationale de la Culture (SNC) qui se tient tous les deux ans au mois de Mars ou Avril.

Elle regorge de curiosités historiques et culturelles et offre tout autour d'elle des sites remarquables.

Nature et culture se conjuguent pour offrir au visiteur une vision nouvelle de l'Afrique. Ne manquez pas de savourer ces sites bucoliques, ces cascades magnifiques et ses célèbres animaux tels que l'hippopotame et l'éléphant.

OÙ DORMIR

L'Auberge
685, Rue Guillaume Ouedraogo
Bobo-Dioulasso
Tél : +226-20-971426 / 971767

Un véritable havre de paix au milieu du centre ville, tenu par une famille de Libanais très chaleureux. 40 chambres impeccablement tenues et confortables : salle de bain, climatisation, TV, téléphone, Internet. Très bonne cuisine familiale que l'on peut déguster au bord de la piscine.

Les 2 palmiers
01 B.P 2560 Bobo-Dioulasso (face SIFA)
Tél : +226-20-972759 / 977644
Fax : +226-20-977645
Email : hotelles2palmiers@fasonet.bf
Website : www.hotelles2palmiers.com

Une dizaine de chambres tout équipées dans cette très belle villa. On peut aussi y apprécier une très bonne cuisine.

Chambres d'Hotes VILLABOBO
Secteur4 Rue 35 N°292 Bobo Dioulasso
Tél : +226-70-537817 / 20-982003
Email : villabobo@yahoo.fr
Website : www.villabobo.com

Xavier vous accueille dans sa villa calme et confortable. Les chambres sont touts équipées et à moindre prix.

RESTAURANTS

L'Auberge
685, Rue Guillaume Ouedraogo
Bobo-Dioulasso
Tél : +226-20-971426 / 971767

Les 2 palmiers
01 B.P 2560, Bobo-Dioulasso (face SIFA)
Tél : +226-20-972759 / 977644

Situé au centre ville, l'hôtel restaurant « l'auberge » est sûrement le meilleur hôtel de Bobo

Fax : +226-20-977645
Email : hotelles2palmiers@fasonet.bf
Website : www.hotelles2palmiers.com

L'Eau Vive
Rue Delafosse, BoboDioulasso
Tél : +226-20-971968

QUE FAIRE

La ville de Bobo Dioulasso

La visite de ville de Bobo s'impose, tant la ville regorge de trésors à voir absolument. On y visitera la gare ferroviaire, la mosquée de Dioulassoba où Samory TOURE pria au passage et le vieux quartier de Dioulassoba.

La mosquée de Dioulassoba

Construite en 1880 par l'Almami Sidiki SANOU, cette mosquée d'architecture soudanaise est située en plein cœur de la vieille ville appelée Dioulassoba. Elle est une des attractions majeures de la visite de la ville.

Le village perché de Koro

Il est situé dans le village dont il porte le nom à 6km à la sortie de Bobo Dioulasso sur l'axe Bobo-Ouaga. En cheminant sur une piste de 2 km, on apercevra la plaque signalétique de l'Office National du Tourisme Burkinabé. C'est un village juché sur un amas de granit. Il a été érigé telle une place forte pendant les guerres tribales qui avaient cours dans cette région. Cette situation stratégique de défense permettait à ses habitants de surveiller et de mieux protéger le village des envahisseurs. Du haut du village, une vue panoramique vous dévoile la plaine et la falaise. Sachez qu'il y est interdit de demander où est ce que les morts sont enterrés sous peine d'être frappé d'un grand malheur.

Le village artisanal de Pala

Il est situé à 12 km de Bobo Dioulasso sur la route de Ouagadougou. Pala est un beau village de forgerons entouré de collines avec un gros baobab et un grand fétiche en son centre. Les objets artisanaux que vous pourrez y trouver sont pour la plupart forgé en fer.

Pala possède les plus longs masques de la région. Renseignez-vous avec le guide et les chefs coutumiers pour assister à une cérémonie rituelle.

Le village architectural de Koumi

C'est un village pittoresque perché sur un escarpement rocheux érodé construit dans un style architectural Bobo, caractérisé par des maisons en banco aux toits en terrasse. Il est situé sur la route nationale N°8, à 16 km à la sortie de Bobo en direction de Orodara.

Le site du village offre une agréable sensation avec la verdure et la fraîcheur du Kou (cours d'eau intarisable) qui ceint le village. On peut visiter également le Grand Séminaire de Koumy.

La visite est obligatoirement effectuée en compagnie d'un guide qui promène le visiteur dans les ruelles du village organisé traditionnellement en quartiers de paysans, forgerons et griots. Le coût de la visite est de 1.000 Fcfa par visiteur.

La mare aux hippopotames de Bala

Située à 60km de Bobo-Dioulasso, la mare aux hippopotames est un site classé réserve de la biosphère de l'UNESCO depuis mars 1987. La mare est constituée d'un plan d'eau intarissable formé par le fleuve Mouhoun qui y prend source. Elle abrite de nombreux hippopotames et oiseaux. Des ballades en barque sont possibles pour observer ces animaux et admirer l'écosystème de la réserve.

La guinguette

Il s'agit d'un plan d'eau formant une piscine naturelle sur le cours de la rivière du Kou. C'est l'un des sites les plus connus du pays. Il est situé à 15 km à l'Ouest de Bobo Dioulasso dans la forêt classée du Kou, sur la route de Karangasso-Sambla. Le site a été réaménagé et d'autres travaux y sont en cours. Un gigantesque pont suspendu en fer très solide a été construit permettant de surplomber le cours d'eau et d'admirer les sources d'eau. La vue est absolument magnifique. Et si vous êtes un peu essoufflé, il vous est désormais possible de vous installer confortablement sur les bancs de soupirs conçus en bambou et bois de teck. Le site s'est donné la vocation de devenir l'un des sites écotouristiques majeurs du pays.

BANFORA

La ville de Banfora a 50 000 habitants environ. Elle est située dans la partie verte du Burkina Faso. Banfora et sa région sont peuplées de turka, de goins, de karaboro, de sénoufo, de dioula, de sembla. De très beaux paysages et de splendides sites naturels constituent cette région du Burkina Faso. La petite ville de Banfora n'offre que peu d'attraits en dehors de son marché très animé et particulièrement bien approvisionné en objets d'artisanat. Banfora constitue cependant un point de départ idéal pour découvrir la région. En effet, le pays Sénoufo est à quelques kms de Banfora et de là, les touristes et visiteurs pourront facilement découvrir les sites culturels et touristiques dont regorge le pays Sénoufo : falaises, dômes, cascades, mares et lacs sacrés, le mont Ténakourou , les villages de Niansogoni, Negueni et d'Outourou...

OÙ DORMIR

La Canne à Sucre
Tél : +226-20-910107 / 910497
Dans une rue à gauche en arrivant de Bobo, avant la station service Total

Hôtel Jackson
A l'entrée de Banfora en venant de Bobo, prendre à droite la route de Karfiguéla, avant la station SKI
Tél : +226-20-910862 / 911919

RESTAURANTS

La Canne à Sucre
Tél : +226-20-910107 / 910497
Dans une rue à gauche en arrivant de Bobo, avant la station service Total

QUE FAIRE

En allant vers l'ouest, en direction de Sindou, on atteindra le petit village de Tengrela, célèbre dans tout le Burkina par ses "trembleuses". Ce sont ces jeunes femmes dont la manière de danser, plutôt frénétique, se caractérise par des tremblements de l'ensemble du corps. A côté du village, le beau lac de Tengrela mérite le détour. En empruntant une pirogue, vous pourrez observer les derniers hippopotames de la région qui ont résisté à la sécheresse et au braconnage. Le lieu est aujourd'hui protégé pour préserver cette espèce de mammifères herbivores en voie de disparition. Le visiteur pourra déguster le « Bangui » vin sucré extrait à partir de la sève des rôniers abondants dans la zone.

Les hippopotames de Tengrela

En allant vers l'ouest, en direction de Sindou, on atteindra le petit village de Tengrela, célèbre dans tout le Burkina par ses "trembleuses". Ce sont ces jeunes femmes dont la manière de danser, plutôt frénétique, se caractérise par des tremblements de l'ensemble du corps. A côté du village, le beau lac de Tengrela mérite le détour. En empruntant une pirogue, vous pourrez observer les derniers hippopotames de la région qui ont résisté à la sécheresse et au braconnage. Le lieu est aujourd'hui protégé pour préserver cette espèce de mammifères herb vores en voie de disparition.

Il faudra vous lever tôt pour pouvoir apercevoir les hippopotames de Tengrela

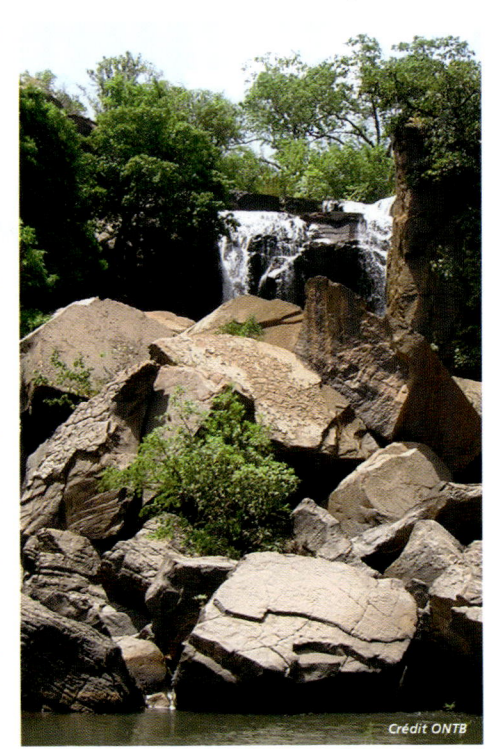

Les cascades de Karfiguela et les dômes de Fabedougou

De l'autre côté de Tengrela, à 12 km de Banfora, le travail de la nature a façonné des escaliers géants et des rochers où l'eau des rivières et des sources tombe en cascade. C'est à Karfiguela que ces cascades sont les plus spectaculaires. Sans oublier ces curieux "dômes" de pierre, à Fabedougou, à quelques kilomètres seulement de Karfiguela, qui font penser à des igloos de grès.

Les aiguilles de Sindou

La principale curiosité naturelle du Burkina Faso se trouve à 52 km à l'ouest de Banfora : les "pics" ou "aiguilles" de Sindou ; lesquels sont bien connus des géographes et des géologues. Ils y voient un prolongement des falaises de Banfora qui courent du nord-est au sud-ouest du pays, relient Bobo-Dioulasso à Banfora et continuent leur avancée loin vers l'ouest au delà de la frontière du Mali. C'est d'ailleurs près de cette frontière que s'élève le sommet le plus élevé du Burkina : le mont Ténakourou culmine à 747 m.

La vannerie et la poterie décorée

Installées dans des sortes de terrier pour travailler à l'abri de la chaleur, les vannières de la région sont des artisans émérites; il est possible d'acquérir de magnifiques paniers, nattes, chapeaux, etc… tressés au marché de la place.

Les plantations de canne à sucre

Dans les environs immédiats de Banfora, on pourra visiter les immenses plantations de canne à sucre de la Société Sucrière de la Comoé.

Les cascades de Takalédougou et de Léraba

D'autres cascades toutes aussi impressionnantes que celles de Karfiguela se trouvent dans les environs telles la cascade de Takalédougou à l'est de Banfora et les cascades de la Léraba orientale où des hippopotames viennent s'ébattrent dans la piscine naturelle qui s'est formée en contrebas.

Les cascades de Karfiguela

Gaoua et ses environs

De Banfora en allant vers le sud, se trouve une autre belle région avec pour ville principale Gaoua. Cette ville est habitée par des lobis, des gans. Elle est célèbre pour son musée et sa population qui est restée pour la plupart animiste. Par exemple, "le Dyoro" ou initiation qui traduit le passage de l'enfance au stade d'adulte, est un élément essentiel de la culture locale. Nous vous conseillons de dormir et manger à Bobo ou à Banfora.

Le musée provincial de Poni

Situé sur la « colline du pouvoir » dans la commune de Gaoua, le musée des civilisations du Poni est logé dans un bâtiment colonial construit en 1920.

Les "pics" ou "aiguilles" de Sindou sont bien connus des géographes et des géologues

Il a été crée suite à des recherches ethnologiques effectuées par Sœur Marie Madeleine Père et inauguré en 1990.

On y découvre des objets et photos ayant trait à la culture Lobi et Gan.

Loropeni

Ce grand village que l'on peut visiter en allant sur les routes de Banfora ou de Bobo vers Gaoua est connu pour ses ruines.

Les ruines de Loropéni dont on ne connaît pas l'origine sont appelées par les Lobis : « Maisons de refus ». Ils évitent d'y aller ou d'y approcher.

C'est un ensemble de ruines qui représentent l'archétype achevé dont les techniques architecturales ne se retrouvent nulle part en Afrique. Ces ruines sont constituées d'un rempart, de 6m de hauteur et d'une épaisseur à sa base de 1m40 environ se réduisant progressivement vers le haut qui a une épaisseur de 25 à 30cm. Les 21 membres du Comité du patrimoine mondial de l'UNESCO ont décidé, le vendredi 26 juin 2009, d'inscrire les ruines de Loropéni sur la liste du patrimoine mondial de l'humanité.

Le sanctuaire des rois Gans

A 7km de Loropéni notamment à Obiré, on y découvre plus d'une dizaine de tombeaux royaux surmontés de leurs effigies protégés par un bâtiment en bloc de latérite. La sacralité du site culturel et historique découle de la singularité de l'histoire de chaque roi qui vous y est conté sans détour, avec leurs qualités et leurs défauts.

Pour une meilleure connaissance de la chefferie africaine une visite est recommandée.

LA ZONE DU SAHEL

LE SAHEL, REFLET DU SOLEIL !

L'astre lumineux y a accroché sa lumière ; mais ne vous y fiez pas car les températures extrêmes du jour peuvent chuter assez rapidement la nuit.

Avec ses marchés de bétail, ses populations empreintes de chaleur, ses échoppes aux couleurs vives, ses artisans aux doigts habiles qui fabriquent tissus, bijoux, sacs, nattes et autres objets divers à partir du cuir, cette partie du pays saura charmer les amateurs d'aventures et de grands espaces...

LA VILLE DE OUAHIGOUYA ET SES ENVIRONS

Chef lieu de la province du Yatenga, Ouahigouya, près de la frontière du Mali à (50) Km, est la quatrième ville du pays après Ouagadougou, Bobo-Dioulasso et Koudougou. Elle est la plus importante agglomération de la région du Nord du Burkina Faso. Située à 185 Km de la Capitale Ouagadougou, par une route bitumée, Ouahigouya vous ouvre les portes du Sahel par des vestiges témoins de sa glorieuse histoire.

OÙ DORMIR ET MANGER

Hôtel de l'Amitié
Sur la route principale en sortant de la ville
Tél : +226-40-550521/22
Email : amitie@fasonet.bf
Grand hôtel avec piscine, bien tenu. Chambres tout équipées : Climatisation, TV, salle de bain…

Hôtel Dounia
Tél : +226-40-550595
En venant de Ouagadougou, tourner à droite à la BICIAB, puis encore à droite après l'hôpital.
Pas central, mais sympa et bien tenu. Chambres climatisées, eau chaude,…

QUE FAIRE

La tombe de Naaba Kangho

Naaba Kango régna de 1754 à 1787 après avoir échoué en 1753 à la prise du pouvoir par la force. Conquérant intrépide, il fonda la ville de Ouahigouya qui signifie en mooré « Venez vous prosterner » pour confirmer sa puissance et défiler ses adversaires. Roi tristement célèbre par sa cruauté, Naaba Kango entreprit d'édifier un palais à partir duquel il pourrait voir les frontières de son royaume qui s'étendait jusqu'à la frontière du Mali. En tout cas un grand mythe entoure le règne de Naaba Kango et jusque là, sa tombe qui reste un véritable lieu de culte est visitée. Mais il est interdit à tout chef encore au pouvoir de s'y rendre au risque de perdre son trône. Cette cro-

Les ruines de Loropéni sont inscrites sur la liste du patrimoine mondial de l'humanité.

Crédit ONTB

yance embarrasse même les chefs d'Etat modernes en séjour à Ouahigouya qui évitent de visiter sa tombe.

Le palais royal du Yatenga

La visite de ville permettra de découvrir le Palais royal du Yatenga. Il fut édifié en 1895 par Naba Bouli et comprend une grande entrée avec vestibule à l'Ouest et une petite entrée à l'Est. Le palais a été reconstruit en 1989.

Les tombes royales de Soumniaga

A 8km de la ville sur l'axe Ouahigouya-Ouagadougou vous visiterez un site historique majeur : il s'agit des tombes royales de Soumniaga où sont enterrés les Chefs du Yatenga. 49 rois y sont inhumés dont le plus récent est le Naaba Guigma mort en 2001. Bien que sacré, on peut accéder à ce site sans cérémonies particulières.

La mosquée de Ramatoulaye

A 25 km sur l'axe Ouahigouya-Titao, haut lieu de culte musulman, le village de Ramatoulaye a été fondé par le Cheick Aboubacar Maïga 1er. Initialement en banco, son fils Sidi Mohammed Maïga édifia l'actuelle mosquée en 1959 avec l'aide de l'architecte Baba Camara. La mosquée a la particularité de réunir de nombreux pèlerins venant du Burkina mais aussi de plusieurs pays pendant la fête du Mouloud.

On quittera la ville par le Nord pour voir à l'œuvre les forgerons et les potiers de la ville de Rouph et jeter un regard sur la mosquée en banco du village.

En empruntant la départementale D1 un peu au Nord Est on s'extasiera devant les belles maisons en argile dorée de You, style architectural propre à ce village.

LA VILLE DE GOURCY ET SES ENVIRONS

MAUSOLÉE DE NAABA YADEGA

Gourcy fut la première capitale de l'empire mossi. Située à 30km plus au Sud dans la province du Zondoma, elle abrite la première demeure du Naaba Yadega, constituée de cases en banco. Un mausolée y est érigé en ce moment.

On admirera au passage les hauts fourneaux de Kindgo et de Saye vestiges de fourneaux vieux de plusieurs siècles (700 ans). Ils nous édifient sur l'ingéniosité de nos ancêtres qui très tôt maîtrisaient les techniques d'extraction et de travail du fer à partir des blocs de latérites.

LE SITE D'ORPAILLAGE DE BOUDA

Dispersés dans la province du Passoré, les travailleurs en famille descendent dans les trous creusés très profonds pour extraire l'or. Les femmes et les enfants hors des trous sont chargés de laver la terre pour recueillir la poudre d'or.

A quelques kms de Yako, les collines de Pilimpikou renferment des grottes jadis refuge de la population lors des attaques des conquêtes territoriales. Ces grottes sont sacrées car elles sont le lieu où se font des sacrifices lors des cérémonies coutumières.

KAYA ET SES ENVIRONS

Chef lieu de la région du centre nord, Kaya est située à 100 km de route bitumée de Ouagadougou. Elle abrite 35 000 habitants environ et est réputée pour le travail du cuir. Kaya en moore signifie : « mil germé ». Cette ville se singularise en effet par les nombreux ateliers d'artisans qui travaillent essentiellement le cuir pour en faire des objets utilitaires, de la maroquinerie…

De Kaya, ville carrefour on peut aller visiter le sahel burkinabé, en empruntant la Nationale 3, qui monte à Dori, Gorom-Gorom, tout au nord du pays. Par cet itinéraire, on passera à côté des lacs de Tougouri et de Yalogo, où les nomades peul se partagent le territoire avec les agriculteurs mossi. A quelques 20 km au nord de Yalogo, on visitera la mosquée de Bani.

OÙ DORMIR / SE RESTAURER

A Kaya :
Hôtel Kaziende
A côté de la route de Dori
Tél : +226-40-453535
Email : h.kaziende@fasonet.bf
Un hotel central avec chambres propres et fonctionnelles avec climatisation, salle de bain et frigo.

A Dori :
Hôtel Oasis du Sahel
Demander son chemin.
Tél : +226-40-460134
Demander les nouvelles chambres qui sont tout équipées.

QUE FAIRE

Les monuments funéraires des chefs Boulsa

Dans la commune de Boulsa dans la province du Namentenga, on visitera les monuments funéraires des chefs de Boulsa. Ces monuments sont essentiellement composés de cases en terre.

La province du Namentanga regorge de nombreux lieux de cultes : les collines sacrées de Tan-Yille, la tombe de Namendé, etc.

Toujours dans la même province on fera le déplacement à 130 km de Boulsa pour voir le site d'extraction artisanale de l'or.

Le lac Dem

Véritable espace maraîcher et sanctuaire ornithologique, le lac Dem se situe à une vingtaine de kilomètres de la ville de Kaya. Il est formé par une vaste retenue d'eau sur la rivière qui arrose la région. Ce très beau lac est bordé d'une végétation qui se fait luxuriante et de très nombreux potagers. C'est un paradis pour les oiseaux et les pique-bœufs qui accompagnent les troupeaux de zébus et qui viennent se désaltérer pendant la journée. Une fois sur place, offrez vous le plaisir d'une balade fort agréable et bucolique sur l'eau à bord d'une pirogue. Renseignements disponibles auprès de l'hôtel Kaziendé à Kaya.

Les forgerons de Kongoussi

Réputés dans le travail du fer, les forgerons de Kongoussi travaillent avec des moyens rudimentaires à partir des matériaux de récupération que fournissent les villes de nos jours. C'est ainsi que l'on verra carcasses de voitures, ferrailles de motos d'origines diverses transformées en divers objets utiles ou artisanaux tels les houes, faucilles, jouets pour enfants, dabas, couteaux, pioches. Pour une petite somme d'argent, vous pourrez vous y procurer des souvenirs pour toute la famille, surtout aux enfants.

Le minerai de fer est obtenu à partir d'une technique ancestrale après fonte dans les hauts fourneaux de terre.

A 40km au Nord de Kongoussi, à Bourzanga, dans le département qui porte son nom, se dresse une architecture Kurumba ou Fulsé. La particularité de celle-ci vient du fait que les habitations sont des cases en banco construites deux par deux et à niveaux (étages).

On quittera la province du Bam en se procurant des souvenirs en tissus à l'Ouest de Kongoussi la ville de Tikaré, véritable fief de l'artisanat utilitaire. Les tisserands y travaillent toujours les fils de coton pour les transformer en bandes de cotonnade qu'ils trempent dans de l'indigo pour obtenir différentes teintes et figurines.

Les collines sacrées du Namentenga

Le relief un peu accidenté dans la partie nord de la région lui a dessiné des collines qui sont pour la plupart considérées comme des lieux sacrés de culte. On fera le détour pour escalader les pentes des collines sacrées de Tanyilé, Bomboarga, Komtenga dans la province de Namentenga

Colline de la vierge marie

Dans la même localité, on fera le détour pour visiter la colline de la Vierge Marie, un sanctuaire catholique et lieu de pèlerinage. Il s'agit d'une grotte en pierre artificielle construite sur une colline en hommage à la Sainte Vierge qui serait apparue en ces lieux. C'est un site très intéressant à visiter.

Le musée de kaya

La visite de ville passe incontournablement par le musée de la ville, lieu d'exposition de témoignages matériels relatifs à l'habitat, au tissage, à la maroquinerie et aux mobiliers en voie de disparition. Le musée fut inauguré le 07 Juillet 1995.

Marché des cuirs et peaux

La ville de Kaya est réputée pour le travail du cuir car jadis la région hébergeait les travailleurs du cuir de la cour des mossis, à laquelle ces artisans fournissaient les selles et harnachements de la cavalerie. Aujourd'hui la ville produit encore de nombreux objets en cuir très réputés pour leur beauté dans tout le pays. Dans le centre ville, un vaste marché permanent réservé aux artisans du cuir permet la découverte de nombreux objets tels que les sandales, sacoches, boîtes à bijoux, portefeuilles…

SITES AURIFERES DE BORUM

A 130 km de Boulsa, dans la province du Namentenga, on visitera les puits d'extraction artisanale de l'or dont regorge la région.

On quittera la province du Bam en se procurant des souvenirs en tissus à l'Ouest de Kongoussi la ville de Tikaré, véritable fief de l'artisanat utilitaire. Les tisserands y travaillent toujours les fils de coton pour les transformer en bandes de cotonnade qu'ils trempent dans de l'indigo pour obtenir différentes figurines.

Les mosquées de Bani

Depuis Dori, on peut organiser de nombreuses excursions pour visiter tout juste à 35 km sur la route nationale n°03 le village de Bari avec son style architectural Soudano-Arabe qui a fait la renommée de la très célèbre mosquée de Bani. C'est une belle et imposante mosquée en banco. On pourra y admirer ses murs d'enceintes à créneaux, ses cours intérieures, ses tours et ses minarets qui s'élèvent vers le ciel.

La ville de Bani est également entourée de 06 autres mosquées toutes aussi belles, perchées sur les collines, leurs façades sont très bien ouvragées.

La tombe mystérieuse de Falagountou (la tombe de Bawaye)

A 50 Km de Dori, sur la route nationale n°06, on visitera une tombe mystérieuse de 12m. la légende raconte que l'homme qui est enterré était très grand, d'une taille de 6m environ et s'appellerait Bawaye. La dite tombe est protégée par un mur en ciment.

Tous les samedis, se tient dans ce village un grand marché de bétail fréquenté par les nomades venus à pied, à dos d'âne ou de chameau. Les plus curieux s'aventureront plus loin, pour visiter Ayorou, les hippopotames de Firgoun, le site d'orpaillage d'Essakane.

L'Oasis de Djomga

Plan d'eau niché à l'ombre des grands arbres, l'oasis de djomga se situe à 07 Km au Nord sur la route de Gorom Gorom. De nombreux chameliers s'y retrouvent pour abreuver leurs animaux. Lieu idéal pour y improviser pique-nique et camping.

La très célèbre mosquée de Bani en banco

GOROM-GOROM

Chef lieu de la province de l'Oudalan, Gorom-Gorom a une population d'environ 60 000 habitants. Cette ville est le meilleur point de chute pour découvrir le Sahel burkinabé. Ville sablonneuse, Gorom Gorom veut dire « asseyons nous ».

Elle est réputée pour son marché à bétail qui a lieu chaque jeudi.

OÙ DORMIR / SE RESTAURER

Le point
A l'est de Gorom
Tél : +226-40-469444
Chambres ventilées avec salle de bain. Restaurant.

L'Amitié
A l'entrée de la ville, sur la route principale
Tél : +226-40-469440
Hôtel tout neuf. Restaurant.

QUE FAIRE

Le marché de Gorom Gorom

Il ne faut surtout pas manquer de visiter le marché pittoresque de Gorom Gorom où tous les éleveurs nomades de la région (Touareg et peulh) se retrouvent chaque jeudi.

On flânera aussi dans les ruelles des ateliers de bijoutiers, forgerons, maroquiniers et autres artisans.

OURSI

En montant vers le Nord Ouest à 40 Km de Gorom Gorom dans la province de l'Oudalan, on découvrira le gros village d'Oursi célèbre pour sa belle mare, où viennent s'ébattre quantité d'oiseaux aquatiques, d'août à novembre, ses dunes de sable et son musée archéologique.

OÙ DORMIR / SE RESTAURER

Campement Edjef
A Gandefabou, à 22km à l'ouest de Oursi, c'est un petit village de Touaregs
Tél : +226-40-469396 / 70-360658
Website : www.gandefabou.org
On y dort sous des huttes ou sous des tentes tamacheq sur de vrai matelas. Toilettes et douches propres. Cuisine simple et correcte.

QUE FAIRE

Les dunes de sables d'Oursi

Des dunes blanches et roses se conjuguent à l'ensemble pour offrir un panorama féerique, plein de lumière et de couleurs qui illuminent les sens.

Ce site d'une beauté naturelle et unique en son genre est à contempler.

Oursi Hu-beero, le musée archéologique d'Oursi

Site archéologique de l'époque médiévale, en 2000 et 2001 des fouilles ont été faites par une équipe de chercheurs venant des Universités de Francfort-sur-le Main et de Ouagadougou.

Daté du xème siècle, Oursi Hu-beero qui veut dire la grande maison d'Oursi préserve une architecture africaine et des objets très anciens.

La mare ornithologique d'Oursi

C'est un site hydrique naturel bordé de dunes de sables roses et blanches. C'est un point de rencontre des éleveurs. On peut y observer des oiseaux d'espèces multiples s'ébattant et s'agitant parfois sur les animaux venus s'abrever.

Markoye

A une quarantaine de kilomètres au nord de Gorom-Gorom, ce gros village regorge de curiosités touristiques telles que :
• le lac qui abrite de nombreux oiseaux,
• le petit musée archéologique avec ses gravures rupestres,
• le marché tenu chaque lundi, qui est plus animé que celui de Gorom-Gorom,
• l'habitat fait en banco est original.

Gandéfabou

A une quarantaine de kilomètre d'Oursi, se trouve ce site animé par le campement EGEF qui signifie dune en Tamaschèk. Possibilité de passer la nuit à la belle étoile et

Site archéolique Oursi

Crédit ONTB

de vivre à la façon Touareg comme une balade en dromadaire ou encore déguster un méchoui préparé spécialement et apprécier le lait de dromadaire.

Vous pourrez aussi visiter les nécropoles de Gandéfabou.

Le sanctuaire ornithologique (rivière Beli)

En empruntant la route nationale n°03, à 60 Km de Gorom Gorom, la rivière Beli s'écoule paisiblement au grand bonheur des milliers d'oiseaux qui en ont fait leur sanctuaire. Les téméraires pourront grimper les sommets dans les chaînes de montagnes de Sebba à 105 Km de Dori sur la route Nationale n°07, afin de contempler un panorama d'une beauté saisissante.

La ville de Djibo et ses environs

Elle ressemble à toutes les villes du Sahel avec son marché à bétail, son architecture, son artisanat et ses bijoutiers dont la spécialité reste la grosse boucle d'oreille en or torsadé dont se parent les femmes. Elle est le chef lieu de la province du Soum.

Les gravures rupestres de Pobé Mengao

A 25 Km au Sud de Djibo sur la route n°22, se trouvent des gravures rupestres représentant des animaux sauvages, des oiseaux, des armes de guerre gravées sur du granit. Des gravures sur roc dans le même genre ont été découvertes à Arbinda au Nord de Djibo. Dans le chaos de rochers gravés qui entourent Arbinda, se trouvent à la fois une source « intarissable » et plusieurs grottes qui ont livré aux scientifiques des fragments de poteries et de statuettes en bronze, ainsi que des vestiges de meules creusées dans le rocher.

On visitera aussi son musée archéologique, spécialisé dans l'art funéraire et l'artisanat utilitaire. Il fut créé en 1979 par l'ORSTOM sur l'initiative d'un technicien français du nom de Gérard Bertrand, avec la collaboration du chef de village de l'époque et du Laboratoire d'histoire et d'archéologie de l'Université de Ouagadougou.

LA ZONE DE L'EST

L'Est : le réservoir de la faune, paradis du tourisme et de la chasse.

Amateurs de tourisme et de chasse, ne cherchez plus : venez taquiner du coba, du buffle et bien d'autres animaux dans la zone giboyeuse de l'Est. De nombreux campements de chasse nichés tels des bijoux dans leur écrin de nature sauvage vous offrent le privilège de vivre des sensations fortes. Emotion et aventure garanties. Notez toutefois que la saison de la chasse au Burkina s'étale du 1er décembre au 31 mai chaque année.

OÙ DORMIR / SE RESTAURER

De nombreux campements sont disponibles dans cette région. Voici une sélection de ceux offrant le plus haut standing. Pour information, ils ne sont ouverts que de décembre à fin mai.

RECOMMENDED PARTNER

Yeryanga Safari
Campement du Buffle, Pama
Contact : Maurice Bardet
Mobile Burkina Faso : +226-70-370809
Mobile France : +33-6-85160166
Tél Camp : +226-40-776017
Email : maurice.bardet@yahoo.fr
Website : www.ysafari.com

Contact en France : Agence de Voyages Wild World
Contact France : Marion
ZA La Verdière II, BP 52,13880 Velaux
Tél : +33-4-42747171
Fax : +33 4-42747391
Email : contact@w-safari.com
Website : www.w-safari.com

A environ 4h de route de la capitale se trouve le Campement du Buffle, à l'entrée de la petite ville de Pama. Son accès simple, l'excellent état de la route depuis Ouagadougou et la qualité de ses installations en font le lieu idéal pour un week-end d'évasion ou de chasse.

En effet, le campement vous accueille dans la simplicité, le charme et le confort. Il dispose de 12 bungalows en

Le Campement du Buffle vous accueille dans la simplicité, le charme et le confort

dur climatisés, ventilés et agrémentés d'une terrasse individuelle couverte, d'une piscine pour les moments de détente entre les sorties dans le parc et d'un restaurant où vous seront proposés des plats délicieux et atypiques issus de la chasse, comme un rôti de phacochère ou encore du buffle en sauce. (Voir profil du campement dans la partie « Tourisme)

Safary Hôtel d'Arly
Tél : +226-40-791579
20 ch.clim.
Admirablement situé sur une réserve de 180.000 ha environ, il se trouve à l'Est du pays (province de la TAPOA), bordé à l'OUEST par la rivière Doubodo.

Le campement dispose d'une organisation exceptionnelle, aussi bien pour l'hébergement que la chasse. Les bungalows confortables et ventilés disposent de salles d'eau complètes et climatisées.

Les guides accompagnateurs vous feront passer d'agréables moments.

Campement de Tagou
Sur l'île de Tagou
Tél : +226-50-332441 / 70-129179
Email : burkinasafariclub@yahoo.fr
A 14 km de Pama, Le Campement de l'Ile de Tagou est niché sur un rocher presque entouré par les eaux et surplombant le lac du barrage. Véritable paradis aménagé avec soin et dans le respect du lieu. Ce site offre la possibilité de prendre une barque et d'aller taquiner les poissons ou tirer les canards.

Une jolie petite piscine accrochée à la pente rend le cadre encore plus attrayant.

QUE FAIRE

Le parc de Yeryanga

A la frontière du Bénin et du Togo, sur une immense superficie de 52.000 hectares bordée par la rivière Singou au nord qui se jette dans la Pendjari, le Campement du Buffle constitue une base parfaite pour partir à la découverte de la zone où s'étendent une savane arbustive et de grandes plaines entrecoupées de petites montagnes. Plus de 330 km de pistes aménagées vous permettront de partir à la recherche des éléphants, des lions, des buffles, de magnifiques Hippotragues, Bubales, Cobs de Fassa, Cobs des Roseaux, Cobs de Buffon, Guibs harnachés, et encore des babouins.

Le parc national d'arly

Situé à l'est du pays dans la province de la Tapoa, ce parc est entouré de réserves et de zones de chasse. D'une superficie de 335.000 ha, sa faune se compose essentiellement d'antilopes, hippopotames, buffles, éléphants, lions, panthères, crocodiles, cynocéphales, phacochères, silures et capitaines. Le site est accessible en dehors de la saison des pluies et réserve un condensé de sensations fortes aux chasseurs sportifs chevronnés.

Le parc National du W.

Il est situé dans la Province de la Tapoa, à la frontière du Niger et du Bénin. Il est classé réserve de la Biosphère et est le seul parc en Afrique à cheval sur 3 pays frontaliers à savoir le Burkina, le Bénin et le Niger. Il compte 500.000 ha du côté du Bénin, 300.000 ha au Niger et 300.000 ha également au Burkina. Sa très grande superficie renferme toutes les espèces de la faune des grandes savanes.

Centre artisanal de Yargatenga

Dans la province du Koulpéolgo, le village de Yargatenga vous offre un artisanat utilitaire issu du centre de formation pour handicapés et non handicapés de la localité. Vous y trouverez des objets aussi divers que possibles.

Les canaris de Koupéla

Contrairement à ce qui est largement répandu sur tout le territoire national, les magnifiques poteries de Koupéla sont pour la plupart des œuvres masculines. Leurs canaris ou pots sont réputés pour la beauté de leur décor géométrique. Ce sont les petites décorations de traits blancs de kaolin qui leur confèrent ce caractère si particulier.

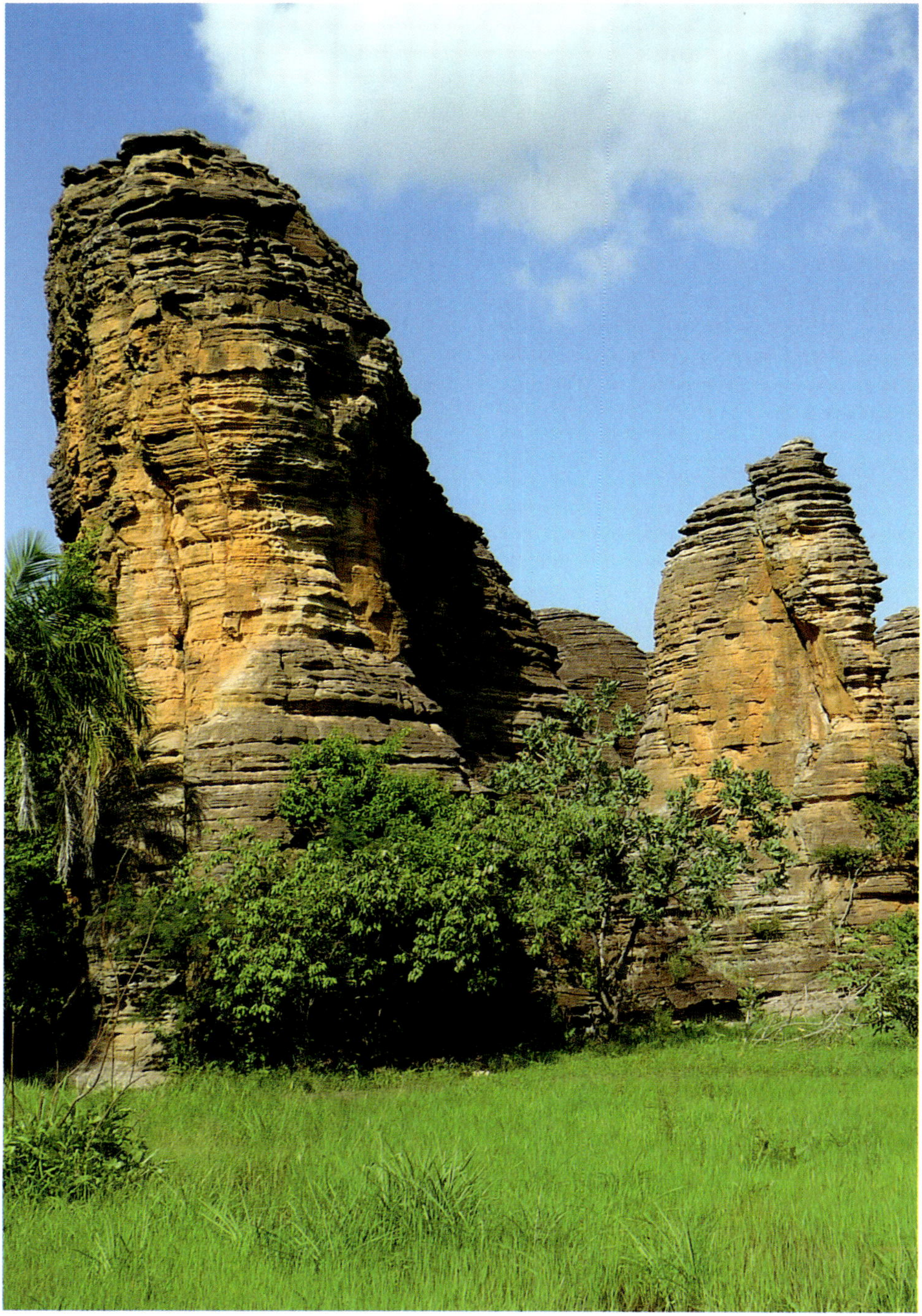

Le marché de Tenkodogo

Il vous surprendra par la quantité d'objets d'artisanat d'art et utilitaire. C'est l'occasion de se procurer quelques petits souvenirs tels les vélos réalisés à partir de fil de fer ou des petits éléphants réalisés en calebasse et qui dodelinent de la tête au moindre courant d'air.

On visitera aussi les fétiches de Boudangou, les cases sacrées de Douroun Tooliagui, Tiibin et Guilounghin.

Mausolée de Naba Zoungrana

Il est érigé dans le village de Komtoèga, dans la province du Boulgou, à 40 km de Tenkodogo, véritable lieu de mémoire en l'honneur du célèbre roi Naba Zoungrana. Ce monument funéraire somptueux en construction sera composé à terme de trois cases et de deux vestibules où resteront régulièrement ceux qui sont chargés de l'exécution des rituels.

L'histoire raconte que le fondateur du royaume de Tenkodogo aurait disparu (volatilisé) au dessus d'un grand rocher. On y verra de nos jours les marques de sabots de son cheval et bien d'autres signes qui attestent que c'est de ce rocher que Naaba ZOUNGRANA a quitté ce monde.

Le palais royal de Tenkodogo

Il faut absolument faire le détour pour voir le Naba de Tenkodogo entouré de sa cour, rendant justice à ses sujets.

Les hippopotames de Lengha

On peut admirer ces célèbres animaux en allant jusqu'au fleuve Nakambé (ex volta Blanche), dans les eaux duquel, près de Lengha, s'ébattent ces grands mammifères.

Le Barrage de Bagré

Point d'eau dont la destination première est la production hydroélectrique (16 MW), également célèbre pour ses ressources halieutiques qui alimentent une demande sans cesse grandissante dans les grandes villes surtout Ouagadougou.

Il a également une vocation hydro-agricole puisqu'il permet de pratiquer des cultures irriguées sur les vastes plaines qui le bordent. Ce site est sous la gestion de la Maîtrise d'Ouvrage de Bagré.

Les Falaises de Gobnangou

C'est une succession de collines s'étendant sur plusieurs kilomètres. Ce site naturel et pittoresque s'étend du village de Tansarga à celui d'Arly. C'est un lieu idéal pour faire du trekking.

Les Grottes ou Ruines de Yobri

Ce site historique et archéologique est situé à 35kms d'Arly et à 3 km de Tambaga. De géants fronts de rochers ont servi de toitures à ces ruines séculaires situées à 150 mètres d'altitude.

Ce lieu était une stratégie de défense contre l'ennemi. Une porte sécrète permettait aux habitants de disparaître dans les entrailles de la montagne. Sur les parois des rochers on peut observer des écritures connues seules des Takamba qui migrèrent vers le Togo et le Benin. Le dépôt de trésor (cauris) se trouve à l'étage supérieur.

Le village de Diabiga

Ce village, situé dans le département de Kompienga, est célèbre du fait qu'il abrite les tombeaux des chefs Gourmanché de la localité de Pama. Ce site est sacré car des cérémonies rituelles y sont organisées annuellement. Il regorge d'un ensemble de rochers offrant un paysage pittoresque aux visiteurs et d'un plateau naturel entre les rochers, cadre idéal pour les pique niques.

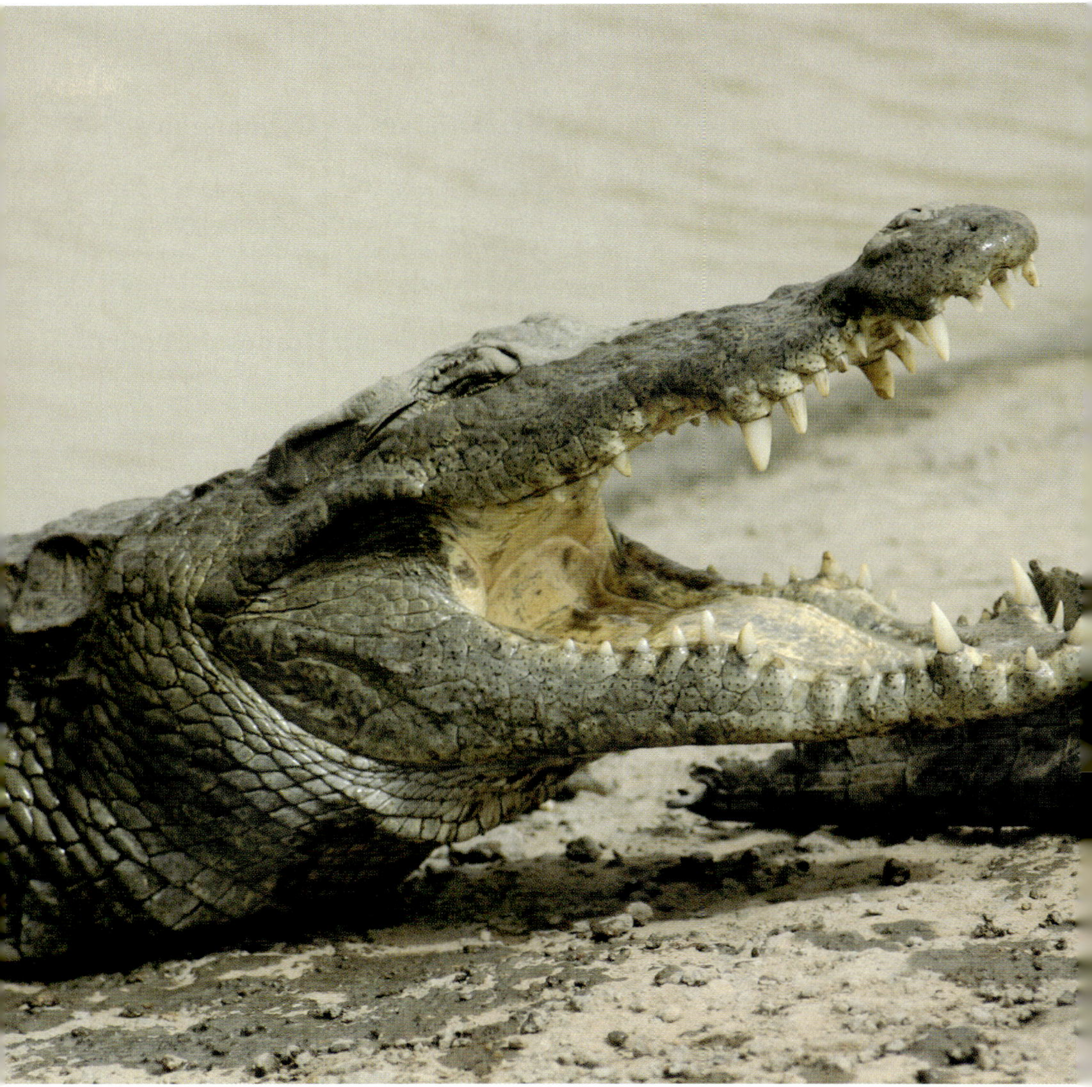

AGENCES DE VOYAGE

RECOMMENDED Agence Tourisme
Tél : +226-50-318443
Cel :+226-76-619983
Email : contact@agencetourisme.com

Amélie Voyages
Tél : +226-50-366767
Cel : +226-70-205034

Armelle Voyages
Tél : +226-50-311760
Cel : +226-70-269191
Email : armellevoyages@yahoo.fr

Couleurs d'Afrique
Tél : +226-50-341956
Cel : +226-78-811148
Email : cdafrique@yahoo.fr

Keysia 's Travel
Tél : +226-50-399774
Cel : +226-76-014511
Email : Annati2003@yahoo.fr

STMB Tours
Tél : +226-50-302044
Cel : +226-78-864900
Email : contact@stmbtours.bf

RECOMMENDED Vacances OK Raids
Tél : +226-50-300352/54
Cel : +226-70-236118
Email : okraids@okraids.bf

Yenenga Travel
Tél : +226-50-396552
Cel : +226-78-009800
Email : yenenga@yenenga.com

SITES INTERNET UTILES

Investissement

Chambre de Commerce et d'Industrie: www.ccia.bf
Investir en Zone Franc : www.izf.net/pages/le-burkina-faso
Investir au Burkina Faso : www.investir-bf.info
Maison de l'Entreprise : www.me.bf

Institutionnel

Présidence du Burkina Faso: www.presidence.bf
Primature: www.primature.gov.bf
Ministère de l'Economie et des Finances : www.finances.gov.bf

Journaux

Les Editions le Pays : www.lepays.bf
L'Observateur : www.lobservateur.bf
Le Faso: www.lefaso.net
Sidwaya: www.sidwaya.bf

TOP 100 COMPAGNIES

2IE
AGEIM
AGF
AIM Resources-Nantou Mining
Air Burkina
Air France
Alios
ASECNA
ATP - AFRICAINE DE TRAVAUX PUBLICS
Bank of Africa – Burkina Faso
Banque Agricole et Commerciale du Burkina (BACB)
Banque Atlantique (BA)
Banque Commerciale du Burkina (BCB)
Banque de l'Habitat du Burkina Faso (BHBF)
Banque Internationale du Burkina (BIB) - UBA
Banque Internationale pour le Commerce, l'Industrie et l'Agriculture du Burkina (BICIAB)
Banque Régionale de Solidarité (BRS)
Banque Sahélo Sahélienne d'Investissement et du Commerce (BSIC)
BTM
Burkina Mining Company (BMC),
CAMEG
Canada.s High River Gold Mines
CFAO Motors / Avis
CFAO Technology
Chargeur Burkinabé
Chronopost
Cluff Mining/ Kalsaka Mining
CNSS - Caisse Nationale de Sécurité Sociale du Burkina Faso
Cogeb
Connecteo
Coris Bank
Dafani
DHL
Diacfa (Groupe Fadoul)
Diamond Cement
Direction Générale de l'Autorité Nationale de Régulation des Télécommunications (ARTEL)
Direction Generale des Routes
DTP (BOUYGUES)
Ebomaf
ECOBANK Burkina
Essakane
Etruscan Resources Incorporated
Faso Airways
Faso Coton
Fasotex
Filsah
Generale des Assurances
Hage Matériaux
Indédandance Azalai Hotel
IPSys
KANIS Internat onal (société Kanazoé Inoussa)
L'Office national de l'Eau et de l'Assainissement (ONEA)
Laico Ouaga 2000
Libya Oil
LONAB- Loterie National Burkinabé
Mabucig (Manufacture Burkinabé de Cigarettes)
Megamonde
Nestlé
O. Bouf
Office National d'Identification
Office national des télécommunications (Onatel)
ONTB
Orezone
Oumarou Kanazoé Entreprise
Petrofa
Raynal Assurance
Riverstone Ressources
RTB (Radio Tele Burkina)
SAP Olympic
Saphyto
SDV (Bolloré)
Semafo
Shell Burkina Faso
Silmande Mercure Hotel
Sitaci
SN Citec
SN Sosuco
Soc burkinabe d intermediation financiere (SBIF)
Société des fibres et textiles (Sofitex)
Société des textiles du Faso (Fasotex).
Société Générale de Banque au Burkina (SGBB)
Société internationale de transport africain du rail (SITARAIL)
Société nationale d.électricité du Burkina Faso (Sonabel)
Sogea Satom (GROUP VINCI)
SONABHY- Société National Burkinabé d Hydrocarbure
Sonaceb
SONAPOST
SONAR
Sonatur
Sopam SA- Groupe SOPAM
STMB (Société des Transport Mixte Bangrin)
Tan Aliz
Technibois (Groupe Fadoul)
Telecel Faso
Telmob
Total Burkina Faso
Union des Assurances du Burkina (UAB)
Watam/Kaizer
Zaca Project
Zain

INDEX DE COMPAGNIES

AGRO-INDUSTRIE

BRAKINA (BRASSERIE DU BURKINA) .... PAGE 72
DAFANI SA .... PAGE 73
FASO COTON .... PAGE 74
GROUPE RIMON HAJJAR .... PAGE 75
SN CITEC .... PAGE 76
SN SOSUCO (SOCIÉTÉ SUCRIÈRE DE LA COMOÉ) .... PAGE 77
SOCIÉTÉ BURKINABÈ DES FIBRES TEXTILES (SOFITEX) .... PAGE 78

BÂTIMENT, TRAVAUX PUBLICS & HABITAT

2IE (INSTITUT INTERNATIONAL D'INGÉNIERIE DE L'EAU ET DE L'ENVIRONNEMENT) .. PAGE 86
ATP (AFRICAINE DE TRAVAUX PUBLICS) .... PAGE 88
BETRA .... PAGE 88
COGEB INTERNATIONAL S.A. .... PAGE 89
EBOMAF (ENTREPRISE BONKOUNGOU MAHAMADOU ET FILS) .... PAGE 90
GROUPE FADOUL (SOCIÉTÉ FADOUL TECHNIBOIS / SOGETEL) .... PAGE 90
GROUPE HAGE .... PAGE 91
SOGEA-SATOM (VINCI CONSTRUCTION) .... PAGE 92

COMMERCE & INDUSTRIE

CFAO BURKINA FASO .... PAGE 102
DIAMOND CEMENT BURKINA .... PAGE 103
FASOTEX (SOCIÉTÉ DES TEXTILES DU BURKINA SA) .... PAGE 104
DIACFA (GROUPE FADOUL) .... PAGE 105
MEGAMONDE .... PAGE 106
PPI (PROJET PRODUCTION INTERNATIONALE) / SINOTRUK / SHANTUI .... PAGE 107
SAPHYTO .... PAGE 107
SITACI .... PAGE 108
SONACEB .... PAGE 108
WATAM KAIZER .... PAGE 109

ÉNERGIE & MINES

LIBYA OIL BURKINA SA .... PAGE 122
ONEA (OFFICE NATIONAL DE L'EAU ET DE L'ASSAINISSEMENT) .... PAGE 122
SONABEL (SOCIÉTÉ NATIONALE D'ELECTRICITÉ DU BURKINA) .... PAGE 124
SONABHY (SOCIÉTÉ NATIONALE BURKINABÈ D'HYDROCARBURES) .... PAGE 125
CLUFF MINING / KALSAKA .... PAGE 126
ETRUSCAN RESOURCES INC / BURKINA MINING COMPANY SA (BMC) .... PAGE 127
HIGH RIVER GOLD MINES LTD. / SOMITA SA .... PAGE 127
RIVERSTONE RESOURCES INC .... PAGE 130
SEMAFO BURKINA FASO SA / MANA MINÉRAL SA .... PAGE 131

INDEX DE COMPAGNIES

FINANCE

ALLIANZ	PAGE 138
BANK OF AFRICA (BOA- BURKINA FASO)	PAGE 140
B.I.B (BANQUE INTERNATIONALE DU BURKINA)	PAGE 142
BSIC (BANQUE SAHÉLO-SAHARIENNE POUR L'INVESTISSEMENT ET LE COMMERCE)	PAGE 144
CABINET PIERRE ABADIE (EXPERT COMPTABLE)	PAGE 144
CORIS BANK INTERNATIONAL	PAGE 145
ECOBANK – BURKINA	PAGE 146
SOCIÉTÉ BURKINABÈ D'INTERMÉDIATION FINANCIÈRE (S.B.I.F)	PAGE 147
SOCIÉTÉ GÉNÉRALE DE BANQUES AU BURKINA (SGBB)	PAGE 148
SONAR	PAGE 149

TECHNOLOGIES DE L'INFORMATION ET DE LA COMMUNICATION

ARTEL (AUTORITÉ NATIONALE DE RÉGULATION DES TÉLÉCOMMUNICATIONS)	PAGE 156
IP SYSTEMS SA	PAGE 156
ONATEL – TELMOB	PAGE 157
TELECEL FASO	PAGE 159
ZAIN MARQUE DE CELTEL-BURKINA FASO S.A	PAGE 160

TOURISME

HÔTEL AZALAÏ INDÉPENDANCE (GROUPE AZALAÏ HÔTEL)	PAGE 169
HÔTEL LAICO OUAGA 2000	PAGE 170
HÔTEL MERCURE SILMANDE	PAGE 172
HÔTEL SPLENDID	PAGE 172
ONTB (OFFICE NATIONAL DU TOURISME BURKINABÉ)	PAGE 173
YERYANGA SAFARI, CAMPEMENT DU BUFFLE, PAMA	PAGE 174

TRANSPORTS

AIR BURKINA	PAGE 182
ASECNA (AGENCE POUR LA SÉCURITÉ DE LA NAVIGATION AÉRIENNE EN AFRIQUE ET À MADAGASCARE)	PAGE 182
BURKINA TRANSPORT (FILIALE DU GROUPE PLANOR AFRIQUE)	PAGE 183
CONSEIL BURKINABE DES CHARGEURS (CBC)	PAGE 184
DHL INTERNATIONAL BURKINA	PAGE 185
EMS CHRONOPOST INTERNATIONAL BURKINA	PAGE 186
STMB	PAGE 187

ENTERTAINMENT & BUSINESS

Join us on
Rejoingnez-nous sur

facebook twitter

BUSINESS DESTINATIONS

THE PREMIER BUSINESS GLOBETROTTERS GUIDEBOOK FOR

Most complete information about the fastest growing economies in the world, including updated indicators on the country's main economic sectors. A thorough directory of companies and public institutions, as well as company profiles, interviews, videos, top partners.

All this information is available in print out and digital format.

eBiZ GUIDES
ENTERTAINMENT & BUSINESS

www.ebizguides.com